Der Zusammenhang zwischen Rechnungslegung
und Ausschüttungsbemessung

Betriebswirtschaftliche Forschung im Rechnungswesen

Herausgegeben von Nils Crasselt, Rolf Uwe Fülbier, Joachim Gassen, Bernhard Pellens und Thorsten Sellhorn

Band 3

PETER LANG
Frankfurt am Main · Berlin · Bern · Bruxelles · New York · Oxford · Wien

Felix Fischer

Der Zusammenhang zwischen Rechnungslegung und Ausschüttungsbemessung

Eine empirische Analyse deutscher börsennotierter Aktiengesellschaften

PETER LANG
Internationaler Verlag der Wissenschaften

Bibliografische Information der Deutschen Nationalbibliothek
Die Deutsche Nationalbibliothek verzeichnet diese Publikation in der Deutschen Nationalbibliografie; detaillierte bibliografische Daten sind im Internet über http://dnb.d-nb.de abrufbar.

Zugl.: Frankfurt (Main), Univ., Diss., 2011

Gedruckt auf alterungsbeständigem,
säurefreiem Papier.

D 30
ISSN 2191-6098
ISBN 978-3-631-61588-1

www.peterlang.de

Geleitwort

Mit dem verpflichtenden Übergang auf die internationale Rechnungslegung für die Konzernabschlüsse kapitalmarktorientierter Unternehmen ist national und auf europäischer Ebene eine Diskussion entstanden, ob IFRS-Abschlüsse zur Bemessung von Ausschüttungen herangezogen werden sollten. Bislang hat der deutsche Gesetzgeber dies abgelehnt, indem er weiterhin dafür den Einzelabschluss nach handelsrechtlichen Regelungen als Ausgangspunkt vorschreibt.

Die Einzelabschlüsse von Mutterunternehmen bilden die ökonomischen Aktivitäten von Konzernen nur unvollständig ab und sind zudem durch konzerninterne Transaktionen fast beliebig gestaltbar. Entsprechend ist im Schrifttum immer wieder gefordert worden, der Ausschüttungsregelung den Konzernabschluss zugrunde zu legen. Aussagen von Vorstandsmitgliedern und Ergebnisse von Befragungen zeigen, dass sich die Unternehmensleitungen bei Entscheidungen über die Dividendenhöhe primär am Konzernabschluss orientieren.

Damit stellt sich die empirische Frage nach dem Zusammenhang zwischen Rechnungslegung und Gewinnausschüttung. Dieser Frage geht Felix Fischer in einer umfassenden empirischen Untersuchung für alle börsennotierten deutschen Konzerne im Zeitraum 1987 bis 2006 nach. Ein erstes interessantes Ergebnis besteht darin, dass längst nicht alle Mutterunternehmen Dividenden zahlen und der Anteil der Gesellschaften, die Dividenden zahlen, im Zeitablauf gesunken ist – dies entspricht den Erfahrungen aus den USA. Dokumentiert wird auch das Bestreben der Unternehmen um konstante beziehungsweise steigende Dividenden – kleine negative Dividendenänderungen sind deutlich seltener als kleine positive Dividendenänderungen zu beobachten.

Der Anschlussfrage nach den Determinanten der Entscheidung, ob eine Dividende gezahlt wird, geht Felix Fischer in einer Serie von Logit-Analysen nach. Als wichtigste Erklärungsvariable erweist sich hier das Vorliegen eine positiven Jahresüberschusses im

Einzelabschluss der Mutterunternehmen. Die Regelungen der §§ 58ff. des Aktiengesetzes erweisen sich somit als wirksame Restriktionen.

Für die Erklärung der Höhe von Dividendenänderungen erweist sich dagegen der Jahresüberschuss des Konzernabschlusses als wichtigste Erklärungsvariable. Der Jahresüberschuss des Einzelabschlusses ist allerdings nicht irrelevant, sondern trägt inkrementell zu einer besseren Erklärung von Dividendenänderungen bei. Für die Diskussion um die Regulierung von Kapitalerhaltung und Ausschüttungsbemessung bedeutet dies, dass diese nicht nur auf den Einzelabschluss fokussiert werden darf – sofern eine solche Regulierung überhaupt ökonomisch sinnvoll ist. Es kann aus den empirischen Befunden allerdings auch nicht die Konsequenz gezogen werden, dass nur auf den konsolidierten Abschluss abgestellt werden sollte.

Mit seinen anspruchsvollen und sorgfältigen empirischen Untersuchungen für einen umfangreichen Datensatz ist Felix Fischer ein überzeugender Beitrag zur empirischen Forschung an der Schnittstelle von Rechnungswesen und Finanzwirtschaft gelungen. Seine Ergebnisse gehen deutlich über den bisherigen Stand der Forschung hinaus. Ich bin sicher, dass diese Arbeit die verdiente Anerkennung in der Fachöffentlichkeit finden wird.

Frankfurt am Main, Mai 2011 — Prof. Dr. Günther Gebhardt

Vorwort

Die vorliegende Arbeit entstand während meiner Tätigkeit als wissenschaftlicher Mitarbeiter an der Professur für Betriebswirtschaftslehre, insbesondere Wirtschaftsprüfung von Herrn Prof. Dr. Günther Gebhardt an der Johann Wolfgang Goethe-Universität Frankfurt am Main. Sie wurde in leicht veränderter Form vom Fachbereich Wirtschaftswissenschaften der Johann Wolfgang Goethe-Universität Frankfurt am Main im Februar 2011 als Dissertation angenommen.

Mein herzlicher Dank gilt meinem akademischen Lehrer und Doktorvater Herrn Prof. Dr. Günther Gebhardt, der die Entstehung meiner Dissertation stets mit großem Engagement und steter Diskussionsbereitschaft förderte. Besonderer Dank gebührt auch Herrn Prof. Dr. Hans-Joachim Böcking für die Erstellung des Zweitgutachtens sowie den weiteren Mitgliedern der Prüfungskommission, Herrn Prof. Dr. Uwe Hassler und Herrn Prof. Dr. Michael Hommel.

Meinen Kolleginnen und Kollegen der Abteilung Rechnungswesen sowie insbesondere denen an der Professur für Wirtschaftsprüfung danke ich herzlich für ihre Diskussionsbereitschaft und Unterstützung, die zum Gelingen dieser Arbeit beigetragen haben. Besonders danken möchte ich Herrn Dipl.-Kfm. Moritz Bassemir, Herrn Prof. Dr. Holger Daske, Frau Dr. Beate Eibelshäuser, Herrn Dr. Marius Gros, Frau Dipl.-Kffr. Nadja Kiehne, Herrn Mag. Zoltan Novotny-Farkas, Herrn Dr. Michael Reiland, Herrn Dipl.-Kfm. Michael Scholz, Herrn Dr. Thomas Stein und Frau Prof. Dr. Andrea Szcesny, sowie den Teilnehmern des 26. Doctoral Colloquium der European Accounting Association und zahlreicher weiterer konstruktiver Workshops und Seminare. Besonders zu erwähnen ist in diesem Zusammenhang die Möglichkeit der Teilnahme an zahlreichen Veranstaltungen des Forschungsnetzwerkes INTACCT der Europäischen Union, die vor allem die methodische Ausrichtung meiner Untersuchungen deutlich geprägt haben.

Besonderer Dank gilt meinen Eltern, die mich bei allen beruflichen und privaten Vorhaben unterstützt und immer an mich geglaubt haben. Abschließend danke ich ganz besonders meiner Verlobten Katharina für ihre uneingeschränkte, verständnis- und liebevolle Unterstützung. Ich danke meinem Sohn Florian Finn für die wundervollen Momente, die er mir in seinem ersten Lebensjahr während der Fertigstellung meiner Dissertation beschert hat. Ihm ist diese Arbeit gewidmet.

Frankfurt am Main, Mai 2011 Felix F. Fischer

Inhaltsverzeichnis

Abbildungsverzeichnis

Tabellenverzeichnis

Verzeichnis der verwendeten Symbole

//***	Signifikanzangaben
∞	Unendlich
Ø	(Jahres-)Durchschnitt
α	Regressionskoeffizient
β	Regressionskoeffizient
ε, u	Zufallsterm
τ, t	Zeitindex
AU	Ausschüttung
B	Marktwert des Fremdkapitals
BV	Buchwert
c	Anpassungsgeschwindigkeit
D	Dividende
$\mathrm{E}[\ldots]$	Erwartungswert
e	Thesaurierungsrate
EK^N	Kapitalerhöhung
F	(zusätzliche) Finanzierung, Firmengesamtwert
G	(bilanzieller) Gewinn
g	Gewinnwachstum
I	Investitionsprogramm
P	Aktienkurs / Anteilspreis
Q	Ausschüttungsquote
r	(Diskontierungs-)Zins, Zielausschüttungsquote
R^2	Bestimmtheitsmaß
S	Marktwert des Eigenkapitals
V	Unternehmenswert
$\widetilde{x}$	Abweichung der Wertpapierpreise
Y	Informationsmenge
$\widetilde{z}$	Überrenditen

Abkürzungsverzeichnis

a.F.	alte Fassung
Abs.	Absatz
Adj.	Adjustiert(es)
AG	Aktiengesellschaft
AktG	Aktiengesetz
Anz	Anzahl
Art.	Artikel
ARUG	Gesetz zur Umsetzung der Aktionärsrechterichtlinie
BFH	Bundesfinanzhof
BilMoG	Bilanzrechtsmodernisierungsgesetz
BilReG	Bilanzrechtsreformgesetz
BR	Bundesrat
BT	Bundestag
CA	Companies Act
CAPM	Capital Asset Pricing Model
CDDA	Company Directors Disqualification Act
CF	Cashflow
DAX	Deutscher Aktienindex
DCF	Discounted Cashflow
Div	Dividende
Drs.	Drucksache
DVFA	Deutschen Vereinigung für Finanzanalyse und Anlageberatung
e.V.	eingetragener Verein
EA	Einzelabschluss
EARN	Jahresüberschuss

EBIT	Earnings before Interest and Taxes
EG	Europäische Gemeinschaft
EHUG	Gesetz über elektronische Handelsregister und Genossenschaftsregister sowie das Unternehmensregister
EK	Eigenkapital
ERISA	Employee Retirement Security Act
EStG	Einkommensteuergesetz
et al.	at alii
EU	Europäische Union
EUR	Euro
EWG	Europäische Wirtschaftsgemeinschaft
FTE	Flow to equity
GAAP	Generally Accepted Accounting Principles
HGB	Handelsgesetzbuch
HV	Hauptversammlung
IAS	International Accounting Standard(s)
IASB	International Accounting Standards Board
ICAEW	Institute of Chartered Accountants in England and Wales
ICAS	Institute of Chartered Accountants of Scotland
IDW	Institut der Wirtschaftsprüfer
IFRS	International Financial Reporting Standard(s)
InsO	Insolvenzordnung
IPO	Initial Public Offering
IT	Informationstechnologie
Jg.	Jahrgang
JÜ	Jahresüberschuss
KA	Konzernabschluss
KAP-RL	Kapitalrichtlinie
KonTraG	Gesetz zur Kontrolle und Transparenz im Unternehmensbereich
KWG	Gesetz über das Kreditwesen

M.B.C.A.	Model Business Corporation Act
m.w.N.	mit weiteren Nachweisen
max	Maximum
min	Minimum
Mio.	Million(en)
MWert	Arithmetisches Mittel
n/a	Nicht anwendbar
NEMAX	Neuer-Markt-Index
Nr.	Nummer(n)
NYSE	New York Stock Exchange
o.V.	ohne Verfasser
Obs	Observationen (Beobachtungen)
OLS	Ordinary Least Squares
R.M.B.C.A.	Revised Model Business Corporation Act
RL	Richtlinie
Rn	Randnummer
S.	Seite(n)
SDAX	Small-Cap-DAX
SdK	Schutzgemeinschaft der Kapitalanleger
SIC	Standard Industry Classification
SLIM	Simpler Legislation for the internal Market
u.a.	unter anderem, unter anderen
U.F.C.A.	Uniform Fraudulent Conveyance Act
U.F.T.A.	Uniform Fraudulent Tranfer Act
UK	United Kingdom
US	United States
USA	United States of America
Vgl.	Vergleiche
VIF	Variance Inflation Factor
WpHG	Gesetz über den Wertpapierhandel
z.B.	zum Beispiel

1 Einleitung

„Do you know the only thing that gives me pleasure?
It's to see my dividends coming in." (*John D. Rockefeller*)[1]

1.1 Problemstellung

Die Dividendenpolitik von Unternehmen ist Gegenstand zahlreicher Untersuchungen der letzten Jahrzehnte und bis heute ein wichtiges Forschungsgebiet mit vielen ungeklärten Fragen.[2] Aus einer Investorenperspektive ergibt sich der Wert seiner Investition letztendlich aus den Zahlungsströmen, die ihm aus diesem Investment direkt zufließen. Dies sind primär die Ausschüttungen von Aktiengesellschaften an ihre Anteilseigner. Eine Wertrelevanz von Ausschüttungen beziehungsweise von Änderungen bei der Ausschüttungspolitik lässt sich auch empirisch an den Kapitalmärkten beobachten, was im Gegensatz zum Irrelevanztheorem von *Miller/Modigliani* (1961) steht, das nur unter sehr restriktiven Annahmen gültig ist. Eine theoretische Erklärung für die Dividendenpolitik ist auch nach jahrzehntelanger Forschung auf dem Gebiet nicht eindeutig zu finden.[3] So wird die Ausschüttungspolitik als eines der zehn bislang ungelösten Probleme in der finanzwirtschaftlichen Forschung beschrieben.[4] „Many people believe dividends are good; others believe they are bad; and still others believe they are irrelevant. [...] Thus we need to understand better both how companies determine their payout policy and how that policy affects firm value."[5] In dieser Arbeit werden daher die Einflussfaktoren auf die Ausschüttungsbemessung im deutschen institutionellen Umfeld untersucht.

---

1 Zitiert nach *DeAngelo/DeAngelo/Skinner* (2009), S. 96.
2 Vgl. für einen umfassenden Überblick *Lease* et al. (2000).
3 Vgl. *Allen/Michaely* (2003), S. 340-341, 420-422.
4 Vgl. *Brealey/Myers/Allen* (2009), S. 960, 964.
5 *Brealey/Myers/Allen* (2009), S. 964.

Theoretisch-analytisch kann gezeigt werden, dass eine institutionelle Regulierung von Dividendenzahlungen zu Fehlanreizen bei der Investitionspolitik von Unternehmen führen kann und unternehmensindividuelle Vereinbarungen sowohl für Eigenkapitalgeber als auch Fremdkapitalgeber die effizientere Lösung darstellen.[6] Dennoch finden sich heutzutage in allen Jurisdiktionen Regelungen zur Ausschüttungsbemessung. Diese reichen von Regimen mit sehr vielen Freiheitsgraden, wie beispielsweise das Gesellschaftsrecht in Delaware,[7] bis hin zu den deutlich restriktiveren Regelungen des deutschen Aktienrechts.[8] Die Regelungen zur Ausschüttungsbemessung von deutschen Aktiengesellschaften basieren auf dem handelsrechtlichen Jahresüberschuss. Bereits bei Ermittlung des Jahresüberschusses wird dabei Wert auf eine vorsichtige Gewinnermittlung gelegt. Die Regelungen sind deutlich von einem Gläubigerschutzgedanken geprägt, um Vermögensverschiebungen zwischen Gesellschaftern und Gläubigern nach dem Vertragsabschluss zu verhindern. Um einen Interessenausgleich zwischen den Anteilseignern und der Unternehmensleitung zu erreichen, kann die Unternehmensleitung bis zur Hälfte des Jahresüberschusses thesaurieren.[9]

Dabei ist selbst der handelsrechtliche Jahresabschluss zunehmend Gegenstand von kontroverser Diskussionen. Seit der Einführung der verpflichtenden Anwendung der *International Financial Reporting Standards* (IFRS) für den Konzernabschluss kapitalmarktorientierter Konzerne wird auch eine Zulässigkeit der IFRS für den Einzelabschluss diskutiert. Hauptkritikpunkt am Einzelabschluss ist dabei die mangelnde Informationsvermittlung und internationale Verständlichkeit aber auch die Tatsache, dass dieser immer verpflichtend von jeder Gesellschaft erstellt werden muss, weil er Ausgangspunkt vieler gesellschaftsrechtlicher Maßnahmen ist.[10] Die Europäische Union hat die Anwendung der IFRS im Einzelabschluss als Mitgliedstaatenwahlrecht ausgestaltet, was 18 von 27 Staaten auch umgesetzt haben. In diesen Staaten sind IFRS bereits im Einzelabschluss zulässig und in 11 Staaten stellen die IFRS bereits ohne weitere Modifikationen die Basis zur Ausschüttungsbemessung dar.[11] In Deutschland ist eine gesellschaftsrechtlich verbindliche Anwendung der IFRS im Einzelabschluss indes nicht zulässig.

[6] Vgl. *Ewert/Wagenhofer* (2007), S. 220.

[7] Vgl. *Merkt/Göthel* (2006), S. 164.

[8] Vgl. *Kleindiek* (2010), S. 2170.

[9] Vgl. *Kropff* (1965), S. 74-78.

[10] Vgl. m.w.N. *Pellens/Amshoff/Schmidt* (2009), S. 270-272 und *Lanfermann/Richard* (2008), S. 1925-1928.

[11] Vgl. *KPMG* (2008), S. 319-320; vgl. auch Tabelle 4, S. 76, in der die 18 Mitgliedstaaten aufgelistet sind. In der Literatur wird unrichtigerweise oftmals die Zahl von 17 Staaten genannt.

Ist die Gesellschaft Teil eines Konzernverbundes, so ist der Informationsgehalt des Einzelabschlusses eingeschränkt. Dies gilt ebenso im Hinblick auf die Ausschüttungsbemessungsgrundlage. Bei einer wirtschaftlichen Betrachtungsweise ist der Konzernverbund maßgeblich, weil das leitende Mutterunternehmen mit Hilfe konzerninterner Transaktionen, aber auch durch geschäftspolitische Entscheidungen, die Jahresüberschüsse der einzelnen Tochtergesellschaften weitgehend steuern und damit erheblichen Einfluss auf die Ausschüttungsbemessung nehmen kann.[12] Woran sich die Unternehmensleitung bei der Ausschüttungsbemessung orientiert, ob am Konzernjahresüberschuss, der die wirtschaftliche Lage des Konzernverbundes darstellt, oder am Jahresüberschuss der Muttergesellschaft, der die gesellschaftsrechtliche Basis bildet, ist letzten Endes eine empirische Fragestellung[13] und die zentrale Fragestellung der in dieser Arbeit dargestellten empirischen Untersuchung am deutschen Kapitalmarkt.

Ökonomisch rationale Manager werden sich im Rahmen ihrer legalen Möglichkeiten an einer ökonomisch vertretbaren Entscheidungsbasis orientieren. Dabei richten die Unternehmensleitungen ihr Handeln an den Präferenzen der Investoren aus.[14] Befragungen von Unternehmensvertretern bestätigen, dass der Konzernjahresüberschuss die entscheidende unternehmensinterne Einflussgröße bei der Festlegung der Dividendenhöhe ist[15] und „the starting point for the consideration of potential dividend levels is usually the consolidated statement."[16] Empirische Evidenz auf Grundlage einer breiten Datenbasis existiert derweil nicht. So bestätigt zwar bereits eine Vielzahl von empirischer Untersuchungen seit *Lintner* (1956), dass bilanzielle Gewinne eine entscheidende Rolle bei der Dividendenentscheidung spielen. In diesen Untersuchungen wird jedoch ausschließlich auf Konzernjahresüberschüsse zurückgegriffen, sei es, weil das Ausschüttungsregime nicht auf den Einzelabschlüssen basiert oder weil die Daten der Einzelabschlüsse nur selten verfügbar sind. Auch die bestehenden Untersuchungen für deutsche Unternehmen verwenden Konzernabschlüsse, weil „in practice, group accounts play a fundamental role in the dividend payout decision",[17] ohne die Beachtung der rechtlichen Rahmenbedingungen. Ein umfassender Vergleich der Rolle von Konzernjahresüberschüssen und den rechtlich

[12] Vgl. u.a. *Busse von Colbe* (1988), S. 252; *Ordelheide* (1987), S. 987-988; *Pick* (1985), S. 103-107.

[13] Vgl. *Pellens/Gassen/Richard* (2003), S. 314.

[14] Vgl. *Brealey/Myers/Allen* (2009), S. 436.

[15] Vgl. *Pellens/Gassen/Richard* (2003), S. 326.

[16] *KPMG* (2008), S. 3.

[17] *Andres* et al. (2009), S. 177.

bindenden Jahresüberschüssen der Muttergesellschaft bei der Dividendenfestsetzung ist indes noch nicht erfolgt.

Die vorliegende Arbeit leistet daher einen Beitrag zur Beantwortung der Frage nach der faktischen Relevanz von Einzelabschluss und Konzernabschluss bei der Bestimmung der Ausschüttung. Das Spannungsverhältnis zwischen Konzernjahresüberschuss und dem Jahresüberschuss der Muttergesellschaft spiegelt auch die Frage nach „wirtschaftlicher Substanz versus rechtlicher Form“ wieder. Damit liefert die Arbeit zugleich Anregungen, die faktische Rolle von Konzernabschlüssen im gesellschaftsrechtlichen Kontext aufzugreifen und über die Regulierung der Ausschüttungsbemessung generell erneut zu diskutieren. Diese kann auf der sehr umfangreichen Diskussion über eine europaweite Änderung des Kapitalerhaltungsregimes und damit auch der Ausschüttungsbemessung aufbauen, die vom Jahr 1996 bis zum Jahr 2008 geführt wurde.[18] Ein Manko der vergangenen Diskussion ist die weitestgehende Vernachlässigung der faktischen Rolle von Konzernabschlüssen und deren adäquate Berücksichtigung im Rahmen der Regulierung.[19]

1.2 Aufbau der Arbeit

Im *zweiten Kapitel* wird der ökonomische Zusammenhang von Rechnungslegung und Ausschüttungspolitik dargestellt. Finanzwirtschaftliche Bewertungsmodelle stellen den theoretischen Zusammenhang von Dividenden und Unternehmenswert, aber auch den Zusammenhang von Cashflows und bilanziellen Gewinnen mit dem Unternehmenswert her. Eine wesentliche Annahme der meisten empirischen Messkonzepte ist dabei die Annahme von informationseffizienten Kapitalmärkten. Daher widmet sich Abschnitt 2.2.1 ausführlich dieser wichtigen Grundvoraussetzung zur Interpretation der beobachteten Kapitalmarktreaktionen. Darauf folgt die Darstellung von Theorie und Empirie zu Marktreaktionen auf bilanzielle Gewinne beziehungsweise auf Änderungen dieser Gewinne. Bei der Kapitalmarktrelevanz von Dividenden steht am Anfang zuerst die Frage, ob eine Änderung der Ausschüttungspolitik Auswirkungen auf den Unternehmenswert hat. *Miller/Modigliani* (1961) zeigen unter sehr restriktiven Annahmen, dass Änderungen der Ausschüttungspolitik für die Bewertung irrelevant sind, was in zahlreichen empirischen

[18] Vgl. *EU-Kommission* (2008), S. 2. Begonnen hat dieser Diskussionsprozess mit dem Start der „SLIM Initiative“ der Europäischen Kommission.
[19] Vgl. *Pellens/Amshoff/Schmidt* (2009), S. 233.

Studien freilich nicht bestätigt werden kann. Zur Erklärung der empirisch bestätigten Wertrelevanz werden die Restriktionen des *Miller/Modigliani* (1961)-Modells schrittweise aufgehoben und die theoretische Diskussion sowie die entsprechende empirische Evidenz erläutert. Das Kapitel schließt mit einer Zusammenfassung und einer Übersicht von „anerkannten" Fakten zur Ausschüttungspolitik, die auf Basis der Forschung der letzten 60 Jahre auf diesem Gebiet, vorwiegend im US-amerikanischen Raum, gesammelt wurden.

Das *dritte Kapitel* behandelt die institutionelle Regulierung der Ausschüttungsbemessung. Aus theoretisch-analytischer Betrachtungsweise stellen sich unternehmensindividuelle Ausschüttungsbegrenzungen als der effizienteste Weg dar. Allerdings steht dem eine Vielzahl gesetzlicher Regulierungen gegenüber. Der Jahresüberschuss des Einzelabschlusses als Ausgangspunkt für die Ausschüttungsbemessung deutscher Aktiengesellschaften und seine Ausrichtung auf den Gläubigerschutz wird dargestellt. Diese Behandlung erscheint sinnvoll, weil nach verbreiteter Meinung die Ausschüttungsbemessungsfunktion einen höheren Stellenwert als die Informationsfunktion einnimmt. Vor diesem Hintergrund ist auch die Debatte um eine vorsichtige Rechnungslegung zu verstehen. Die Einführung der IFRS in Europa hat zu einer sehr umfangreichen Diskussion über Alternativen zur bilanziellen Kapitalerhaltung und die Zulässigkeit der IFRS zur Ausschüttungsbemessung geführt. Auch die handelsrechtliche Rechnungslegung enthält seit dem Bilanzrechtsmodernisierungsgesetz (BilMoG) Regelungen, die die Informationsfunktion der Abschlüsse aufwerten sollen bei gleichzeitiger Einführung von Ausschüttungssperren. Es werden dann die beiden angelsächsischen Ausschüttungsregime in Großbritannien und den USA betrachtet, wobei zu beachten ist, dass für Großbritannien die Kapitalrichtlinie der EU bindend ist und entsprechend eine aufwendige Nebenrechnung zur Ausschüttungsbemessung erforderlich wird. Demgegenüber stehen die USA mit einer einzelstaatlichen Lösung, die weitestgehend unabhängig von der Rechnungslegung ist. Daher thematisieren die meisten Untersuchungen zur Dividendenpolitik, die aus dem US-amerikanischen Raum stammen, nicht die Problemstellung der vorliegenden Untersuchung.

Im Hinblick auf die deutsche Rechnungslegung wird untersucht, ob der Einzelabschluss innerhalb eines Konzernverbundes noch eine wirtschaftliche Grundlage für die Ausschüttungsbemessung sein kann, weil er aufgrund der Leitungsmacht der Muttergesellschaft weitgehend gestaltbar ist. Dadurch leidet empirisch nachweisbar nicht nur seine Informationsfunktion, sondern es kann auch die Ausschüttungsbemessungsfunktion dadurch stark eingeschränkt sein. Es werden abschließend die verschiedenen Vorschläge einer Anknüpfung der Ausschüttungsbemessung am Konzernjahresüberschuss vorgestellt, die aber bislang nicht zu einer Änderung des Aktienrechts geführt haben. Auch die Aktienrechtsnovelle 2011 enthält zu diesem Bereich keine Änderungen.

Die empirische Frage, woran sich die Unternehmensleitungen letztendlich bei der Festlegung beziehungsweise Änderung ihrer Dividendenpolitik orientieren, wird im *vierten Kapitel* behandelt. Ergebnisse von Befragungen ergeben sehr deutlich, dass der Konzernjahresüberschuss die Ausschüttungen bestimmt, weil er die wirtschaftliche Leistung des Unternehmensverbundes besser darstellt als der Jahresüberschuss der Muttergesellschaft. Daher wird in dieser Arbeit die Hypothese untersucht, ob auch bei der Dividendenpolitik „economic substance over legal form“ gilt – eine Fragestellung, die in dieser Form in der empirischen Forschung noch keine Berücksichtigung gefunden hat. Der Untersuchungsansatz basiert auf dem Anpassungsmodell von *Lintner* (1956), das um eine Berücksichtigung der Jahresüberschüsse der Muttergesellschaft erweitert wird. Die Stichprobe enthält alle deutschen börsennotierten Gesellschaften von 1987 bis 2006 und umfasst insgesamt 6.253 Konzernabschlüsse sowie die gleiche Anzahl an dazugehörigen Jahresabschlüssen der Muttergesellschaften. Die Ergebnisse zeigen sehr deutlich eine Relevanz des Jahresabschlusses der Muttergesellschaft für die Entscheidung, ob überhaupt Dividenden gezahlt werden oder nicht. Bei der Analyse der Höhe von Dividendenzahlungen wird die Hypothese bestätigt, dass der Konzernjahresüberschuss faktisch der einflussreichere Bestimmungsfaktor der Dividendenpolitik ist. Diese Ergebnisse sind auch bei zahlreichen Modellvariationen robust. Das Kapitel schließt mit einer Übersicht der Ergebnisse, die auch im Kontext der im dritten Kapitel vorgestellten anerkannten Fakten über die Dividendenpolitik zu sehen sind und diese Fakten für deutsche börsennotierte Gesellschaften ergänzt.

Das *fünfte Kapitel* fasst die Ergebnisse der Arbeit zusammen und würdigt diese vor dem Hintergrund der nationalen und europaweiten Debatte über Änderungen der Kapitalerhaltung und Ausschüttungsregulierung.

2 Ökonomischer Zusammenhang von Rechnungslegung und Ausschüttungspolitik

Rechnungslegungsgrößen und Dividendenzahlungen besitzen eine ökonomische Relevanz, die an den Kapitalmärkten zu beobachten ist. In diesem Kapitel werden die Kapitalmarktreaktionen auf bilanzielle Gewinne und die Dividendenpolitik analysiert. Solche Reaktionen am Kapitalmarkt können nur beobachtet werden, wenn die Investoren aufgrund von neuen Information geänderte Erwartungen über den Wert des Unternehmens bilden.

Abbildung 1 : Einflussgrößen auf den Unternehmenswert

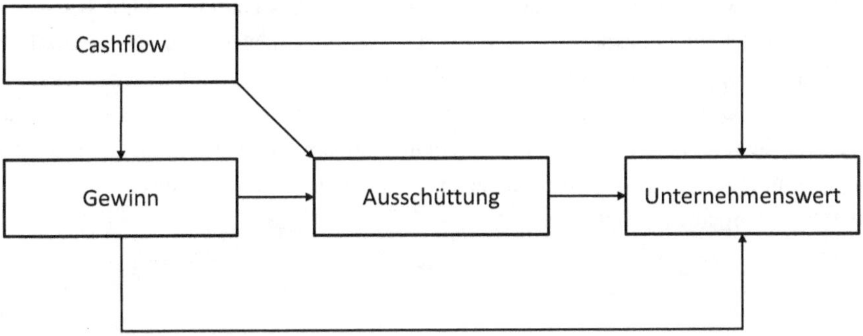

Quelle: Eigene Darstellung.

Abbildung 1 verdeutlicht die Zusammenhänge verschiedener Parameter untereinander sowie deren Einfluss auf die Bestimmung des Unternehmenswertes. Die folgenden Abschnitte stellen die theoretischen Grundlagen einschließlich der empirischen Evidenz dar und sind dabei wie folgt aufgebaut: Zu Beginn wird mit den klassischen Bewertungsmodellen gezeigt, wie sich der Unternehmenswert anhand der Zahlungsströme an die Investoren bestimmt. Dieser Zahlungsstrom ist weder gleichzusetzen mit den bilanziellen Gewinnen noch mit den Cashflows, sondern nur mit den Ausschüttungen, die gegebenenfalls Beschränkungen unterliegen. Der Kapitalmarkt reagiert allerdings sowohl auf Gewinn- als auch auf Dividendenankündigungen und dies auch unterschiedlich stark. Diese Marktreaktionen weisen auf einen zusätzlichen Informationsgehalt von Dividendenzahlungen hin, der in dieser Form nicht zu beobachten wäre, wenn sich Dividendenzahlungen vollständig durch bilanzielle Gewinne erklären lassen.

Die beobachtbare Erwartungsrevision kann sich nur unter der Annahme eines informationseffizienten Marktes einstellen. Daher wird das zugrundeliegende Konzept mittelstrenger Informationseffizienz erläutert, bevor die Kapitalmarktreaktionen auf Gewinnveröffentlichungen dargestellt werden. Auch bei den später folgenden Ankündigungseffekten von Dividendenänderungen muss ein mittelstreng informationseffizienter Kapitalmarkt vorliegen. Empirische Untersuchungen zeigen, dass es hierzu durchaus widersprüchliche Ergebnisse gibt.

Anschließend werden die Kapitalmarktreaktionen auf die Ausschüttungspolitik behandelt. Zuerst stellt sich die Frage der Relevanz von Ausschüttungen, weil unter sehr restriktiven Annahmen gezeigt werden kann, dass diese keinen Einfluss auf den Unternehmenswert haben sollten. Dies steht in starker Diskrepanz zu den empirischen Ergebnissen, die sehr deutliche Kapitalmarktreaktionen auf Dividendenänderungen feststellen. Die Literatur und die empirischen Befunde verschiedener theoretischer Erklärungsansätze der letzten Jahrzehnte werden dargestellt.

2.1 Dividendenpolitik und Marktwert des Unternehmens

Der Wert einer Unternehmung wird durch die erwarteten Zahlungsströme (Cashflows) determiniert, die im Zeitablauf generiert werden. Diese sind mit einem risikoadäquaten Zinssatz zu diskontieren. Dieser Zinssatz spiegelt eine mögliche Alternativinvestition in andere Projekte mit gleicher Risikostruktur wider. Somit lässt sich der Wert der Unternehmung (V_0) als eine mit dem risikoadäquaten Zinssatz diskontierte Summe der Einzahlungsüberschüsse ausdrücken:

$$V_0 = \sum_{t=1}^{\infty} \frac{\mathrm{E}_t[CF_t]}{(1+r_t)^t} \quad . \tag{2.1}$$

Formel 2.1 stellt das so genannte *Discounted Cashflow*-Modell (DCF-Modell) dar. $\mathrm{E}[CF]$ verkörpert den erwarteten Einzahlungsüberschuss der jeweiligen Periode t und r den risikoadjustierten Zins.

Diese Betrachtung beinhaltet im Zähler den gesamten Einzahlungsüberschuss und ergibt entsprechend einen Unternehmensgesamtwert (entity value). Ist der Unternehmenswert der Eigenkapitalgeber oder Aktionäre von Interesse, so ist nur der Zahlungsstrom an die Eigenkapitalgeber im Zähler zu berücksichtigen und ein Diskontierungszins, der nicht das gewichtete Risiko der Gesamtfinanzierung, sondern das der Eigenkapitalgeber berücksichtigt. Ein entsprechender Ansatz wird auch als flow-to-equity (FTE) bezeichnet. Diese Betrachtung unterstellt jedoch, dass der gesamte Zahlungsüberschuss den Eigenkapitalgebern zeitgleich zufließt beziehungsweise zufließen könnte, was im Falle von bilanziellen Ausschüttungssperren (siehe Abschnitt 3.2.1) nicht der Fall ist.[20]

Diese Barwertbetrachtung, auf den Marktwert des Eigenkapitals beziehungsweise den Aktienpreis bezogen, führt zum Dividendendiskontierungsmodell (dividend discount model - Formel 2.2). Der Wert der Aktie zum Zeitpunkt t=0 entspricht dem Barwert aller künftigen Dividendenzahlungen ($\mathrm{E}_t[D_t]$). „Therefore we must say that a stock derives its value from its dividends, not its earnings. In short, a stock is worth only what you can get out of it.“[21]

[20] Vgl. *Drukarczyk/Schüler* (2009), S. 92.
[21] *Williams* (1938), S. 57-58.

$$P_0 = \sum_{t=1}^{\infty} \frac{\mathrm{E}_0[D_t]}{(1+r)^t} \ . \tag{2.2}$$

Analog zu den DCF-Modellen ist zur Bestimmung des Aktienpreises eine Prognose aller künftigen Dividendenzahlungen notwendig. Die Notwendigkeit einer Prognose dieser künftigen Auszahlungen schafft eine Verbindung zur Rechnungslegungsforschung und dem Thema dieser Arbeit. Der Zusammenhang von Rechnungslegung und der Bestimmung künftiger Dividenden ist daher in der fundamentalen Bewertung von großer Bedeutung. So schreibt *Kothari*: „... research on fundamental analysis should be considered as part of accounting research [...]. Since market value is the discounted present value of expected future cash flows, forecasts of future revenues, expenses, earnings, and cash flows are the crux of valuation.“[22]

Die Formel kann vereinfacht werden, wenn (1) die Annahme getroffen wird, dass alle künftigen Dividendenzahlungen konstant sind beziehungsweise wenn (2) die Dividende in allen künftigen Perioden mit gleicher Wachstumsrate wächst. Im ersten Fall ergibt sich das Modell einer einfachen ewigen Rente.

$$P_0 = \frac{D_0}{r_0}, \tag{2.3}$$

wobei gilt, dass $D_0 = \mathrm{E}[D_1] = \mathrm{E}[D_2] = \cdots = \mathrm{E}[D_\infty]$
und $r_0 = \mathrm{E}[r_1] = \mathrm{E}[r_2] = \cdots = \mathrm{E}[r_\infty]$ ist.

Im zweiten Fall ergibt sich das Wachstumsmodell nach *Gordon*. Hier wird unterstellt, dass das Wachstum (g) ausschließlich mittels Gewinnthesaurierung (e) finanziert wird (Formel 2.4):

$$D_t = G_t \cdot (1-e) = G_0 \cdot (1+g)^t (1-e). \tag{2.4}$$

Setzt man Formel 2.4 in Formel 2.2 ein, folgt daraus:

$$P_0 = \sum_{t=1}^{\infty} \frac{G_0 \cdot (1+g)^t (1-e)}{(1+r)^t}. \tag{2.5}$$

[22] Vgl. *Kothari* (2001), S. 172.

Formel 2.5 kann noch vereinfacht werden zu

$$P_0 = G_0 \cdot (1-e) \cdot \sum_{t=1}^{\infty} \frac{(1+g)^t}{(1+r)^t}. \tag{2.6}$$

Dadurch wird ein unmittelbarer Zusammenhang zwischen Wachstumsrate und Aktienpreis (P) ersichtlich. Im vereinfachten Fall (ewige Rente) eines unendlichen gleich bleibenden Wachstums der Dividende ergibt sich Formel 2.7.

$$P_0 = \frac{D_1}{r-g}. \tag{2.7}$$

Aus der Bewertungsformel 2.6 kann der Einfluss von Dividendenänderungen auf den Preis hergeleitet werden. Die durch die Thesaurierung zusätzliche künftige Dividende hängt von der (internen) Verzinsung der einbehaltenen Gewinne ab. Eine Äquivalenz der Unternehmensrendite mit dem Diskontierungszins führt zu keinem höheren Marktwert durch die Thesaurierung. Bei einer höheren (niedrigeren) Rendite der thesaurierten Gewinne kommt es zu einer Erhöhung (Verminderung) des Unternehmenswertes. Die relative Vorteilhaftigkeit von Thesaurierungen gegenüber Vollausschüttungen hängt demnach vom Portfolio der Investitionsmöglichkeiten der Unternehmung ab und der Beantwortung der Frage, ob noch Projekte mit positivem Kapitalwert durchgeführt werden können.[23]

Es zeigt sich demzufolge, dass künftige Dividenden von den künftigen Gewinnen und Investitionen beziehungsweise Investitionsmöglichkeiten abhängen. Aufgrund des Zusammenhangs in Formel 2.4 kann das Dividendenkapitalisierungsmodell in ein Residualgewinnmodell überführt werden, in das direkt die periodisierten Größen der Rechnungslegung eingehen.

$$P_t = BV_t + \sum_{k=1}^{\infty} \frac{\mathrm{E}_t[X_{t+k} - rBV_{t+k-1}]}{(1+r)^k}, \tag{2.8}$$

Die Herleitungs der Formel 2.8 zeigt, dass der Aktienpreis durch den künftigen Buchwert des Eigenkapitals und die Residualgewinne ausgedrückt wird. „... those forecasts have

[23] Vgl. Abschnitt 2.2.3.1 zur ökonomisch optimalen Ausschüttung. Gerade bilanzielle Ausschüttungssperren können zu einer Fehlallokation der Mittel führen.

precisely the same information as forecasts of dividends".[24] Als Vorteil in der Anwendung werden die bessere Verfügbarkeit von Gewinnprognosen als von Dividendenschätzungen sowie die weitgehende Unabhängigkeit vom zugrundeliegenden Rechnungslegungssystem und der Ausnutzung von Wahlrechten genannt. Dieser Zusammenhang kann die später erklärten Ankündigungseffekte auf Gewinnänderungen verständlich machen, allerdings ist mit ihm ein separater Effekt auf Dividendenankündigungen nicht zu erklären. Damit diese Effekte überhaupt messbar werden beziehungsweise theoretisch begründet werden können, wird ein Konzept über die Verarbeitungen von Informationen am Markt benötigt. Der folgende Abschnitt erläutert daher das Konzept der Informationseffizienz.

2.2 Kapitalmarktreaktionen von Gewinn- und Dividendenänderungen

2.2.1 Informationseffizienz des Kapitalmarktes als Kernannahme der Untersuchung von Marktreaktionen

2.2.1.1 Theoretische Grundlagen zum Grundsatz der Informationseffizienz

Der Begriff der Informationseffizienz des Kapitalmarktes beschreibt den Prozess der Informationsverarbeitung und die dazugehörige Auswirkung auf die sich bildenden Marktpreise. Konzeptionell ist daher die Informationseffizienz bedeutsam, weil damit die Verarbeitung von Informationen und die entsprechenden Marktreaktionen oder auch die ausbleibenden Marktreaktionen begründet werden können.[25] Das Wissen über die Informationseffizienz ist also entscheidend, wenn Rechnungslegungsinformationen oder auch Informationen über Dividenden in den Markt gelangen. Damit können Aussagen über die möglichen Kapitalmarktreaktionen getroffen werden. Ob diese dann auch zutreffen, lässt sich empirisch überprüfen.[26] Grundlegend für das Konzept ist, dass der Markt ohne Zeitverlust auf die „neuen" Informationen reagiert, sodass durch die zeitliche Strukturierung von Käufen oder Verkäufen keine Überrenditen erwirtschaftet werden

[24] *Kothari* (2001), S. 177; dazu auch *Kothari* (2001), S. 177:„Stated differently, the residual income valuation model is a transformation of the dividend-discounting model [...]"

[25] Vgl. *Ewert/Wagenhofer* (2007), S. 88.

[26] Vgl. Abschnitt 2.2.3.2.2, indem im Rahmen von Signalisierungsmodellen von einem Informationsgehalt der Dividendenzahlungen über künftige Ertragsentwicklungen ausgegangen wird.

können. Die Reaktion des Marktes kommt aufgrund einer sofortigen Anpassung der Erwartungen und Risikoeinschätzungen aller Marktteilnehmer zustande und spiegelt sich unmittelbar und unverzögert im Wertpapierkurs wider.[27]

Ein Ansatz die Informationseffizienz von Kapitalmärkten zu definieren, geht auf *Fama* (1970) zurück. „A market in which prices always 'fully reflect' available information is called 'efficient'."[28] Der Marktpreis muss jederzeit alle verfügbaren Informationen (Y_t) vollständig widerspiegeln. Die verbale Definition kann *Fama* (1970) analytisch präzisieren, sodass im Ergebnis die erwarteten Abweichungen der Wertpapierpreise ($\widetilde{x}_{j,t+1}$) und der Überrenditen($\widetilde{z}_{j,t+1}$) im Erwartungswert gleich null sind:

$$E(\widetilde{z}_{j,t+1}|Y_t) = 0 \text{ und } E(\widetilde{x}_{j,t+1}|Y_t) = 0\,. \tag{2.9}$$

Langfristig können auf einem solchen Markt keine Überrenditen erzielt werden, wenn die Handelsstrategien auf Basis der Informationsmenge Y_t aufgebaut sind. Dies schließt kurzfristige zufallsbasierte Gewinne nicht aus. Im langfristigen Erwartungswert wirken jedoch Gewinne und Verluste kompensatorisch.[29] Nachdem er selbst diesen definitorischen Ansatz von Informationseffizienz als „misleading or at least difficult to follow"[30] bezeichnet, präzisiert *Fama* (1976) einen informationseffizienten Markt dahingehend, dass dieser vorliegt, wenn bei der Preisbildung eines Wertpapiers zu jedem Zeitpunkt in $t-1$ alle verfügbaren Informationen „richtig" eingepreist werden.[31] Bei dieser „richtigen" Informationsverarbeitung entspricht (gleicht) die gesamte Informationsmenge (Y_{t-1}) der verarbeiteten Informationsmenge (Y^m_{t-1}). Es werden also alle verfügbaren Informationen verarbeitet und die beobachtbaren Marktpreise bilden sich auf dieser Basis.

Die Definition von *Beaver* (1981) berücksichtigt die heterogenen Erwartungen der Anleger bei Preisbildung. Unterschiedliche Anleger können entsprechend auch die vorhandenen Informationen unterschiedlich interpretieren und so zu abweichenden Vorstellungen über die Wertpapierpreise der Zukunft kommen. Diese Informationen können auch individuell nicht vollständig sein. Wenn sich jedoch die Preise so verhalten, als ob die einzelnen

[27] Vgl. *Ewert/Wagenhofer* (2007), S. 88-89.
[28] Vgl. *Fama* (1970), S. 383.
[29] Vgl. *Frantzmann* (1989), S. 15.
[30] *Fama* (1976), S. 143.
[31] Vgl. *Fama* (1976), S. 143.

Anleger vollständig alle vorhandenen Informationen verarbeiten, dann ist nach seiner Definition Informationseffizienz des Marktes gegeben.[32] „It defines market efficiency in a world of heterogeneous beliefs and information. This is a critical distinction, because heterogeneous beliefs is a more general setting and a more realistic description of capital markets.“[33] Auf einem informationseffizienten Kapitalmarkt mit allgemein verfügbaren Informationen und solchen ohne allgemeine Verfügbarkeit, stellen sich demnach identische Wertpapierpreise ein.[34]

Konkretisiert man diese allgemeine Definition von Informationseffizienz weiter, können verschiedene Grade an Informationseffizienz unterschieden werden. So wird nach Art der verarbeiteten Informationen in schwache, mittelstrenge und strenge Informationseffizienz differenziert.[35]

Bei schwacher Informationseffizienz werden ausschließlich historische Marktpreise vom Kapitalmarkt verarbeitet. Die Analyse historischer Kurse kann demgemäß nicht zu Überrenditen führen. Überrenditen können demnach durch alle anderen Informationen generiert werden, zum Beispiel Rechnungslegungsinformationen oder Dividendenzahlungen.[36]

Zusätzlich zu den historischen Kursen werden bei der mittelstrengen Informationseffizienz alle öffentlich verfügbaren Informationen vollständig durch die Marktpreise reflektiert. Als frei verfügbare Informationen kommen vor allem Informationen aus der Rechnungslegung, aber auch Pressemitteilungen und die Pflichtpublizität infrage. Die Auswertung dieser Informationen und die sich damit befassende Fundamentalanalyse kann demzufolge auf einem mittelstreng informationseffizienten Kapitalmarkt langfristig zu keinen Überrenditen führen.[37] In den in diesem Abschnitt behandelten Ankündigungseffekten auf Rechnungslegungsdaten und Dividenden(änderungen) ist hauptsächlich die mittelstrenge Form der Informationseffizienz relevant, „weil die externe Rechnungslegung zum Prototyp von Informationen zählt, die man als öffentlich verfügbar ansieht.“[38] Allerdings

[32] Vgl. *Beaver* (1981), S. 28.
[33] *Beaver* (1981), S. 29.
[34] Kritisch zum hypothetischen Vergleichsmarkt als realitätsfern, äußert sich *Sattler* (1994). Kritisch zur Teilmengeneigenschaft äußert sich *Latham* (1986).
[35] Vgl. *Fama* (1970), S. 383.
[36] Vgl. *Ewert/Wagenhofer* (2007), S. 92.
[37] Vgl. *Jensen* (1978), S. 97; vgl. *Ewert/Wagenhofer* (2007), S. 92.
[38] *Ewert/Wagenhofer* (2007), S. 94.

kann fraglich sein, ab wann Informationen als öffentlich verfügbar gelten, wenn der Bezug kostenpflichtig ist. Dies gilt beispielsweise für Börseninformationsdienste, für die gegebenenfalls eine Preisgrenze definiert werden müsste.[39]

Bei der strengen Informationseffizienz werden alle verfügbaren Informationen in der Preisbildung verarbeitet, sodass auch Insiderinformationen zu keinen Überrenditen mehr führen können. Bei der strengen Form handelt es sich um einen Grenzfall, der das theoretische Konstrukt der Informationseffizienz komplettiert.[40]

Verschiedene theoretische Ansätze versuchen, den Grundsatz der Informationseffizenz auf die Realität an den Kapitalmärkten zu übertragen. Dazu müssen drei hinreichende Bedingungen erfüllt sein: Es dürfen keine Transaktionskosten existieren, jeder Kapitalmarktteilnehmer hat kostenlosen Zugang zu allen Informationen und die Kapitalmarktteilnehmer bewerten diese Informationen gleich. Der Preis bildet sich, weil alle Kapitalmarktteilnehmer nach dem Prozess der kostenlosen Informationsbeschaffung und Verarbeitung zu identischen Preisvorstellungen eines Wertpapieres gelangen.[41] Die letzte Annahme kann dahingehend gelockert werden, dass auch bei irrational handelnden Investoren weiterhin Informationseffizienz besteht. Zum einen ist dies der Fall, wenn das Verhalten zufällig und nicht untereinander korreliert ist, dann gleichen sich die Aktionen aus. Zum anderen entsteht bei irrationalem Handeln, das korreliert ist und sich nicht ausgleicht, für die rationalen Investoren eine Arbitragemöglichkeit, was die Preise wieder anpasst.[42] Es kommt zu einer darwinistischen Auslese der Investoren, weil gut informierte Investoren Überrenditen zulasten der schlecht informierten erzielen können und Letztere aufgrund andauernder Verluste nicht langfristig am Markt überleben können.[43]

Ebenso ist ein einheitlicher Informationsstand der Investoren nicht notwendig. Die unterschiedlich informierten Kapitalmarktteilnehmer können bei rationaler Erwartungsbildung lernen, wie sich der Marktpreis bildet. Dadurch können sie Rückschlüsse auf die Informationen der übrigen Marktteilnehmer ziehen.[44] *Verrecchia* (1979) interpretiert

---

[39] Vgl. *Ewert/Wagenhofer* (2007), S. 94.
[40] Vgl. *Jensen* (1978), S. 97.
[41] Vgl. *Fama* (1970), S. 387.
[42] Vgl. *Shleifer* (2000), S. 3; vgl. *Ewert/Wagenhofer* (2007), S. 91.
[43] Vgl. *Verrecchia* (1979), S. 82: „At an intuitive level, this is equivalent to restricting the market to those traders who can make reasonably good assessments, a restriction that would probably evolve naturally through economic Darwinism."
[44] Vgl. *Grossman* (1976), S. 573.

die unterschiedlichen Erwartungen der Investoren als deren Schätzung der zukünftigen Preisverteilung. Bei steigender Anzahl der Marktteilnehmer nähert sich damit der Wertpapierpreis, dem Preis, der unter vollständiger Information und homogenen Erwartungen zustande gekommen wäre. „This convergence means that prices vary as if all traders knew the true distribution of returns.“[45] Das Modell von *Verrecchia* (1979) setzt dabei die restriktive Annahme der Unabhängigkeit der individuellen Erwartungen voraus.[46]

Die Theorie von informationseffizienten Kapitalmärkten in der Realität lässt sich jedoch aus theoretischer Sicht bezweifeln. So sind mehrere Argumente denkbar, die zu einem Verfehlen der Informationseffizienz führen. Dies ist vor allem der Fall, wenn die strengen Modellprämissen aufgelöst werden, ohne neue einschränkende Annahmen zu treffen. Dann kann es zu einem Verfehlen der Informationseffizienz kommen, wenn die Kapitalmarktteilnehmer über heterogene Informationen verfügen, Informationen nicht kostenlos verfügbar sind und die Marktteilnehmer eine streng rationale Erwartungsbildung haben oder irrational handeln.[47]

Das Fehlen homogener Information ist durchaus in der Realität anzutreffen. Ebenso ist der Verarbeitungsprozess individuell sehr verschieden, sodass es zu unterschiedlichen Zukunftserwartungen kommt und auch zu unterschiedlichen Zeitspannen, die für die Erwartungsbildung benötigt werden. In diesem Fall werden neue Informationen nicht unverzüglich eingepreist, sondern es kommt zu verzögerten Anpassungen an den neuen Informationsstand, was dazu führt, dass keine Informationseffizienz gegeben ist.[48]

In der Realität ist die Annahme, dass jegliche Informationsbeschaffung und Auswertung Kosten verursacht, zutreffend. Erhebliche Anstrengungen institutioneller und privater Anleger sowie die Existenz von Informationsintermediären sprechen dafür.[49] Dies führt dazu, dass sich die Informationsbeschaffung für die uninformierten Anleger nicht lohnt, da sie die Informationen direkt aus dem Preis ablesen können und damit kostenlos informiert werden. Ein Gleichgewicht könnte dann nicht mehr existieren. Die Informationen eines informierten Anlegers würden sich nämlich direkt im Preis widerspiegeln. Dadurch ist es vorteilhaft, sich nicht zu informieren. Weil dies auf alle Anleger zutrifft, kann die Annahme, dass dennoch informierte Anleger existieren, nicht zu einem spieltheo-

45 *Verrecchia* (1979), S. 79.
46 Vgl. *Verrecchia* (1979), S. 82.
47 Vgl. *Vollmer* (2008), S. 55-62.
48 Vgl. *Schildbach* (1986), S. 25-29.
49 Vgl. *Vollmer* (2008), S. 56.

retischen Gleichgewicht führen, sodass sich letztendlich niemand mehr informiert und dann auch der Preis keine Informationen mehr beinhalten kann. Auch dies stellt kein Nash-Gleichgewicht dar, weil nun wiederum der Anreiz entsteht, sich individuell zu informieren.[50] Diesem Informationsparadoxon kann entgegenstehen, dass die Informationsbeschaffung und -verarbeitung nur zu dem Grad stattfindet, in dem der Grenznutzen den Grenzkosten entspricht.[51] Ebenso kann eine Fehleinschätzung der Marktteilnehmer über die Informationseffizienz, dazu führen, dass Informationsbeschaffung wieder vorteilhaft wird.[52]

Die Annahme streng rationaler Erwartungen kann jedoch verhindern, dass auf einem Markt überhaupt Transaktionen stattfinden, die notwendig sind, damit sich die Preise entsprechend bilden. In einem mittelstreng informationseffizienten Kapitalmarkt reichen öffentlich nicht bekannte Informationen aus, um Überrenditen zu erzielen. Die besser informierten Anleger brauchen jedoch Handelspartner, damit sie mittels ihres Informationsvorsprungs Überrenditen erwirtschaften können. Agieren die Marktteilnehmer streng rational, so können sie das Verhalten anderer bei ihrer eigenen Entscheidungsfindung berücksichtigen und auf ihren eigenen Informationsrückstand schließen und werden sich der Unvorteilhaftigkeit einer Transaktion bewusst. Dadurch kommt kein Handel zustande und ein Informationsvorsprung führt nicht zu Überrenditen. Das Versagen des Marktes kommt allerdings auch nicht ohne restriktive Annahmen aus und kann daher als ein theoretischer Extremfall bezeichnet werden.[53]

Im Gegensatz zur Annahme rational handelnder Anleger bewegt sich die Annahme irrational handelnder Marktteilnehmer deutlich näher an der Realität.[54] Kapitalmarktteilnehmer, die bewusst oder unbewusst irrational handeln, werden als „noise trader“ bezeichnet.[55] Diese Anleger verfolgen eine aktive Handelsstrategie, indem sie Empfehlungen folgen, Chartanalyse betreiben und auf Nachrichten überreagieren. Dabei handelt sich es durchaus um systematische Abweichungen, die sich nicht ausgleichen.[56] Ebenso

[50] Vgl. *Ewert/Wagenhofer* (2007), S. 93.

[51] Vgl. u.a. *Jensen* (1978), S. 96.

[52] Vgl. *Ewert/Wagenhofer* (2007), S. 93. Vgl. *Schildbach* (1986), S. 30, der bezweifelt, dass dies ein Dauerzustand an einem effizienten Markt sein kann.

[53] Vgl. *Kreps* (1988), S. 118.

[54] Einen Überblick über das Forschungsgebiet der *behavioral finance* liefert *Shefrin* (2009).

[55] Vgl. *Ewert/Wagenhofer* (2007), S. 93.; vgl. *Shleifer/Summers* (1990), S. 19; vgl. *Pierdzioch/Stadtmann* (2003), S. 407.

[56] Vgl. *Shleifer/Summers* (1990), S. 23.

werden stochastische Zusammenhänge bei der Erwartungsbildung nicht berücksichtigt und der Einfluss jüngerer Daten findet zu starke Berücksichtigung. Letztlich beeinflusst auch die Kommunikation der Informationen die Investoren. So entsteht die Tendenz, das Aktienportfolio zu reduzieren, wenn Anleger nur kurzfristige Daten betrachten, weil die kurzfristigen Schwankungen höher als die langfristigen sind.[57] Das irrationale Verhalten einiger Marktteilnehmer muss nicht zwangsläufig zu einem Verfehlen der Informationseffizienz führen, wenn rationale Investoren Arbitrage betreiben und dadurch auf den Marktpreis korrigierend wirken.[58] In der Realität ist Arbitrage für den Investor mit Risiken verbunden, weil die Wertpapierkurse aufgrund plötzlich neu auftretender Informationen Änderungen unterliegen, die vom ursprünglichen Fundamentalwert abweichen. Ebenso kann die vermeintliche Fehlbewertung länger andauern als der Planungshorizont des rationalen Investors oder es kann regulatorische Einschränkungen bei den Arbitragetransaktionen geben, beispielsweise bei Leerverkäufen.[59] Aus diesen Gründen wird eine Korrektur der Marktpreise nicht vollständig erfolgen können und auch für rationale Anleger können Anreize entstehen, dem irrationalen Trend zu folgen. Damit entfernt sich der Markt noch weiter vom Grundsatz der Informationseffizienz.[60]

Dieser Abschnitt über den Grundsatz der Informationseffizienz verdeutlicht, dass aus theoretischer Sicht nicht eindeutig davon ausgegangen werden kann, ob die Märkte tatsächlich informationseffiziente Preisbildungsmechanismen aufweisen. Letztendlich ist es eine empirische Frage. Daher sollen im folgenden Abschnitt empirische Untersuchungen dargestellt werden, die den Grad der Informationseffizienz analysieren.

2.2.1.2 Empirische Befunde zum Grundsatz der Informationseffizienz

Die Untersuchungen zur Informationseffizienz lassen sich in Untersuchungen unterteilen, welche die drei Grade – schwache, mittelstrenge und strenge Form der Informationseffizienz – untersuchen. Das Hauptaugenmerk dieses Abschnitts liegt auf den Untersuchungen zur mittelstrengen Informationseffizienz, die im Bereich der empirischen Rechnungsle-

[57] Vgl. *Shleifer* (2000), S. 11.

[58] Vgl. Abschnitt 2.2.1.1, S. 15.

[59] Vgl. *Shleifer/Summers* (1990), S. 20-21.

[60] Vgl. *Shleifer/Summers* (1990), S. 20-28 und *Shiller* (2003), die auch zeigen, wie der Erfolg von „noise tradern" zu weiteren Nachahmern führt, was deren Einfluss auf die Preisbildung weiter verstärkt.

gungsforschung zu Gewinn- oder Dividendenankündigungen die theoretische Grundlage der jeweiligen Untersuchungshypothesen bildet.

Den Untersuchungen auf schwache Informationseffizienz ist gemeinsam, dass sie den Zusammenhang von historischen Kursen und aktuellen Kursen untersuchen. Weil die Preise auf einem schwach informationseffizienten Kapitalmarkt einem Zufallspfad folgen (*random walk*) sollten, sind diese voneinander unabhängig und mit Handelsstrategien, die auf historischen Kursen beruhen, können von den Investoren keine Überrenditen erzielt werden.[61]

Zurückgehend auf *Alexander* (1961) können so genannte Filterregeln getestet werden. Es wird ein Wertpapier gekauft, wenn der Preis um mindestens y% gestiegen und es wird verkauft und short gegangen, wenn der Preis seit dem letzten Höchststand um mindestens y% gefallen ist. Diese Handelsstrategie darf auf einem Kapitalmarkt, der schwach informationseffizient ist, nicht vorteilhafter sein, als eine *buy-and-hold*-Strategie.[62] Während *Alexander* (1961) noch einen Trend ausmacht, muss *Alexander* (1964) dieses Ergebnis nach einer Neuberechnung revidieren und es zeigt sich, dass nicht mehr alle Strategien erfolgreicher sind als die *buy-and-hold*-Strategie. Unter Berücksichtigung von Transaktionskosten bleibt dann nur noch eine Strategie mit einem über 40%-igen Filter vorteilhaft.[63] *Fama/Blume* (1966) bestätigen diese Ergebnisse. Unter Berücksichtigung von Transaktionskosten und, abweichend von *Alexander* (1964), auch ohne Transaktionskosten ist die *buy-and-hold*-Strategie vorteilhafter. Dies bestätigt sich auch für den deutschen Aktienmarkt[64], sodass die empirischen Ergebnisse zu filterbasierten Handelsstrategien auf einen schwach informationseffizienten Kapitalmarkt hindeuten.

Ein weiterer Ansatz basiert auf der Untersuchung der Korrelation von aufeinander folgenden Renditen. So werden anhand der Rendite einer vergangenen Periode Portfolios gebildet und deren Rendite wird mit der Rendite in einer Testperiode verglichen. In der Regel werden so mindestens zwei Portfolios unterschieden: ein Gewinner- und ein Verliererportfolio. Kurzfristig wird dann eine zyklische Anlagestrategie gewählt (das Gewinnerportfolio wird long, das Verliererportfolio wird short gehalten), langfristig eine

[61] Vgl. *Fama/Blume* (1966), S.226; vgl. *Beaver* (1998), S. 129.
[62] Vgl. *Alexander* (1961), S. 22.
[63] Vgl. *Alexander* (1964), S. 27-32.
[64] Vgl. *Klein* (1999), S. 170-175.

antizyklische.[65] Die darauf beruhenden Handelsstrategien weisen signifikante Überrenditen sowohl bei kurzfristigem als auch bei langfristigem Anlagehorizont am deutschen Kapitalmarkt auf.[66] Diese Ergebnisse sind konsistent zu den am US-amerikanischen Markt beobachtbaren Überrenditen. Für den langfristigen Anlagehorizont belegen *DeBondt/Thaler* (1985), dass das Verliererportfolio Überrenditen bringt. Sie vermuten eine anfängliche Überreaktion des Marktes auf neue Informationen und eine später folgende Korrektur als Ursache für die Überrenditen.[67] Ihre Ergebnisse werden von *Jegadeesh* (1990), auch unter Berücksichtigung von Transaktionskosten, bestätigt. Die Untersuchung belegt ebenfalls, dass unterjährige Renditen positiv korreliert sind. *Jegadeesh/Titman* (1993) zeigen, dass die kumulierten Überrenditen der kurzfristigen zyklischen Anlagestrategie langfristig abnehmen. Insgesamt zeigt die hohe Anzahl empirischer Untersuchungen zu Anlagestrategien, die auf historischen Renditen beruhen, dass kurzfristig eine positive Korrelation und langfristig eine negative Korrelation besteht, was darauf hindeutet, dass am Kapitalmarkt keine schwache Informationseffizienz besteht.[68]

Fama (1965) vergleicht Vorzeichenserien von Aktienkursänderungen und vergleicht diese mit einem Zufallsprozess. Er bestätigt dem Kapitalmarkt eine schwache Informationseffizienz und dass „there is no evidence of important dependence from either an investment or a statistical point of view."[69]

Ein weiterer empirischer Untersuchungsansatz besteht in der Analyse von so genannten Anomalien. In einem schwach informationseffizienten Marktumfeld dürfen die Preise keine Muster jedweder Art aufweisen.[70] Tatsächlich zeigt sich aber, dass Anomalien sowohl in zeitlicher Hinsicht als auch aus Bewertungsperspektive, beispielsweise Größeneffekte, empirisch beobachtbar sind.[71] Beispielsweise zeigen *Rozeff/Kinney* (1976) erstmalig einen so genannten Januareffekt, der zeigt, dass die Rendite im Januar höher ist als die in den übrigen Monaten des Jahres.[72] Dieser Effekt ist auch nach Bekanntwerden

[65] Vgl. zur Vorgehensweise beispielsweise *Schiereck/Weber* (1995). Solche Strategien werden auch als *momentum*-Strategien bezeichnet, vgl. hierzu beispielsweise *Jegadeesh/Titman* (2001).

[66] Vgl. *Schiereck/Weber* (1995), S. 22-23.

[67] Vgl. *DeBondt/Thaler* (1985), S. 795-805.

[68] Vgl. *Ewert/Wagenhofer* (2007), S. 104 und *Shleifer* (2000), S. 18. Für den deutschen Kapitalmarkt siehe *Klein* (1999), der eine Zunahme der Effizienz im Zeitablauf vermutet.

[69] *Fama* (1965), S. 80.

[70] Vgl. *Merl/Neuhaus* (2008), S. 390.

[71] Vgl. *Meyer* (1995), S. 61.

[72] Vgl. *Rozeff/Kinney* (1976), S. 383-387.

der Anomalie empirisch zu beobachten.[73] Für den deutschen Kapitalmarkt bestätigt *Frantzmann* (1989) ebenfalls diesen Effekt, legt allerdings die Vermutung nahe, dass es sich um einen saisonalen Effekt handelt. Eine Handelsstrategie bringt unter Berücksichtigung von Transaktionskosten keine Überrenditen. Neben dem Januareffekt gibt es auch Effekte, die sich auf die Wochentage beziehen. So beobachtet *French* (1980) einen Montags- oder Wochenendeffekt mit signifikant negativen Renditen an Montagen. Die Renditen sind insgesamt im Schnitt kleiner als an allen anderen Wochentagen. Eine erfolgversprechende Handelsstrategie lässt sich darauf unter Berücksichtigung von Transaktionskosten ebenfalls nicht aufbauen.[74] Der Effekt zeigt sich auch international, wobei er sich in jüngerer Zeit abschwächt und in Japan und Australien dienstags auftritt. [75] Eine weitere Anomalie betrifft die Firmengröße. Empirisch sind bei kleinen Firmen signifikante Überrenditen gegenüber größeren Firmen zu beobachten.[76] Dabei stellt *Reinganum* (1981) jedoch fest, „that the pricing mechanism of the CAPM is misspecified but that capital markets are informationally efficient."[77] Entsprechend ist bei allen Tests auf Informationseffizienz auch die Annahme eines gültigen Kapitalmarktmodells notwendig. Damit handelt es sich stets um verbundene Tests von Kapitalmarktmodell und Informationseffizienz. So schreibt bereits *Fama* (1991): „[W]hen we find anomalous evidence on the behaviour of returns, the way it should be split between market inefficiency or a bad model of market equilibrium is ambiguous."[78] Der Effekt ist auch am deutschen Kapitalmarkt im untersuchten Zeitraum von 1954 bis 1990 zu beobachten.[79] Neben dem Größeneffekt tritt als weitere Anomalie ein Marktwert-Buchwert-Effekt auf, der Einfluss auf die erwarteten Renditen hat. Dieser ist sowohl am US-amerikanischen als auch am deutschen Kapitalmarkt zu beobachten.[80]

Die empirischen Untersuchungen zur Existenz eines schwach informationseffizienten Kapitalmarktes liefern kein einheitliches Bild. Es gibt ebenso deutliche Anzeichen für ein

[73] Vgl. *Haugen/Jorion* (1996).
[74] Vgl. *French* (1980), 55-67; vgl. *Krämer/Runde* (1993), die diese Ergebnisse für den deutschen Kapitalmarkt bestätigen.
[75] Vgl. *Dubois/Louvet* (1996) für die Untersuchung von neun Ländern in den Jahren 1969 bis 1992.
[76] Vgl. *Reinganum* (1981), S. 28-38.
[77] Vgl. *Reinganum* (1981), S. 20.
[78] *Fama* (1991), S. 1575.
[79] Vgl. *Stehle* (1997), S. 257.
[80] Vgl. *Wallmeier* (2001), S. 1798, siehe auch *Gehrke* (1994) und *Sattler* (1994) für Untersuchungen am deutschen Kapitalmarkt.

Vorliegen, wie auch dagegen, sodass abschließend nicht festzustellen ist, ob die Hypothese schwacher Informationseffizienz Gültigkeit besitzt. Im Kontext dieses Abschnittes ist vor allem die Form der mittelstrengen Informationseffizienz von Interesse, wobei die mittelstrenge Form bereits das Vorhandensein der schwachen Form einschließt. Empirisch lässt sich überprüfen, inwiefern sich Aktienkurse an neue, öffentlich verfügbare Informationen anpassen. Ist der Markt im mittelstrengen Grad informationseffizient, so werden Informationen beispielsweise über Dividendenzahlungen oder künftige Gewinne sofort verarbeitet und Überrenditen durch Auswertung der Informationen lassen sich nicht mehr generieren. Als empirische Modelle werden in diesem Zusammenhang Ereignisstudien verwendet, die eine abnormale Rendite in einem sehr kleinen Zeitfenster um die Bekanntgabe der neuen Information messen.[81]

Im Hinblick auf die Untersuchung von Rechnungslegungsinformationen oder Informationen zur Dividendenpolitik lassen also auch Ereignisstudien Rückschlüsse auf die Informationseffizienz zu. Dabei ist einschränkend zu beachten, dass die meisten Untersuchungen bereits eine Hypothese über die Kapitalmarktreaktion enthalten, die darauf basiert, dass der Markt die Informationen weitestgehend effizient verarbeitet. Ohne diese zentrale Annahme sind die regelmäßig verwendeten empirischen Tests auf Rechnungslegungs- und Dividendeninformation nicht anzuwenden beziehungsweise deren Ergebnisse nur schwer zu begründen. Umgekehrt kann jede dieser Untersuchungen auch ein Test auf mittelstrenge Informationseffizienz darstellen, wenn eine theoretisch fundierte Erwartung über die Kapitalmarktreaktion existiert. „Any empirical study of the relationship between accounting information and security prices involves the application of some theoretical framework."[82]

Eine ganze Reihe empirischer Untersuchungen kann zeigen, dass neue Informationen sehr schnell und auch umfänglich vom Markt verarbeitet werden. Darunter sind auch die in Abschnitt 2.2.2.2 aufgeführten Untersuchungen zu Gewinnankündigungen zu finden, denen ein gesonderter Abschnitt gewidmet ist.[83] Es zeigt sich, dass selbst Anhangangaben und auch bilanzpolitische Wahlrechte vom Kapitalmarkt sofort eingepreist werden, sodass die Annahme mittelstrenger Informationseffizienz lange Zeit als bestätigt galt.[84] Im Rechnungslegungskontext stellen vor allem die *accrual anomaly* und der *post earnings*

[81] Vgl. zur Methodik allgemein *Campbell* et al. (1997), S. 150-163; vgl. *MacKinlay* (1997).
[82] Vgl. *Brown* (1994), S. 90.
[83] Ebenso der Abschnitt 2.2.3 zu den Kapitalmarktreaktionen auf Dividendenankündigungen.
[84] Vgl. *Ewert/Wagenhofer* (2007), S. 101-102 und zur Übersicht *Kothari* (2001), *Beaver* (1998).

announcement drift den Grundsatz der Informationseffizienz infrage. In einer ganzen Reihe von Untersuchungen wurden in den letzten Jahren die Fehleinschätzungen des Marktes bezüglich Gewinnbestandteilen, die aus Periodenabgrenzungen (*accruals*) resultieren, analysiert. Die Basis dafür bildet eine Untersuchung von *Sloan* (1996).[85] Seine Untersuchung zeigt, dass der Markt die Gewinnbestandteile, die auf periodischen Abgrenzungen beruhen und die sich in der Folge umkehren, überschätzt. Eine Handelsstrategie, bei der Anteile von Firmen mit niedrigen Periodenabgrenzungen gehalten und Firmen mit hohen Periodenabgrenzungen leerverkauft werden, führt zu signifikanten Überrenditen, die es auf mittelstreng informationseffizienten Kapitalmärkten nicht geben dürfte. Der *post earnings announcement drift* wird bereits von *Ball/Brown* (1968) registriert, die auch in der Zeit nach Gewinnveröffentlichungen Überrenditen beobachten, die im Rahmen von Handelsstrategien genutzt werden können.[86]

2.2.2 Kapitalmarktreaktionen auf Gewinnänderungen

2.2.2.1 Theoretische Grundlagen

Bereits Abbildung 1 zeigt, dass ein Zusammenhang zwischen den Gewinnen und dem Unternehmenswert bestehen muss, damit eine Auswirkung auf den Aktienpreis beziehungsweise Unternehmenswert erfolgt. Berücksichtigt man Formel 2.1, erkennt man, dass die Gewinnankündigung die Erwartungen der Kapitalmarktteilnehmer bezüglich der künftigen Cashflows oder letztendlich der zu erhaltenden Dividenden ändern muss, damit eine Reaktion erfolgt. So wird auch im *Conceptual Framework* des IASB beschrieben, dass der Erfolg aus der Rechnungslegung dem Investor eine Prognose künftiger Zahlungsströme ermöglichen soll.[87] Die Erwartungsänderung des Investors im Hinblick auf den Aktienpreis muss sich auf die Zahlungsströme beziehen, die ihm letzlich auch zufließen. Ein Zufluss kann nur im Rahmen von Ausschüttungen an den Investor erfolgen. Eine durchschnittliche Erwartungsänderung der Investoren (Erwartungsrevision des Marktes) hat dann sofortigen Einfluss auf den Aktienkurs. Eine Änderung der Streuung der Investorenerwartungen (Erwartungsrevision einzelner Investoren) untereinander führt

[85] Vgl. auch *Richardson* et al. (2005) und vgl. *Mashruwala/Rajgopal/Shevlin* (2006) für eine Übersicht der Untersuchungen.

[86] Siehe auch *Bernard/Thomas* (1989) und Abschnitt 2.2.1.2, S. 20 zu *return momentum*-Strategien.

[87] Vgl. *IASB* (2010), OB3 und OB17.

zu vermehrtem Handel und so zu einer Änderung des Handelsvolumens.[88] Die Darstellungen im folgenden Abschnitt werden auf die Preisänderungen bei Ankündigung von Gewinnänderungen beschränkt. Eine Vielzahl von empirischen Untersuchungen hat diese Ankündigungseffekte zum Gegenstand.

2.2.2.2 Empirische Ergebnisse

Die empirischen Untersuchungen zur Reaktion des Kapitalmarktes auf Gewinnveröffentlichungen gehen auf eine Untersuchung von *Beaver* (1968) zurück. Seine Stichprobe umfasst 143 Firmen, die an der *New York Stock Exchange* (*NYSE*) in den Jahren 1961 bis 1965 gelistet sind. Als Zeitfenster wird ein Zeitraum von acht Wochen vor und nach dem Zeitpunkt der Veröffentlichung gewählt. In der Veröffentlichungswoche sind die quadrierten abnormalen Renditen um rund zwei Drittel erhöht, was für eine Anpassung der Markterwartungen aufgrund der Gewinnveröffentlichung spricht. Eine Aussage über die Richtung der Änderungen ist aufgrund der quadrierten Renditen nicht möglich.[89] Um die Richtung der Erwartungsänderung zu berücksichtigen, müssen Portfolios gebildet werden, denen die Unternehmen je nach erwarteter Erwartungsrevision zugeordnet werden. Dies machen *Ball/Brown* (1968) in ihrer Untersuchung von 261 an der *NYSE* gelisteten Unternehmen im Zeitraum von 1957 bis 1966. Sie zeigen, dass sich bereits in einem Zeitraum deutlich vor der Ergebnisankündigung die beiden Portfolios unterschiedlich entwickeln und die kumulierten abnormalen Renditen auseinanderlaufen. Dies führt *Ball/Brown* (1968) zu dem Schluss, dass ein erheblicher Teil der Informationen bereits im Vorfeld vom Markt verarbeitet wird, weil die Marktteilnehmer weitere Informationsquellen und zeitnähere Informationen nutzen, sodass auch kein Ergebnissprung oder Ankündigungseffekt zum Ereignisstichtag zu beobachten ist. Dies zeigt auch im Hinblick auf die Methodologie von Ereignisstudien, dass in diesem Fall keine neue Information mehr vorlag. Dadurch gibt es im Ereigniszeitpunkt keine Ergebnisüberraschung der Investoren und folglich auch keine Erwartungsrevision.[90]

Beaver/Clarke/Wright (1979) berücksichtigen zusätzlich zur Richtung auch noch die Höhe der Ergebnisüberraschung. Dazu ziehen sie die Vorhersagefehler von Analystenprognosen heran. Im Zeitraum von 1965 bis 1971 können sie für 276 an der *NYSE*

---
[88] Vgl. *Kothari* (2001), S. 186.
[89] Vgl. *Beaver* (1968), S. 74-82.
[90] Vgl. generell zur Methodik und zur Isolierung des Ereignisses *MacKinlay* (1997).

gelistete Firmen einen positiven Zusammenhang von den Vorhersagefehlern der Analystenschätzung und den Aktienkursreaktionen beobachten. Über die Anpassung der Analysteneinschätzungen aufgrund vorheriger Schätzfehler und über folgende Quartalsergebnisse kann die Dauerhaftigkeit (Persistenz) einer Ergebnisüberraschung gemessen werden. *Easton/Zmijewski* (1989) beobachten, dass die abnormalen Renditen pro Einheit unerwarteter Ergebnisüberraschung (*earnings response coefficient*) unternehmensspezifisch und positiv mit der Persistenz der Periodenergebnisse korreliert sind.

Die Schwierigkeit, bestimmte Ergebnisüberraschungen zu interpretieren, kann daran liegen, dass aktuelle Ergebnisveröffentlichungen im Kontext der Erwartungen stehen, die mit historischen Veröffentlichungen einhergegangen sind. So stellen *Freeman/Tse* (1989) die Hypothese auf, dass Investoren die Dauerhaftigkeit der Periodenergebnisse nicht einschätzen können und entsprechend eine Erwartungsrevision bei der nächsten Information über die Ergebnisse, beispielsweise bei Quartalsergebnissen, erfolgt. Die Resultate von *Freeman/Tse* (1989) bestätigen die Vermutung, dass die abnormalen Renditen zum Ergebniszeitpunkt von dem Ausmaß der Bestätigung früherer Ergebnisinformationen abhängig sind.

Bei seiner Untersuchung der Auswirkungen von Ergebnismeldungen auf die erzielbaren Renditen vor und nach der Bekanntgabe des Ergebnisses betrachtet *Lee* (1992) stark disaggregierte Daten der *NYSE* aus dem Jahr 1988. Unter Verwendung von *intraday*-Daten mit bis zu halbstündigen Intervallen beobachtet er deutliche Preisreaktionen zum Ereigniszeitpunkt. Überrenditen sind bereits eine halbe Stunde nach Veröffentlichung der Investition nicht mehr zu erzielen. Dies zeigt sich sowohl für positive als auch für negative Nachrichten. Diese Beobachtungen der Anpassungsgeschwindigkeit an Gewinnmeldungen bestätigen die Untersuchungsergebnisse von *Patell/Wolfson* (1984), die feststellen, dass der Hauptteil der Preisreaktion innerhalb der ersten fünfzehn Minuten stattfindet und sich bereits innerhalb von Minuten nach der Gewinnveröffentlichung messen lässt, sodass nach Ablauf einer Stunde keine Überrenditen mehr möglich sind.

Landsman/Maydew (2002) stellen in einer sehr umfangreichen Untersuchung über den Zeitraum von 1972 bis 1998 eine Zunahme des Informationsgehaltes von Gewinnveröffentlichungen fest. Dies kann an der Zunahme der zusätzlich zur Gewinnveröffentlichung mitgeteilten Informationen liegen, wie beispielsweise vollständige Gewinn- und Verlustrechungen.[91] Dagegen zeigen *Collins/Li/Xie* (2009), dass die maßgeblichen Treiber des

[91] Vgl. *Francis/Schipper/Vincent* (2002).

zugenommenen Informationsgehaltes Kennzahlen sind, die nicht aufgrund von Rechnungslegungsregeln berechnet werden und es offensichtlich den Investoren erleichtern, die bewertungsrelevanten Zukunftserwartungen zu bilden. „If the purpose of expanded disclosure is to help investors better assess a firm's future prospects, then our findings suggest that Street earnings are a better measure of a firm's future prospects than are GAAP earnings [...]"[92] So enthalten die Informationen aus der Rechnungslegung „components that the market discounts or ignores in setting current prices and that Street earnings better identify those components that the market deems more sustainable and, therefore, more relevant for valuation purposes [...]"[93]

Auch auf dem deutschen Kapitalmarkt zeigen Untersuchungen die Kapitalmarktreaktionen auf Gewinnveröffentlichungen. Analog zu den Untersuchungen von *Beaver* (1968) und *Ball/Brown* (1968) untersucht *Brandi* (1977) 228 Unternehmen im Zeitraum von 1965 bis 1971 und beobachtet deutliche Kursreaktionen, die die Ergebnisse der beiden US-amerikanischen Studien bestätigen. Dies bestätigen auch *Coenenberg/Möller* (1979), die zudem eine Zunahme der Reaktion nach der Aktienrechtsreform 1965 feststellen. Bilanzpolitische Maßnahmen werden offensichtlich vom Markt erkannt und bleiben unberücksichtigt, allerdings zeigen *Coenenberg/Schmidt/Werhand* (1983) einen Einfluss der Eigentümerstruktur auf. Die Reaktionen sind bei einem höheren Streubesitz stärker. Dies ist durchaus möglich, wenn davon ausgegangen wird, dass bei Großaktionären bereits nichtöffentliche Informationen in den Preisen verarbeitet sind, die erst später öffentlich verfügbar werden. *Keller/Möller* (1992) beobachten unterschiedliche Kapitalmarktreaktion auf Jahresüberschuss und Bilanzgewinn von Banken im Vergleich zu Industrieunternehmen. Ihre Hypothese, dass Abschlüsse von Banken aufgrund ihrer größeren Gestaltbarkeit weniger glaubwürdig und entsprechend weniger informativ sind, wird durch die geringeren Kapitalmarktreaktionen bestätigt.

Diese Auswahl an Untersuchungen zeigt, dass aufgrund der Veröffentlichung von bilanziellen Gewinnen eine Kapitalmarktreaktion erfolgt und die Richtung der Reaktion gleichgerichtet ist mit dem Vorzeichen der Ergebnisüberraschung. Eine Vielzahl weiterer Untersuchungen differenziert weiter und untersucht den Einfluss der Eigentümerstruk-

[92] *Collins/Li/Xie* (2009), S. 4.
[93] *Collins/Li/Xie* (2009), S. 5.

tur, bedingt durch unterschiedliche Handelsplätze und Regularien.[94] Dabei hängt das Ausmaß der Reaktion von der „Größe" der Ergebnisüberraschung ab. Zeitgleiche zusätzliche Informationen oder bereits im Vorfeld in den Markt gelangte Informationen haben dementsprechend einen deutlichen Einfluss auf die Kapitalmarktreaktion.[95]

Allerdings konnten *Aharony/Swary* (1980) belegen, dass auch Dividenden eine Kapitalmarktreaktion hervorrufen, die über den reinen Gewinnankündigungseffekt hinausgeht. So tragen Dividenden offenbar zusätzlich zur Erwartungsänderung der Investoren bei. Die folgenden Abschnitte befassen sich mit den Kapitalmarktreaktionen und Erklärungsansätzen für die Bewertungs- beziehungsweise Kapitalmarktrelevanz der Ausschüttungspolitik.

2.2.3 Kapitalmarktreaktionen auf Dividendenänderungen

2.2.3.1 Irrelevanz der Dividendenpolitik

Die Erkenntnis des Abschnittes 2.1, dass Projekte mit positivem Kapitalwert nicht gegen Dividenden auszutauschen sind, wird durch *Miller/Modigliani* (1961) gestützt, die in ihrer Arbeit die Irrelevanz von Dividendenpolitik unter ganz bestimmten Annahmen zeigen. Dem Beweis geht die Annahme voraus, dass die Unternehmen vor Entscheidungen zur Ausschüttungspolitik bereits eine Investitionspolitik festgelegt haben, die von künftigen Dividendenänderungen unbeeinflusst bleibt. „The investment policy of the firm is set ahead of time and is not altered by changes in dividend policy."[96] Weiterhin muss der Kapitalmarkt vollkommen und vollständig sein:[97]

- Kostenlose und frei verfügbare Information für alle Marktteilnehmer,
- keine Steuern, Transaktions- und Insolvenzkosten,
- keine Kosten für Verhandlungen oder Prinzipal-Agenten-Konflikte (keine asymmetrische Informationsverteilung),

[94] Vgl. hierzu weitere Untersuchungen am deutschen Kapitalmarkt von *Coenenberg/Henes* (1995), *Röder* (1999), *Oerke* (1999) und im speziellen zu Unterschieden bei den Reaktionen auf Konzern- und Einzelabschlussgewinne *Pellens* (1994).
[95] Vgl. u.a. *Francis/Schipper/Vincent* (2002), *Kimbrough* (2005) und *Kohlbeck/Magilke* (2002).
[96] *Ross* et al. (2007), S. 494.
[97] Vgl. beispielsweise *Perridon/Steiner/Rathgeber* (2009), S. 81-82.

- Kapital kann in beliebiger Höhe zum gleichen Zins geliehen und investiert werden,
- Transaktionen Einzelner können den Aktienpreis nicht beeinflussen.

Wenn eine Unternehmung ihre bestehende Dividende erhöht, so kann sie diese bei der angenommenen gegebenen Investitionspolitik durch eine Kapitalerhöhung oder Fremdkapitalaufnahme finanzieren. In der Folgeperiode sind jedoch die Renditeforderungen der zusätzlichen Kapitalgeber zu befriedigen, sodass es zu einer Reduktion der Ausschüttung an die ursprünglichen Anteilseigner kommt. In der Barwertbetrachtung gemäß Formel 2.2 bleibt der Unternehmenswert trotz der geänderten Ausschüttung gleich.

Die Mittelherkunft und -verwendung kann mit Formel 2.10 ausgedrückt werden.

$$CF_t + F_t = D_t + I_t + (1+r)F_{t-1} \tag{2.10}$$

CF_t stellt den operativen Cashflow und F_t eine externe Finanzierung, in diesem Fall beispielsweise eine Kapitalerhöhung durch die Ausgabe neuer Aktien, dar. Die linke Seite des Terms entspricht demnach der Mittelherkunft. Die rechte Seite des Terms drückt demgemäß die Mittelverwendung aus. Das Investitionsprogramm (I_t) sowie die Dividendenzahlungen (D_t) müssen finanziert werden. Zusätzlich müssen auch die in *t-1* neu hinzugekommenen Kapitalgeber finanziert werden. Aufgelöst nach der Dividende D_t, ergibt sich Formel 2.11

$$D_t = CF_t - I_t + F_t - (1+r)F_{t-1}. \tag{2.11}$$

Es wird deutlich, dass die Ausschüttungshöhe in der Folgeperiode sinken muss, falls die Renditeforderung der zusätzlichen Kapitalgeber $(1+r)F_{t-1}$ nicht abermals neu (extern) finanziert wird. Formel 2.11, eingesetzt in das Dividendendiskontierungsmodell aus Formel 2.2

$$P_0 = \sum_{t=1}^{\infty} \frac{\mathrm{E}_0[CF_t - I_t + F_t - F_{t-1}]}{(1+r)^t}, \tag{2.12}$$

ergibt den Aktienpreis. Erfolgt nicht in jeder Periode t eine zusätzliche externe oder „neue" Finanzierung der Ausschüttung, so lässt sich Formel 2.12 vereinfacht ausdrücken als

$$P_0 = \sum_{t=1}^{\infty} \frac{\mathrm{E}_0[CF_t - I_t]}{(1+r)^t}. \tag{2.13}$$

Der Aktienpreis beziehungsweise der Unternehmenswert ist gemäß Formel 2.13 unabhängig von den Dividendenzahlungen, die in der Gleichung nicht mehr vorkommen. Der Firmenwert wird durch den freien Cashflow ausgedrückt, der als Residuum aus operativ generiertem Cashflow und Investitionsauszahlungen verbleibt. Eine darüber hinausgehende Änderung der Ausschüttung kann den Unternehmenswert nicht erhöhen, sondern muss extern finanziert werden. „... an increase in today's dividend by a dollar requires the firm to raise additional financing worth a dollar in present value."[98]

Ein einfaches Zahlenbeispiel im zweiperiodigen Fall ohne Unsicherheit verdeutlicht den Zusammenhang.[99]

Ein Unternehmen mit 1.000 Aktien generiert einen Cashflow von 10.000 EUR in den Perioden 0 und 1. Die Renditeforderung beträgt 10%. Der Aktienpreis beträgt in Periode 0:

$$19{,}09\,\text{EUR/Aktie} = 10\,\text{EUR/Aktie} + \frac{10\,\text{EUR/Aktie}}{1{,}1} \tag{2.14}$$

Jetzt soll bereits in Periode 0 eine Dividende von 11 EUR/Aktie ausgeschüttet werden. Diese kann mit dem bestehenden Cashflow nicht finanziert werden. Entsprechend werden für 1.000 EUR neue Aktien ausgegeben. In der Folgeperiode 1 werden die neuen Anteilseigner 1.100 EUR zurückfordern, d.h. für die „Alteigentümer" steht nur noch ein Cashflow von 10.000 EUR - 1.100 EUR = 8.900 EUR zur Verfügung. Ihr Anteilspreis berechnet sich in Periode 0 demnach wie folgt:

$$19{,}09\,\text{EUR/Aktie} = 11\,\text{EUR/Aktie} + \frac{8{,}90\,\text{EUR/Aktie}}{1{,}1} \tag{2.15}$$

[98] *Kalay/Lemmon* (2008), S.10; vgl. für die Herleitung der Irrelevanz ebenfalls *Kalay/Lemmon* (2008) S. 9-10.

[99] Vgl. *Ross* et al. (2007), S. 490-494.

Das Unternehmen kann demnach mithilfe der Ausgabe von Aktien oder auch mittels Aktienrückkäufen jede Zahlung in Periode 0 zulasten von Periode 1 oder umgekehrt darstellen. Der Anteilswert ändert sich dadurch nicht.

Nicht nur das Management des Unternehmens kann jede kapitalwertneutrale Zahlungsstruktur darstellen. Auch der Investor kann die Dividendenerhöhung in Periode 0 selbst darstellen. In diesem Zusammenhang spricht man von „homemade dividends". Im vorangegangenen Beispiel kann ein Investor Aktien oder Aktienanteile in Periode 0 verkaufen. In diesem Fall so viele (anteilige) Anteile, dass sein Cashflow bei zusätzlichen 1 EUR/Aktie liegt. So erhält er in Periode 0 insgesamt 11 EUR/Aktie. In der Folgeperiode entgeht ihm die Rendite für die bereits erhaltenen 1 EUR/Aktie. Sein Cashflow reduziert sich von 10 EUR/Aktie um 1 EUR/Aktie $\cdot\, 1,1 = 1,10$ EUR/Aktie auf 8,90 EUR/Aktie.

Der vorangegangene Abschnitt zeigt, dass in der Modellwelt von *Miller/Modigliani* (1961) der Unternehmenswert nicht durch Änderungen der Dividenden erhöht werden kann. Die schlichte Erhöhung der Dividende führt zu einer Reduktion in den Folgeperioden. Wert kann nur geschaffen werden, indem die Dividendenerhöhung nicht durch Reduktion der Dividenden in den Folgeperioden zum selben Aktienkurs führt.[100] Unterstellte man die Gültigkeit des Modells von *Miller/Modigliani* (1961) in der realen Welt, so dürfte es keine Reaktionen auf Dividendenankündigungen seitens der Investoren geben beziehungsweise wäre das Management von Unternehmen indifferent bezüglich seiner Ausschüttungspolitik. Die Annahmen eines vollkommenen und vollständigen Kaptalmarktes und auch die Annahme einer prädestinierten und auf Dauer festgelegten optimalen Investitionspolitik sind nicht erfüllt. Daher ist es auch nicht verwunderlich, dass zahlreiche Untersuchungen Kapitalmarktreaktionen auf Dividendenänderungen bzw. die Ankündigung von Änderungen feststellen und die Bestimmungsfaktoren von Dividendenpolitik, im Sinne einer zeitlichen Strukturierung von Ausschüttungen, von großem Interesse sind.[101]

Drei mögliche Erklärungsansätze sollen im folgenden Abschnitt dargestellt werden. Erstens kann das Steuersystem Einfluss auf die Dividendenpolitik haben. Zweitens kann bei

[100] Vgl. *Ross* et al. (2007), S. 494, z.B. „... improve productivity, increase tax savings, or strenghten product marketing."

[101] Vgl. auch die Kritik von *DeAngelo/DeAngelo* (2007), die Irrelevanz-Theorem im pädagogischen Bereich für nicht geeignet halten, die Ausschüttungspolitik zu beschreiben, weil es „fixes the payout policy at an optimum, which is why only investment policy affects value in MM's model."

unterstellter asymmetrischer Informationsverteilung das Management Dividenden zur Informationsvermittlung nutzen. Dividendenerhöhungen signalisieren dann zusätzliche dauerhafte Ertragschancen. Diese Art der Mitteilung kann vom Management schwacher Unternehmen schwer nachgeahmt werden, weil es für diese zu kostspielig wäre. Und drittens kann die Dividendenzahlung den Konflikt zwischen Prinzipal und Agenten schmälern, falls das Management nicht ausschließlich in Projekte mit positivem Nettokapitalwert investiert. Das Management muss sich entsprechend um „neues" Kapital bemühen und unterliegt hierbei einer Kontrolle von Dritten (Kapitalmarkt oder auch Banken).[102] Der folgende Abschnitt stellt die theoretischen Grundlagen und ihre empirischen Befunde dazu dar.

2.2.3.2 Theoretische und empirische Erklärungen

2.2.3.2.1 Einfluss des Steuersystems

Für den Irrelevanz-Beweis von *Miller/Modigliani* (1961) wurde eine Welt ohne Steuern und Transaktionskosten unterstellt.[103] Ein existierendes Steuersystem kann die Besteuerung von Dividendenzahlungen und Gewinnthesaurierungen bzw. damit einhergehende Kurssteigerungen ungleich besteuern. Bei rationalen Investoren wird entsprechend die Besteuerung in die Investitionsentscheidung einbezogen. Theorien, die einen Einfluss des Steuersystems auf die Ausschüttungspolitik der Unternehmen zum Inhalt haben, unterstellen dabei, dass Investoren versuchen, ihre persönlichen Steuern zu minimieren.[104] Bei Risikoneutralität halten Investoren mit niedrigem (hohem) Steuersatz Aktien mit verhältnismäßig hohen (niedrigen) Dividendenzahlungen im Vergleich zur Kurssteigerung.[105] Der Frage, ob US-amerikanische Investoren mit hohem Steuersatz Aktien mit niedriger relativer Ausschüttung bevorzugen, gehen unter anderem *Blume/Crockett/Friend* (1974) und *Lewellen* et al. (1978) nach. Mit einem einfachen Ansatz versuchen *Elton/Gruber* (1970) die Frage nach der Existenz eines solchen Klientel-Effektes zu beantworten, indem sie den Zusammenhang von Dividendenrendite und Steuersatz messen.

---

[102] Vgl. *Perridon/Steiner/Rathgeber* (2009), S. 531-532.

[103] Vgl. Abschnitt 2.2.3.1.

[104] Vgl. u.a. *Elton/Gruber* (1970), *Black/Scholes* (1974) oder *Long* (1978).

[105] Vgl. *Allen/Michaely* (2003).

Eine unterschiedliche Besteuerung kann nicht nur bei den persönlichen Steuern zu einer Heterogenität führen. Auch niedrig besteuerte institutionelle Investoren könnten Dividenden bevorzugen, während individuell höher besteuerte Investoren Kursgewinne oder Aktienrückkäufe favorisieren. Dies führt zu einem erhöhten Unternehmenswert, weil den institutionellen Investoren eine überlegene Überwachungsfunktion des Managements zugetraut wird und die Wahrscheinlichkeit einer Übernahme mit einer entsprechenden Übernahmeprämie steigt.[106] Ebenso existieren Richtlinien bei institutionellen Investoren, die eine „vorsichtige" Investitionspolitik verlangen, was diese Investoren dazu veranlassen kann, Aktien zu halten, die regelmäßig Dividenden zahlen.[107]

Die Strategie von Unternehmen, eine bestimmte Klientel zu bedienen und dadurch den Marktwert zu beeinflussen, erscheint jedoch im Hinblick auf den Wettbewerb um Investoren zweifelhaft. Mögliche Prämien für dividendenzahlende Unternehmen würden durch Anpassung der Ausschüttungspolitik der übrigen Unternehmen zu einem gleichgewichtigen Ausschüttungsverhalten führen. In Gleichgewicht führt dies dazu, dass jede Investorengruppe die Anteile an Unternehmen mit für sie vorteilhafter Ausschüttungspolitik hält.[108] Empirisch ist eine intersektorielle Heterogenität der Unternehmen in Bezug auf die Dividendenpolitik nicht zu beobachten. Diese ist für Investoren entscheidend, um diversifizierte Anlageportfolios zu bilden. Im Zeitraum von 1926 bis 1966 sind kaum Unternehmen zu finden, die niedrige Dividenden zahlen.[109] Dagegen haben im Jahr 2000 die meisten nicht zahlenden US-amerikanischen Unternehmen in den vier Jahren davor einen Verlust erlitten oder sind junge Firmen aus dem Technologiesegment.[110] Ein Portfolio, das hauptsächlich aus diesen Unternehmen besteht, kann ebenfalls nicht als gut diversifiziert bezeichnet werden.[111]

Die Untersuchungen, ob institutionelle Investoren andere Präferenzen bezüglich einer Dividendenpolitik aufweisen als individuelle Investoren (Privatanleger), zeigen ebenfalls, dass Klientelpolitik nur eine geringe Rolle bei Festlegung der Ausschüttungspolitik spielt und sich der Anteil institutioneller Anleger nach einer Dividendenerhöhung nicht signi-

[106] Vgl. *Allen/Bernardo/Welch* (2000), S. 2511, 2527.

[107] Vgl. *Jain* (2007), S. 406-407, der dazu auch auf den *Employee Retirement Security Act of 1974* (ERISA) verweist.

[108] Vgl. *Black/Scholes* (1974), S. 2, 19-21.

[109] Vgl. *Black/Scholes* (1974), S. 11-18.

[110] *DeAngelo/DeAngelo/Skinner* (2004), S. 452.

[111] Vgl. *DeAngelo/DeAngelo/Skinner* (2009), S. 206.

fikant erhöht.[112] Anekdotische Evidenz aus Praktikerkreisen besagt die gegensätzliche Hypothese, dass Privatinvestoren Dividendentitel bevorzugen.[113] Die lässt sich sowohl in Befragungen als auch empirisch bestätigen.[114] Diese Ergebnisse stehen in Einklang mit der Theorie von *Black/Scholes* (1974): „... leads us to conclude that clientele demands are not a major determinant of firms' payout decisions."[115]

Mit der Entwicklung des Tax-Capital Asset Pricing Models (Tax-CAPM), wird die Besteuerung in das CAPM eingebaut, sodass ein CAPM nach Steuern hergeleitet wird.[116] Die Modelle in den empirischen Untersuchungen zur Gültigkeit eines solchen Tax-CAPMs prognostizieren einen positiven Zusammenhang von Dividendenrendite und der Aktienkursrendite. Demnach ist eine höhere Rendite auf Unternehmensebene notwendig, um eine so hohe Dividendenrendite vor Steuern zu erzielen, damit diese nach Steuern gleich bleibt.[117] Die empirischen Überprüfungen des um die Dividendenrendite erweiterten CAPMs kommen jedoch nicht zu einheitlichen Ergebnissen. Für Deutschland ist ein signifikant positiver Koeffizient der Dividendenrendite zu beobachten, was den Klientel-Effekt bestätigt. Aus dem Koeffizienten lassen sich jedoch keine unterschiedlichen Steuersätze der Investoren schätzen, die Voraussetzung für die Existenz eines Klientel-Effektes sind.[118]

Während die oben dargestellten Untersuchungen auf einem statischen Ansatz basieren, das heißt, das Portfolio der Investoren kann nur einmal gebildet werden, wird in dynamischen Modellen diese Restriktion aufgehoben. Bei diesen Ansätzen sind Portfoliumschichtungen möglich. So kann ein strategisch agierender Investor seinen marginalen Steuersatz auf null reduzieren.[119] Empirisch ist eine Anwendung dieser Strategien nicht zu beobachten. Der marginale Steuersatz von Investoren für Dividenden weicht deutlich von dem Steuersatz für Kursgewinne ab. Eine Ursache dafür, warum diese Strategien nicht angewendet werden, kann in den Transaktionskosten für die Umsetzung liegen.[120]

[112] Vgl. *Hoberg/Prabhala* (2009), S. 81.
[113] Vgl. *DeAngelo/DeAngelo/Skinner* (2009), S. 208.
[114] Vgl. *Brav* et al. (2005), S. 509-510; vgl. für empirische Befunde, die genau gegenläufig zur gemachten Hypothese sind *Jain* (2007), S. 420-421.
[115] *DeAngelo/DeAngelo/Skinner* (2009), S. 209.
[116] Vgl. *Brennan* (1970).
[117] Vgl. *König* (1990), S. 134-135.
[118] Vgl. *König* (1990), S. 172-173.
[119] Vgl. *Miller/Scholes* (1978), S. 346-349.
[120] Vgl. *Peterson/Peterson/Ang* (1985), S. 280.

Ein weiterer Untersuchungsansatz bezieht sich auf den so genannten ex-Tag (oder auch ex-Dividende-Tag). Ein Investor, der bis einen Tag vor dem ex-Tag eine Aktie erworben hat, erhält beziehungsweise hat Anspruch auf die Dividende. Investoren mit hohem Steuersatz verkaufen kurz vor dem ex-Tag Aktien, für welche eine (hohe) Dividende gezahlt wird, an Investoren mit niedrigem Steuersatz. Der Preisabschlag am ex-Tag entspricht – abstrahiert von Transaktionskosten – exakt der Dividendenzahlung pro Aktie. Nach dem ex-Tag kaufen sie die Aktien wieder zurück. Empirisch ist ein kleinerer Preisabschlag als die Dividendenzahlung zu beobachten, was mit einem perfekten Arbitragemodell nicht zu erklären ist. Die Überrenditen sind mit den Dividendenrenditen positiv korreliert.[121] Die positive Korrelation ist mit einem Klientel-Effekt zu erklären und reduziert sich in Höhe der Transaktionskosten.[122] Weil die Handelsstrategie um den ex-Tag nicht risikolos ist, können die Transaktionen auch in einem Gleichgewichtsmodell anstelle eines Arbitragemodells dargestellt werden. Darüber hinaus wird das Handelsvolumen einbezogen, das von den Transaktionskosten beeinflusst wird. Empirisch kann ein sinkendes Handelsvolumen bei steigenden Transaktionskosten beobachtet werden, was konsistent mit einem Klientel-Effekt ist.

Insgesamt ist jedoch empirisch ein bedeutsamer Einfluss des Steuersystems nicht nachzuweisen. „... we conclude that pressure to satisfy heterogeneous investor tax clientele demands does not exert a major influence on corporate payout policies."[123]

2.2.3.2.2 Informationsgehalt von Dividenden

Der vorangegangene Abschnitt hat gezeigt, dass die Beantwortung der Frage nach dem Einfluss von Dividendenpolitik auf den Unternehmenswert bereits bei Lockerung der Annahme einer Welt ohne Steuern und Transaktionskosten zu widersprüchlichen Ergebnissen führt. Eine weitere Annahme von *Miller/Modigliani* (1961) für die Irrelevanz der Ausschüttungspolitik ist eine symmetrische Informationsverteilung, bei der alle Marktteilnehmer gleiche Informationen über die Unternehmen haben.[124] Entgegen der Theorie sind jedoch nach der Ankündigung von Dividendenerhöhungen (Dividendenkürzungen)

[121] Vgl. *Kalay* (1982b), S. 1065-1066.
[122] Vgl. *Heiden* (2002), S. 33-36.
[123] *DeAngelo/DeAngelo/Skinner* (2009), S. 207.
[124] Vgl. Abschnitt 2.2.3.1.

steigende (fallende) Aktienkurse zu beobachten.[125] So stellt auch *Miller* (1986) fest: „But if dividends are a 'mere financial detail,' as we put it, why are announcements of dividend increases typically followed by stock price increases, sometimes spectacularly so? And why are dividend cuts or eliminations often followed by price falls, sometimes even more spectacular?"[126] Diese Ergebnisse bleiben erhalten, wenn gleichzeitige Gewinnankündigungen zur Kontrolle mit in die Betrachtung einbezogen werden. Diese Ergebnisse deuten darauf hin, dass Dividendenankündigungen einen zusätzlichen wertrelevanten Informationsgehalt besitzen.[127] Für Deutschland zeigt sich bei der Ankündigung einer Dividendenerhöhung eine positive Überrendite von 0,825% im Untersuchungszeitraum von 1980 bis 1994.[128] Die Kursreaktionen fallen für Dividendenkürzung deutlich stärker aus als für Erhöhungen. Noch stärker sind die Marktreaktionen beim kompletten Einstellen von Dividendenzahlungen.[129]

Insgesamt zeigen die Untersuchungen, dass bei Einführungen von Dividenden Überrenditen bis zu drei Prozent und bei der Einstellung der Dividendenzahlung Überrenditen von durchschnittlich minus sieben Prozent realisiert werden. Zusammengefasst bewegen sich Dividendenänderungen und Kapitalmarktreaktionen in die gleiche Richtung und sie enthalten Informationen, die den Marktteilnehmern noch nicht bekannt waren oder sie „signalisieren" wertrelevante Informationen durch eine Reduktion der Unsicherheit über die Zukunft einer Unternehmung.[130] Im Folgenden werden zuerst grundlegende theoretische Arbeiten dargestellt und anschließend deren empirische Überprüfung.

Zur modellhaften Beschreibung dieses Zusammenhanges werden so genannte Signalisierungsmodelle herangezogen, welche einen analytischen Rahmen für die Rolle, die Dividenden bei der Informationsvermittlung spielen, bilden. Im Modell von *Bhattacharya* (1979) teilen die Manager einer Firma ihren Informationsvorsprung über die Erfolgsaussichten der Investitionsprojekte dem Markt mit, indem sie sich bereits im Vorfeld auf eine Dividendenpolitik festlegen. Das Modell ist zweiperiodig. In $t=1$ werden die Cashflows

[125] Vgl. eine der ersten Arbeiten dazu *Pettit* (1972).

[126] Zitiert nach *DeAngelo/DeAngelo/Skinner* (2009), S. 181.

[127] Vgl. *Aharony/Swary* (1980), S. 8.

[128] Vgl. *Heiden* (2002), S. 202-207 und *Gebhardt* (2002), S. 114; für weitere Ergebnisse zu Marktreaktionen am deutschen Kapitalmarkt siehe *Amihud/Murgia* (1997) und *Gerke/Oerke/Sentner A.* (1997).

[129] Vgl. *Heiden* (2002), S. 202-207, der allerdings bei der Einführung von Dividendenzahlungen keine signifikanten Überrenditen beobachtet.

[130] Vgl. *Kalay/Lemmon* (2008), S. 36-37.

aus den Investitionsprojekten verwendet, um die in *t=0* festgelegte Dividende zu zahlen. Wenn die Cashflows in *t=1* nicht ausreichen, um die Ausschüttung zu finanzieren, so muss auf eine „kostspielige" externe Finanzierung zurückgegriffen werden. „The essential justification for our assumption that the cost of making up a cashflow deficit is more than the benefit of a cashflow surplus of the same size is that frictionless access to extra external financing is assumed to be unavailable."[131] Nachdem die Dividende in *t=1* ausgeschüttet wurde, wird die Firma an neue Aktionäre verkauft, die entsprechend ihre Ausschüttung in *t=2* erhalten. Der Preis, den die neuen Investoren bereit sind zu zahlen, hängt von ihren Renditeerwartungen für die Projekte der Firma ab. Die Profitabilität kann bereits durch die Festlegung der Ausschüttung signalisiert werden. Aufgrund der Annahme, dass eine externe Finanzierung kostspielig ist[132], erscheint diese Information glaubwürdig und kann nicht einfach von Unternehmen mit schlechteren Investitionsprojekten nachgeahmt werden.

Das Modell ist nicht frei von Kritik. Erstens handelt es sich bei der Festlegung einer Dividende nicht um eine vertraglich Verpflichtung. Wenn die Investitionsprojekte scheitern oder zu wenig Cashflows generieren, muss demnach nicht zwangsläufig auf eine mit weiteren Kosten verbundene externe Finanzierung zurückgegriffen werden. Falls diese Schwäche des Signals von den Marktteilnehmern erkannt wird, stellt es für sie kein glaubwürdiges Signal mehr dar. Zweitens ist unklar, warum Unternehmen Dividenden und keine Aktienrückkäufe zur Informationsvermittlung verwenden, die eventuell (je nach Steuersystem) zusätzliche Vorteile für die Investoren bieten können.[133]

Im Modell von *Miller/Rock* (1985) investiert ein Unternehmen ebenfalls in *t=0* in ein Projekt. Der Gewinn in *t=1* wird für Dividendenzahlungen und Neuinvestitionen verwendet. Die Manager sind über die realisierten Gewinne informiert, während die Marktteilnehmer entweder die Höhe der Gewinne oder die Höhe der Neuinvestitionen nicht direkt beobachten können. *Miller/Rock* (1985) treffen die Annahme, dass es Anteilseigner gibt, die ihre Aktien in *t=1* verkaufen möchten, wodurch ein Anreiz entsteht, den wahren Wert des Unternehmens zu manifestieren. Sie unterstellen eine zeitliche Korrelation der Gewinne, sodass bei hohen Gewinnen in *t=1* die Verkäufer von Anteilen auch einen hohen Preis erzielen.

---

131 *Bhattacharya* (1979), S. 262.
132 Vgl. zu den Kosten bei glaubwürdigen Signalen *Spence* (1974).
133 Vgl. *Kalay/Lemmon* (2008), S. 39.

Weiterhin ist die Rechnungslegungsidentität $Dividende_t = Gewinn_t - Investitionen_t$ gültig, was bedeutet, dass Mittelherkunft und Mittelverwendung ausgeglichen sind. Dies führt dazu, dass jede Erhöhung (Kürzung) der Dividende zwangsläufig zu einer Reduzierung (Erhöhung) der Investitionsauszahlungen führt. Die „besseren" Firmen profilieren sich also durch eine Kürzung ihrer Investitionen zu Gunsten von Dividendenausschüttungen. „The cost of signalling that attribute to the market by increasing (net) dividends is the foregone use of the funds in productive investment."[134] Diese Kosten sind im Modellgleichgewicht so hoch, dass es sich für „schlechtere" Unternehmen nicht mehr rentiert, diese Ausschüttungspolitik nachzubilden. Damit liefern die Autoren auch eine Erklärung für den Dividendenankündigungseffekt. Allerdings lässt sich auch hier kritisieren, dass unklar bleibt, warum nicht Aktienrückkäufe anstelle der Dividenden verwendet werden. Diese stehen auch auf der linken Seite der Rechnungslegungsidentität und könnten steuerliche Vorteile bieten.[135]

Eades (1982) zeigt in seinem Modell, dass ein Gleichgewicht auch ohne Annahme von unterschiedlichen Besteuerungen von Aktienrückkäufen und Dividenden möglich ist. Sein Modell basiert auf dem Modell von *Bhattacharya* (1979), wobei die Erträge in $t=1$ normalverteilt sind und deren Varianz allen Marktteilnehmern bekannt ist. Informationen über den Erwartungswert hat nur das Management des Unternehmens. Bei einer hohen (niedrigen) Varianz der Erträge braucht es eine verhältnismäßig niedrige (hohe) Dividendenzahlung, um Informationen über die „wahren" Erträge zu kommunizieren.

Keine Kosten entstehen im Modellgleichgewicht bei *Kalay* (1980). Dieses setzt an der Vergütung des Managements an, die abhängig vom Unternehmenswert in $t=0$ und den Erträgen in $t=1$ erfolgt. Unterstellt wird ein Handeln im Sinne der Anteilseigner. Liegen die Erträge in $t=1$ unter der Dividendenzahlung, so sieht das Modell eine empfindliche Strafe vor, die über dem Einfluss der Spannweite aller möglichen Erträge auf die Entlohnung liegt. Die Kosten liegen in diesem Fall bei der Bestrafung des Managements über dessen Entlohnungsfunktion. Legt das Management dennoch eine höhere Dividende fest, antizipieren die Marktteilnehmer die Vermeidungsstrategie des Managements und schätzen diese Information als glaubwürdig ein. Dies steigert sowohl den Unternehmenswert als auch die Entlohnung des Managements.

[134] *Miller/Rock* (1985), S. 1045.
[135] Vgl. *Kalay/Lemmon* (2008), S. 39.

Unabhängig davon, ob alternative Ausschüttungsmethoden existieren, erklärt das Modell von *John/Williams* (1985) die Dividendenpolitik. In ihrem Modell benötigen die Aktionäre Liquidität, die sie durch den Aktienverkauf generieren können. Die Manager des Unternehmens handeln im Sinne der Aktionäre und besitzen einen Informationsvorsprung über den „wahren" Unternehmenswert gegenüber potenziellen (externen) Investoren. Für die bestehenden Aktionäre ist es nicht vorteilhaft, wenn die Firma zum Zeitpunkt des Aktienverkaufes unterbewertet ist. Die „guten" Unternehmen signalisieren daher den wahren Wert mittels Dividendenzahlungen. Wird die Dividendenzahlung als solches positives Signal von den potenziellen Investoren (Marktteilnehmern) aufgefasst, wird der Aktienpreis steigen und die Aktionäre können zu einem höheren Preis verkaufen.

Die Kosten für die Ausschüttungspolitik bestehen in den persönlichen Steuern, welche auf die Dividenden gezahlt werden müssen. Diesen Kosten stehen zwei Vorteile gegenüber. Erstens können die Aktionäre zu einem höheren Preis verkaufen. Zweitens brauchen sie nur einen kleineren Anteil ihrer Aktien verkaufen. Der größere Anteil, den die Aktionäre an der Firma weiterhin halten, ist wertvoll, falls die Firma unterbewertet ist. Für ein „schlechtes" Unternehmen ist diese Strategie unprofitabel. Der zusätzliche Anteil, den die Aktionäre an der Firma halten, wird weniger wert, wenn die Überbewertung korrigiert wird. Demnach lohnt es sich nur für Aktionäre unterbewerteter Unternehmen, die zusätzlichen Kosten in Form von Steuern auf die Dividenden zu tragen, weil diese von der Wertsteigerung ihrer übrigen Anteile an der Firma profitieren. Nach *John/Williams* (1985) zahlen Firmen, die höhere Cashflows erwarten, optimalerweise auch höhere Dividenden, wenn der Steuernachteil der Aktionäre durch die Dividendenzahlung von den Kursgewinnen kompensiert wird.[136]

In seinem Modell zum Informationsgehalt von Dividendenzahlungen, unterstellt *Kumar* (1988) sowohl dem Management als auch den Anteilseignern Risikoaversität. Das Management besitzt wiederum einen Informationsvorteil über die künftigen Erträge gegenüber den Marktteilnehmern und ist genauso wie die Eigner bestrebt, seinen Nutzen zu maximieren. Der Nutzen drückt sich für das Management an seinem anteiligen Unternehmenswert und für die Eigner in der Maximierung ihrer Konsummöglichkeiten aus. Dies impliziert eine Beteiligung des Managements am Unternehmen. Es verfügt aber nicht über die Möglichkeit, seinen Anteil bei einer Kapitalaufnahme konstant zu halten.[137] Bei

[136] Vgl. *Kalay/Lemmon* (2008), S. 39-40.

[137] Es verfügt über keine Mittel beziehungsweise ist dies vergleichbar mit einem Bezugsrechtsausschluss.

steigenden Investitionen reduziert sich entsprechend der Anteil des Managements am Unternehmen. Gleichzeitig wird unterstellt, dass zuerst Projekte mit positivem Kapitalwert durchgeführt werden. Dies erhöht den Unternehmenswert beziehungsweise den Wert des verbleibenden Anteils.

Anteilseigner und Manager sind jedoch unterschiedlich risikoavers. Daher bevorzugen sie für die jeweilige Nutzenmaximierung unterschiedliche Investitionsprogramme und es entsteht kein Signalisierungsgleichgewicht, weil das Management durch seine Informationspolitik ein für sich optimales Investitionsprogramm zu erreichen versucht. Die Dividende kann in diesem Fall Signalcharakter haben. *Kumar* (1988) zeigt, dass Unternehmen, die eine bestimmte Bandbreite von Erträgen erwarten, eine bestimmte Dividende wählen, um sich von Unternehmen abzugrenzen, die andere Ertragserwartungen haben. Für das Management besteht dann kein Anreiz mehr, von der gewählten Dividende abzuweichen, solange die erwarteten Erträge nicht in eine neue Bandbreite fallen. Das heißt, dass die Dividendenpolitik oder die Ausschüttungen nicht geändert werden, wenn sich nur geringe erwartete Ertragsänderungen ergeben. Das Modell erklärt damit eine Politik von tendenziell gleich bleibenden oder geglätteten Dividendenzahlungen (*dividend smoothing*), wie sie auch empirisch beobachtet werden.[138]

Allen/Bernardo/Welch (2000) erklären mit ihrem Modell sowohl die Ausschüttungspolitik als auch das Glätten von Dividendenzahlungen. Dafür nehmen sie an, dass es zwei Arten von Investoren gibt: nicht besteuerte institutionelle Investoren und persönlich besteuerte Privatanleger. Die institutionellen Investoren verfügen über größere Ressourcen, sich über die Firma zu informieren und das Management zu überwachen beziehungsweise zu disziplinieren. Weiterhin bevorzugen die institutionellen Investoren annahmegemäß Dividendenzahlungen. Im Modell führt dies zu einer höheren Attraktivität der Dividenden zahlenden Unternehmen für institutionellen Investoren im Vergleich zu den Privatanlegern, die einen relativen Nachteil durch die Besteuerung der Dividendenzahlungen haben. Im Modellgleichgewicht werden entsprechend Dividenden von „besseren" Unternehmen gezahlt, damit der (hohe) Anteil institutioneller Investoren die Qualität oder „wahre Güte" der Firma nachweisen beziehungsweise feststellen kann. Dafür nehmen sie auch die Kosten in Form von Steuern auf die Dividenden der Aktionäre in Kauf. Dadurch kommt Dividenden gerade aufgrund der Besteuerung eine Signalwirkung zu.

[138] Vgl. Seite 109.

Bei Unterschieden in der Besteuerung von Dividenden und Aktienrückkäufen, kann eine Informationsvermittlung nur mittels Dividenden erreicht werden. Auch wenn keine Unterschiede in der Besteuerung existieren, sind Dividendenzahlungen und Ausschüttungen unterschiedlich zu betrachten. Dies ist der Fall bei unterschiedlicher Informationsverteilung im Hinblick auf die Investoren: „When money is paid out in the form of dividends, the informed and the uninformed receive a pro rata amount; they will do equally well. As a result, uninformed shareholders prefer dividends to repurchases; this preference will persist even if dividends are taxed more heavily than repurchases, provided the tax disadvantage is not too large."[139] Es entsteht das Problem einer adversen Selektion bei Aktienrückkäufen; denn während Dividendenzahlungen an alle Aktionäre fließen, erhalten bei einem Rückkauf nur die Aktionäre etwas, die ihre Aktien verkaufen. Allerdings werden nur die informierten Anleger, die davon ausgehen, dass das Unternehmen aktuell überbewertet ist, auf ihre Anteile verzichten.[140]

Die vorangegangen dargestellten Modelle erklären den auch empirisch zu findenden gleichgerichteten Zusammenhang zwischen Dividendenankündigungen und Kapitalmarktreaktionen. Ein weiterer Zusammenhang ergibt sich aus den Modellen: die empirische Fragestellung vom Zusammenhang künftiger Gewinne und aktuellen Dividendenänderungen. Künftige Gewinnänderungen sollten demnach positiv mit aktuellen Dividendenänderungen korreliert sein und Gewinnankündigungen einschließlich Dividendeninformationen sollten einen höheren Informationsgehalt aufweisen als ohne Information über die geplanten Äusschüttungen.[141]

Allerdings zeigen sich nur schwache empirischen Befunde für den Zusammenhang von Dividenden und künftigen Gewinnen. So untersucht *Watts* (1973), ob sich sich Gewinnprognosen unter Einbeziehung von Dividenden verbessern. Für seine Stichprobe von 310 Unternehmen im Untersuchungszeitraum von 1946 bis 1967 kann er dies empirisch nicht bestätigen. Ebenso kann *Gonedes* (1978) nicht bestätigen, dass die Information zu (von) aktuellen Dividenden die Qualität von Gewinnprognosen verbessert. Auch *Penman* (1983), der 2.217 Prognosen von jährlichen Gewinnen pro Aktie aus im Zeitraum von 1968 bis 1973 betrachtet, kann nur einen schwachen Zusammenhang von aktuellen Dividendenänderungen und der Prognose künftiger Gewinnänderungen feststellen.[142]

[139] *Allen/Bernardo/Welch* (2000), S. 2523.
[140] Siehe hierzu ausführlich *Barclay/Smith* (1988).
[141] Vgl. *Kalay/Lemmon* (2008), S. 42.
[142] Vgl. *Penman* (1983), S. 1196.

In einer größeren Stichprobe über den Zeitraum von 1979 bis 1991 untersuchen *Benartzi/Michaely/Thaler* (1997) die Gewinnänderungen nach Dividendenankündigungen. Sie stellen einen starken Zusammenhang zu vergangenen und aktuellen Gewinnänderungen fest, aber keine signifikante Beziehung von Dividendenänderungen und Gewinnänderungen in den zwei Folgeperioden. Ein interessantes Ergebnis ist, dass sich die Gewinne in den zwei Folgeperioden nach einer Dividendenkürzung sogar positiv entwickeln. *DeAngelo/DeAngelo/Skinner* (1996) untersuchen 145 Unternehmen, die über neun Jahre ein positives Gewinnwachstum verzeichneten, bevor es zu einem Gewinneinbruch kam. Die Ausschüttungsentscheidung im Jahr des Einbruchs müsste nach *DeAngelo/DeAngelo/Skinner* (1996) einen entscheidenden Informationsgehalt darüber aufweisen, ob der Gewinneinbruch nur vorübergehend oder nachhaltiger Natur ist. Ihrer Hypothese gemäß müsste eine positive Korrelation von Dividendenänderungen und zukünftigen Gewinnen (Renditen) zu finden sein. Diese Hypothese können sie jedoch nicht bestätigen.

Im Gegensatz zu den oben dargestellten Untersuchungen analysieren *Ofer/Siegel* (1987) den Einfluss unerwarteter Dividendenänderungen auf die Änderung der Gewinnprognosen von Analysten. Sie können empirisch belegen, dass es einen positiven Zusammenhang zwischen den Änderungen bei den Gewinnprognosen für das laufende Jahr und den Änderungen bei der Dividende gibt.

Ebenso sind die Ergebnisse der Untersuchungen, welche die ungleichen Steuern als kostspieliges Signal für Unternehmensqualität heranziehen, nicht eindeutig. Dies können *Bernheim/Wantz* (1995) bestätigen, indem sie den Informationsgehalt von Dividendenänderungen anhand der Marktreaktionen bei sich ändernder Besteuerung analysieren. Die Marktreaktion fällt in Zeiten einer verhältnismäßig höheren Besteuerung von Dividenden stärker aus als in Zeiten niedriger Steuern, was konsistent ist mit der zugrundeliegenden Theorie. Bei Verwendung nicht parametrischer Tests können diese Ergebnisse jedoch nicht bestätigt werden.[143] *Amihud/Murgia* (1997) untersuchen die Marktreaktionen in Deutschland in der Periode von 1988 bis 1992. In dieser Zeit war in vielen Fällen die Besteuerung von Dividenden sogar vorteilhafter als die von Kursgewinnen, sodass modelltheoretisch kein Informationsgehalt durch die Dividenden übermittelt werden würde. Die beobachtbaren Reaktionen sind jedoch mit den Reaktionen am US-amerikanischen Kapitalmarkt vergleichbar, an dem Dividenden diskriminierend besteuert wurden.

[143] Vgl. *Bernhardt/Robertson/Farrow* (1994).

Auch Befragungen liefern kaum Belege für die Theorie, dass das Management Dividenden als Informationsinstrument einsetzen, um den „wahren“ Firmenwert zu signalisieren. *Brav* et al. (2005) haben hierzu 384 Führungskräfte von insgesamt 256 Unternehmen befragt. Zwar glauben 80%, dass sie mittels Dividendenpolitik Informationen an den Markt geben, aber nur 25% würden die Dividendenpolitik verwenden, um sich von ihrer Konkurrenz abzuheben. Und nur 4,4% verwenden Dividenden im Sinne der Signalisierungstheorien, um zu zeigen, dass sie bewusst sich selbst die Kosten einer solchen Information auferlegen.

„In short, there is little evidence that changes in dividends predict future changes in earnings, which is one of the main predictions of dividend-signaling models.“[144] Die empirischen Belege für einen Zusammenhang von Dividenden und künftigen Gewinnen sind schwach, dennoch bleibt dadurch die Frage offen, welche Informationen in den Dividenden enthalten sind; denn Marktreaktionen auf Ankündigungen sind beobachtbar. Aufgrund der Bilanzidentität könnten Dividenden ausschließlich Informationen über aktuelle Gewinne enthalten, wenn sie eine reine Transformation der bilanziellen Größen darstellen.[145] Oder sie enthalten Informationen über die Risikoverteilung der Cashflows. In der Befragung von *Brav* et al. (2005) glauben 40% der Befragten, dass sich das Risiko der Aktie aufgrund der Dividendenpolitik reduziert. *Grullon/Michaley/Swaminathan* (2002) können empirisch nachweisen, dass sich das systematische Risiko nach Dividendenerhöhungen reduziert. Zwar sinkt darauffolgend die Profitabilität, dies wird jedoch von der Risikoreduktion kompensiert, was mit den beobachtbaren positiven Kapitalmarktreaktionen konsistent ist. Auch könnten Dividenden Informationen über die Persistenz vergangener Gewinnänderungen enthalten. So stellen *Koch/Sun* (2004) fest, dass Investoren ihre Einschätzung der Bewertungsrelevanz historischer Gewinnänderungen aufgrund der Dividendenpolitik anpassen.

2.2.3.2.3 Dividenden zur Lösung von Prinzipal-Agenten-Konflikten

Im Modell von *Miller/Modigliani* (1961) war die Investitionspolitik definitionsgemäß als gegeben angenommen worden.[146] Wird diese Annahme realistischerweise gelockert, so

[144] *Kalay/Lemmon* (2008), S. 43.
[145] Vgl. zur Rechnungslegungsidentität S. 37.
[146] Vgl. Abschnitt 2.2.3.1.

entsteht eine Verbindung von Investitions- und Ausschüttungsentscheidungen. Eine Erhöhung der Ausschüttung reduziert das Volumen der Investitionsprojekte und umgekehrt. Dieser Abschnitt widmet sich daher der Untersuchung des Einflusses von Ausschüttungsentscheidungen auf die Investitionspolitik unter Berücksichtigung der unterschiedlichen vertraglichen Beziehungen und Interessenlagen eines Unternehmens. Dabei existieren unterschiedliche Personengruppen, die jedoch alle von den ökonomischen Aktivitäten der Gesellschaft abhängen, aber teilweise unterschiedliche Interessen verfolgen. Dies sind vorwiegend Eigenkapital- und Fremdkapitalgeber, welche die Gesellschaft mit Kapital versorgen und im Gegenzug Zahlungen aus den erwirtschafteten Cashflows erhalten (verlangen). Auch Arbeitnehmer einschließlich des Managements stellen ihre Arbeitskraft zur Verfügung und erhalten dafür Zahlungen. Ebenso haben Zulieferer, Subunternehmer und auch bestehende Kunden ein Interesse am wirtschaftlichen Erfolg beziehungsweise am Fortbestehen der Firma. Im Folgenden werden zwei zentrale Konflikte im Hinblick auf die Ausschüttungspolitik betrachtet: erstens der Konflikt zwischen Anteilseignern und Fremdkapitalgebern und zweitens der Konflikt zwischen dem Management und den Anteilseignern.[147]

Bei Betrachtung des Konfliktes zwischen Eigen- und Fremdkapitalgebern wird unterstellt, dass das Management im Interesse der Eigenkapitalgeber handelt.[148] Der erwirtschaftete Cashflow muss zwischen Eigen- und Fremdkapitalgebern aufgeteilt werden. Dabei erhalten Fremdkapitalgeber regelmäßige (Zins-)Zahlungen und zu Laufzeitende den Nominalwert ihres Darlehens zurück. Auf diese Werte sind auch die Zahlungen nach oben begrenzt, dafür sind sie zuerst zu bedienen. Die Anteilseigner erhalten alle Zahlungen, nachdem die Verpflichtungen gegenüber den Fremdkapitalgebern erfüllt sind (residuale Ansprüche). Die Auszahlungsstruktur ist asymmetrisch: Die Anteilseigner profitieren ausschließlich vom Aufwärtspotenzial, während die Fremdkapitalgeber das Risiko einer schlechten Geschäftsentwicklung beziehungsweise das Insolvenzrisiko tragen. Daher versuchen Fremdkapitalgeber, ihr Verlustrisiko zu minimieren, um den Wert ihrer Ansprüche zu erhöhen (beziehungsweise zu erhalten). Dies steht in direktem Konflikt zu den Interessen der Eigenkapitalgeber, in deren Interesse eine Investitionspolitik ist, die auf maximale Ertragschancen ausgelegt ist – auch auf Kosten des Verlust- beziehungsweise Insolvenzrisikos. Der Firmengesamtwert (F = *entity value*) setzt sich zusammen aus dem Marktwert des Fremdkapitals (B) und dem Marktwert des Eigenkapitals (S):

[147] Vgl. *Kalay/Lemmon* (2008), S. 26.

[148] Oftmals wird das Management entsprechend vergütet, um eine möglichst weit gehende Gleichschaltung der Interessen zu erreichen.

$$B + S = F \tag{2.16}$$

Die Eigenkapitalgeber profitieren davon, wenn sie den Unternehmensgesamtwert unverändert lassen, sich aber der Marktwert des Fremdkapitals reduziert. Ändert sich der Gesamtwert in Formel 2.17 durch Marktwertänderungen des Eigen- und Fremdkapitals, so lässt sich dieser Term umformen zu Formel 2.18.

$$\Delta B + \Delta S = \Delta F \tag{2.17}$$

Anhand der Formeln 2.17 und 2.18 ist zu erkennen, dass die Wertsteigerungen der Eigenkapitalgeber den Wertminderungen der Fremdkapitalgeber entsprechen.

$$\Delta S = \Delta F - \Delta B \tag{2.18}$$

Auf einem perfekten Kapitalmarkt ist entsprechend die Reduktion des Firmenwertes am ex-Dividende-Tag genauso hoch wie die gezahlte Dividende.[149] Es gilt:

$$\Delta F = -D\,. \tag{2.19}$$

Formel 2.19 eingesetzt in Formel 2.18 ergibt:

$$\Delta S = -D - \Delta B\,. \tag{2.20}$$

Allerdings wirkt sich die Dividendenzahlung auch auf den Marktwert des Fremdkapitals aus. Die Ausschüttung entzieht dem Unternehmen liquide Mittel, die zur Befriedigung der Ansprüche der Fremdkapitalgeber eingesetzt werden könnten. Sinkt durch die Dividendenzahlung der Wert des Fremdkapitals, gilt $\Delta B < 0$ und die Eigenkapitalgeber werden durch die Dividendenzahlung besser gestellt. Zusätzlich profitieren die Eigenkapitalgeber von den Ausschüttungen, weil sie bereits Zahlungen erhalten auch für den Fall, dass

[149] Vgl. hierzu auch Abschnitt 2.2.3.2.1.

später eine Insolvenz der Gesellschaft eintritt. Daher bevorzugen Eigenkapitalgeber im Gegensatz zu Fremdkapitalgebern möglichst hohe Dividendenzahlungen.

Die Präferenzen der Eigenkapitalgeber sind auch den Marktteilnehmern bekannt. Käufer von Anleihen antizipieren bereits die höheren Ausschüttungen, sodass sich dies im Preis für die Anleihen (Marktwert des Fremdkapitals) niederschlägt. Dadurch werden die Fremdkapitalgeber erst geschädigt, wenn sie die erhöhten Dividendenzahlungen unvollständig antizipieren. Ansonsten trifft ein Wertverlust nur die Eigenkapitalgeber. Daher liegt es in ihrem eigenen Interesse, künftige Dividendenzahlungen im Vorfeld zu begrenzen, wenn Fremdkapital aufgenommen werden soll. Solche Begrenzungen sehen viele Rechnungslegungssysteme bereits vor. Sie können aber auch individuell ausgehandelt werden (so genannte *covenants*).[150] Es können zwei Arten von Restriktionen unterschieden werden: direkte und indirekte.[151] Mit der direkten Ausschüttungsbegrenzung wird eine bestimmte Menge an Liquidität zum Zeitpunkt der Fremdkapitalaufnahme festgelegt. Der maximale Ausschüttungsbetrag während der Laufzeit ergibt sich dann aus dem ursprünglich festgelegten Betrag zuzüglich eines vereinbarten Anteils der Kapitalerhöhungen und der kumulierten Gewinne abzüglich der bis zu diesem Zeitpunkt bereits ausgeschütteten Dividenden. Dadurch verhindert die direkte Begrenzung nur Ausschüttungen auf Basis von verringerten Investitionen oder des Verkaufs von Vermögenswerten und auf Grundlage der Ausgabe neuen Fremdkapitals. Indirekte Begrenzungen setzen dagegen an Bilanzkennzahlen wie einer Vereinbarung über ein Mindestumlaufvermögen oder der maximalen Fremdkapitalquote an. Werden diese Vereinbarungen verletzt, so ist in der Regel eine Eigenkapitalaufnahme notwendig. „[T]he indirect dividend constraints differ from the direct dividend constraint in one important aspect – they can force the firm to pay negative dividends (i.e., to issue new equity).“[152]

Es ist zu erwarten, dass sich die Eigenkapitalgeber die höchstmögliche Dividende zahlen, nachdem die Ausschüttungsbegrenzungen vereinbart sind. Dieses Verhalten ist empirisch nicht nachweisbar. *Kalay* (1982a) stellt fest, dass selbst unter restriktivsten Ausschüttungsbegrenzungen nicht die höchstmöglichen Ausschüttungen gewählt werden. „Presumably, stockholders can get better prices for their bonds if they commit not to pay the amount maintained as reservoirs of payable funds.“[153] Der Verzicht auf eine Werterhöhung des

[150] Vgl. zu den Restriktionen Kapitel 3.
[151] Vgl. *Kalay* (1982a), S. 212-213.
[152] *Kalay* (1982a), S. 219.
[153] *Kalay/Lemmon* (2008), S. 29.

Eigenkapitals zulasten der Fremdkapitalgeber durch die Bildung von Rücklagen ist kostspielig. Es gibt jedoch auch Erklärungsansätze für Situationen, in denen die Einbehaltung ausschüttungsfähiger Mittel vorteilhaft sein kann. So ein Vorteil entsteht, wenn der Firma nicht ausreichend Investitionsprojekte mit positivem Nettokapitalwert zur Verfügung stehen. Das grundsätzliche Verbot von Ausschüttungen führt in dieser Situation zu einem Überinvestitionsproblem oder zu einer nicht optimalen Kapitalstruktur, falls die verfügbaren Mittel zur Tilgung des Fremdkapitals (Rückkauf der Anleihen) verwendet werden. Dabei sind die Rücklagen höher, wenn es gute Investitionsmöglichkeiten gibt und/oder der Verschuldungsgrad niedriger ist.[154] Ein weiterer Vorteil kann die Möglichkeit zur Glättung von Dividenden sein. So können durch Rücklagenbildung gleich bleibende Dividenden gezahlt werden, auch wenn nicht in allen Perioden Gewinne erwirtschaftet werden. Die ökonomische Vorteilhaftigkeit einer solchen Verstetigung der Ausschüttungen aus einer ökonomischen Perspektive ist indes strittig, weil ein solcher Zahlungsstrom auch von den Investoren selbst nachgebildet werden kann.

Empirische Untersuchungen versuchen den Konflikt zwischen den Fremdkapitalgebern bzw. Anleiheninhabern und den Eigenkapitalgebern beobachtbar zu machen, indem die Reaktionen des Aktienkurses und der Anleihenpreise in kleinen Intervallen um den Ankündigungstag von Dividendenänderungen untersucht werden. Bei der Ankündigung unerwarteter Änderungen sollte ceteris paribus eine Bewertungsänderung erfolgen. Bei einer unerwarteten Erhöhung der Dividende sollten die Anleihepreise sinken und die Aktienkurse steigen. Es gestaltet sich schwierig, alle übrigen Einflussfaktoren konstant zu halten. Insbesondere können die Dividendenzahlungen Informationen über künftige Erträge der Unternehmen enthalten und dann wäre die Wertentwicklung von Eigen- und Fremdkapital gleichgerichtet – entgegen der Hypothese unterschiedlicher Interessen von Fremd- und Eigenkapitalgebern bei der Ausschüttungsbemessung.

Zu diesem Ergebnis kommen auch *Hadjinicolaou/Kalay* (1984), die bei Dividendensenkungen sowohl sinkende Aktienkurse als auch sinkende Anleihenkurse beobachten, und bei Dividendenerhöhungen steigende Aktienkurse aber unveränderte Anleihenkurse nachweisen. Dies spricht für einen stärkeren Effekt positiver Informationsvermittlung für beide Kapitalgebergruppen. Bei der ausschließlichen Betrachtung substanzieller Dividendenänderungen, zum Beispiel großer Änderungen oder der Einstellung oder Initiierung einer Zahlung, zeigen die Ergebnisse von *Dhillon/Johnson* (1994) ein mit der Hypothese eines

[154] Vgl. *John/Kalay* (1982), S. 468-469.

Konfliktes von Fremd- und Eigenkapitalgebern konsistentes Bild. Bei der Ankündigung einer erstmaligen Dividendenzahlung steigen die Aktienkurse um durchschnittlich 0,72% und die Anleihenpreise sinken um 0,7%. Bei Dividendenerhöhungen, die mindestens 30% betragen, steigt der Aktienkurs (sinkt der Anleihenkurs) im Durchschnitt um 1,82% (0,5%).

Ein interessantes Untersuchungsfeld für diese Fragestellung bieten Sonderausschüttungen (*special designated dividends*), die weitestgehend frei von Informationen über die nachhaltigen Ertragserwartungen sind. In einer solchen Stichprobe könnten Einkommensverschiebungen zwischen Eigen- und Fremdkapitalgebern gegebenenfalls besser untersucht werden.[155] *Jayaraman/Shastri* (1988) stellen zur Theorie eines Interessenkonflikts von Fremd- und Eigenkapitalgebern keine konsistenten Ergebnisse fest. Sie betrachten die Aktienkursreaktionen für 2.023 Ankündigungen (660 Unternehmen) von Sonderausschüttungen und die Kurse von 154 Anleihen (63 der 660 Unternehmen) im Zeitraum von 1962 bis 1982. Die Aktienkurse reagieren mit einer durchschnittlichen Überrendite von 1,435% bis 1,883% je nach Stichprobe positiv auf die Ankündigungen von Sonderausschüttungen. Dieses Ergebnis stützt, unter der Annahme gleicher Interessen von Eigenkapitalgebern und Managern, sowohl die Hypothese vom Informationsgehalt als auch die einer Einkommensverschiebung zugunsten der Eigenkapitalgeber.[156] Die Anleihenpreise zeigen dagegen am Ankündigungstag nur eine sehr geringe Überrendite von -0,02% (beziehungsweise -0,059% im Intervall von [-1;1]). Diese beobachteten Überrenditen sind zudem statistisch nicht signifikant, was im Ergebnis dafür spricht, dass Dividenden werthaltige Informationen enthalten und gegen die Hypothese unterschiedlicher Interessenlagen der Kapitalgeber. „This result is consistent with the information hypothesis and provides no support for the wealth transfer hypothesis.“[157]

Neben dem Konflikt zwischen den Fremdkapital- und Eigenkapitalgebern kann ein weiterer Konflikt bestehen: ein Konflikt zwischen Kapitalgebern und dem Management des Unternehmens. Oftmals verfolgen Manager und Kapitalgeber unterschiedliche Interessen beziehungsweise haben unterschiedliche Anreizstrukturen. Dies kann mehrere Ursachen haben: Manager werden häufig über Bonusregelungen proportional am Gewinn beteiligt und der soziale Status beziehungsweise das Ansehen (Einfluss) hängt üblicherweise mit dem Volumen des verwalteten Vermögens (der Größe der Firma) zusammen. Entspre-

[155] Vgl. hierzu grundlegend *Brickley* (1983).
[156] Vgl. *Jayaraman/Shastri* (1988), S. 309.
[157] Vgl. *Jayaraman/Shastri* (1988), S. 311.

chend liegt es nicht im Interesse des Managers, der Gesellschaft Vermögen zu entziehen, wie es bei Dividendenzahlungen der Fall ist, sondern tendenziell Gewinne möglichst zu thesaurieren. Zudem sind sie als Arbeitnehmer vom Unternehmenserfolg abhängig, sodass geringere (oder keine) Ausschüttungen die Wahrscheinlichkeit von finanziellen (Liquiditäts-) Engpässen reduzieren können. Ebenso fällt es leichter, sich zusätzliche Vergünstigungen zu gewähren, wenn mehr Mittel zur Verfügung stehen. Wenn Manager zusätzlich über Aktienoptionen verfügen, dann liegt es in ihrem Interesse, die Aktienkurse nicht durch Dividendenzahlungen zu reduzieren.[158]

Zahlt das Management entsprechend eine geringere Dividende, als es aus der Perspektive der Kapitalgeber optimal ist, dann steigt das Vermögen, das die Manager kontrollieren, was zu einem Überinvestitionsproblem führt. Dadurch sinkt der Unternehmenswert, was nicht im Interesse der Kapitalgeber liegt. Mithilfe von anreizkompatiblen Verträgen wird versucht, den Interessenkonflikt möglichst gering zu halten. Auch Aufsichtsgremien, wie in Deutschland ein Aufsichtsrat, sollen das Management überwachen, was jedoch aufgrund der asymmetrischen Informationsverteilung nicht vollständig gelingen kann. Es verbleibt ein Konflikt, der sich auch auf die Ausschüttungspolitik des Unternehmens auswirkt.[159]

Erklärungsansätze zum Einfluss dieses Konfliktes auf die Ausschüttungspolitik liefern *Easterbrook* (1984) und *Jensen* (1986), die von einer begrenzten Kontrollmöglichkeit der Kapitalgeber über das Management ausgehen. Nach *Easterbrook* (1984) benötigen Unternehmen eine externe Finanzierung ihrer Investitionsvorhaben, um auf eine optimale Größe wachsen zu können. Dies führt zu einer steigenden Anzahl an Anteilseignern, die alle sehr geringe Anteile am Unternehmen halten und kaum die Unternehmensführung überwachen möchten, weil für sie die vollen Kosten der Überwachung dem geringen anteiligen Gewinn gegenüberstehen. Die Zahlung von Dividenden kann dazu beitragen, die Überwachungskosten zu verteilen beziehungsweise die individuellen Kosten zu reduzieren. Schüttet ein Unternehmen Dividenden aus, dann steigt sein Bedarf an zusätzlichen Finanzierungsmitteln an und die Unternehmen werden für professionelle Investoren und deren Berater interessanter, deren berufliche Reputation bereits eine starke Anreizwirkung hat, diese Unternehmen zu überwachen beziehungsweise einzuschätzen und auch zu disziplinieren. In diesem Fall ist es für Unternehmen, die Dividenden zahlen schwieriger, Vermögensverlagerungen zulasten der Kapitalgeber durchzuführen.

[158] Vgl. Abschnitt 2.2.3.2.1 zur Kurssenkung am ex-Dividende-Tag.
[159] Vgl. *Kalay/Lemmon* (2008), S. 32.

Einen zweiten Erklärungsansatz liefert *Easterbrook* (1984) im Hinblick auf den Verschuldungsgrad eines Unternehmens. Wie bereits gezeigt, sind geringere Ausschüttungen solange auch im Interesse der Kapitalgeber, wie das Unternehmen (netto-)kapitalwertpositive Investitionen durchführen kann. Darüber hinaus gehende frei verfügbare Mittel würden die Wahrscheinlichkeit von Überinvestitionen und eine damit einhergehende Reduzierung des Unternehmenswertes bedeuten. Dennoch haben Manager ein Interesse daran, weniger Dividenden auszuschütten, weil durch die Thesaurierung der Verschuldungsgrad sinkt.[160] Der niedrigere Verschuldungsgrad reduziert das Insolvenzrisiko der Gesellschaft und für das Management das Risiko von persönlichen Verlusten (zum Beispiel auch ihrer Reputation, falls die Firma insolvent wird). Dadurch haben sie durchaus Vorteile, das Risiko auch auf Kosten der Rendite des eingesetzten Kapitals zu reduzieren.

Jensen (1986) sieht den Verschuldungsgrad als wichtiges Instrument zur Disziplinierung des Managements und zur Verhinderung von Überinvestitionen an. Den Überschuss an verfügbarer Liquidität nach allen vorteilhaften Investitionsauszahlungen bezeichnet er als freien Cashflow (*free cashflow*). Diesen gilt es, der Verfügungsmacht des Managements zu entziehen, damit er nicht zu einem Vermögensnachteil der Eigentümer eingesetzt wird. Eine entsprechende Reduzierung wird von den Eigentümern gefordert. Zum einen kann der freie Cashflow mittels Ausschüttungen reduziert werden, zum anderen kann auch eine Erhöhung der Verschuldung den freien Cashflow reduzieren, weil dadurch eine Verpflichtung zu regelmäßigen Zinszahlungen eingegangen wird. Dadurch kann das Management den Eigentümern verdeutlichen, dass der freie Cashflow nicht für unvorteilhafte Projekte verwendet wird.

Aus den dargestellten Modellen lassen sich drei Hypothesen ableiten, die in einer Vielzahl empirischer Untersuchungen überprüft wurden. Nach *Easterbrook* (1984) müssten:

(1) Unternehmen mit geringem Streubesitz oder einem Großaktionär niedrigere Dividenden zahlen, weil diese bereits die Unternehmensführung überwachen.

(2) Zahlen Firmen mit niedrigem Verschuldungsgrad auch niedrigere Dividenden, weil für das Management die Notwendigkeit einer Risikoreduzierung sinkt.

Gemäß *Jensen* (1986) besteht hier genau der umgekehrte Zusammenhang:

160 Verschuldungsgrad = $\frac{Fremdkapital}{Eigenkapital}$, debt-to-equity ratio in der internationalen Literatur.

(3) Unternehmen mit hohem Verschuldungsgrad zahlen niedrigere Dividenden, weil die regelmäßige Zinslast den freien Cashflow reduziert.

Lang/Litzenberger (1989) stellen die Hypothese auf, dass Überinvestitionen, die durch zu viel freien Cashflow verursacht werden, vorwiegend bei etablierten und profitablen Unternehmen vorkommen, die verhältnismäßig geringe Wachstumspotenziale aufweisen. Dazu untersuchen sie die Kapitalmarktreaktionen auf unerwartete Dividendenänderungen und unterteilen ihre Stichprobe nach den Investitionsmöglichkeiten der Firmen. Firmen mit einem hohen Tobin's Q haben höhere Investitionsmöglichkeiten als solche mit einem niedrigen Tobin's Q.[161] Nach *Jensen* (1986) würde der Markt von Unternehmen mit niedrigen Investitionsmöglichkeiten (Tobin's Q) folglich höhere Dividenden fordern. Konsistent zu ihrer Hypothese beobachten *Lang/Litzenberger* (1989) für diese Unternehmen (Tobin's Q < 1) deutlich stärkere Kapitalmarktreaktionen auf Ausschüttungsänderungen als bei Unternehmen mit guten Investitionsmöglichkeiten (Tobin's Q > 1). Diese Ergebnisse werden auch bei einer längeren Zeitreihe und der Kontrolle weiterer Einflussfaktoren bestätigt.[162]

Auch zeigt *Lie* (2000), dass Firmen mit einem hohen Überschuss an Finanzmitteln ihre Dividendenzahlungen erhöhen oder Aktien zurückkaufen im Vergleich zu Kontrollunternehmen. Die Kapitalmarktreaktionen auf die Ankündigung von Sonderausschüttungen weisen einen positiven Zusammenhang zum den überschüssigen Finanzmitteln und einen negativen Zusammenhang zu Tobin's Q auf. Diese Ergebnisse stützen ebenfalls die Hypothese, dass Dividendenzahlungen die Gefahren von Überinvestitionen reduzieren und zu einem Angleichen der unterschiedlichen Interessen von Anteilseignern und der Unternehmensführung beitragen können. Diese Ergebnisse werden auch von *DeAngelo/DeAngelo/Stulz* (2006) gestützt. Sie zeigen, dass, wenn die 25 größten dividendenzahlenden Unternehmen im Jahr 2002 keine Dividende gezahlt hätten, deren Zahlungsmittelüberschüsse bei 1.800 Milliarden US-$ liegen würden, was 51% ihrer gesamten Vermögenswerte ausmacht. Diese Unternehmen hätten nur noch einen geringen Verschuldungsgrad und riesige Liquidität unter der Kontrolle des Managements, was immer die Gefahr birgt, dass diese Mittel nicht im Sinne der Anteilseigner verwendet werden. Unternehmen wägen das

[161] Dabei messen sie den Tobin's Q als Verhältnis vom Marktwert der Vermögenswerte zum Buchwert der Vermögenswerte. Die Variable geht zurück auf *Tobin* (1969). Nach *Tobin* (1969) steht jedoch der Reproduktionswert im Nenner des Terms, der in der Regel nicht dem Buchwert gleicht.

[162] Vgl. *Yoon/Starks* (1995).

Kosten-Nutzen-Verhältnis von Dividendenzahlungen während ihres Lebenszyklus ab. So zeigen *DeAngelo/DeAngelo/Stulz* (2006), dass sich das Verhältnis von Thesaurierungen zu Ausschüttungen im Zeitablauf verschiebt, wenn die Gewinnrücklagen steigen und die vorteilhaften Investitionsmöglichkeiten sinken.

Für eine internationale Stichprobe von Unternehmen zeigen *La Porta* et al. (2000), dass das Management nicht von sich aus den freien Cashflow durch Dividenden reduziert, sondern dass die Initiative von Investoren im Rahmen ihrer Möglichkeiten ausgeht. Diese Hypothesen – erstens (1) das freiwillige Ausschütten, um den Eignern zu zeigen oder zu signalisieren, dass das Management nicht zulasten der Eigner agiert (*bonding hypothesis*) und zweitens (2), die Hypothese, dass die Anteilseigner das Management dazu veranlassen, Dividenden auszuschütten, um ihnen die frei verfügbaren Mittel zu entziehen (*outcome hypothesis*) – untersuchen sie in einem variierenden institutionellen Umfeld. Die Länder werden in Länder mit einem schwachem gesetzlichen Aktionärsschutz und mit einem starken Aktionärsschutz eingeteilt.[163]

Bei der ersten Hypothese (1) ist demnach zu erwarten, dass Unternehmen in Ländern mit schwachem Aktionärsschutz verstärkt Dividenden zahlen. Gemäß ihrer Hypothese (2) ist dies umgekehrt. Ihre empirischen Ergebnisse stützen die zweite Hypothese. Zusätzlich können *La Porta* et al. (2000) zeigen, dass in den Ländern mit starkem Anlegerschutz vornehmlich Firmen mit niedrigem Wachstum Dividenden ausschütten.

Agrawal/Narayanan (1994) untersuchen direkt die Theorie von *Jensen* (1986), indem sie voll eigenkapitalfinanzierte Unternehmen mit verschuldeten Unternehmen vergleichen. Sie erwarten, dass die verschuldeten Unternehmen, die aufgrund der Zinszahlungen einen niedrigeren freien Cashflow besitzen, weniger ausschütten. Diese Hypothese können sie empirisch bestätigen. Ebenso beobachten sie, dass bei den rein eigenkapitalfinanzierten Firmen, an denen das Management selbst größere Anteile im Besitz hält, die Dividendenzahlungen niedriger sind als bei den Unternehmen mit niedrigen Anteilen im Besitz des Managements. *Agrawal/Narayanan* (1994) bestätigen damit vollständig die Theorie von *Jensen* (1986).

Die empirischen Untersuchungen zeigen, dass der potenzielle Interessenkonflikt zwischen Unternehmensleitung und den Kapitalgebern, vor allem den Eigenkapitalgebern,

[163] Vgl. auch diese Einteilung bei *La Porta* et al. (1997), S. 1138.

einen deutlichen und empirisch belegbaren Einfluss auf die Ausschüttungspolitik von Unternehmen hat.

Insgesamt lässt sich zeigen, dass bei Aufhebung beziehungsweise teilweiser Aufhebung der Annahmen der Modellwelt von *Miller/Modigliani* (1961) die Ausschüttungspolitik nicht irrelevant ist. Die Kapitalmarktreaktionen auf Dividendenankündigungen, die empirisch beobachtbar sind und die auch getrennt von Gewinnankündigungen auftreten, bestätigen, dass in der Realität die Dividendenpolitik bewertungsrelevante Informationen enthält. Die in diesem Zusammenhang stehenden modelltheoretischen Erklärungsansätze liefern in ihrer empirischen Überprüfung allerdings sehr unterschiedliche Ergebnisse. Die Theorien, die an steuerlichen Klientel-Effekten ansetzen, um die Ausschüttungspolitik zu erklären, liefern widersprüchliche und zum großen Teil keine empirischen Belege. Ebenso verhält es sich bei den so genannten Signalisierungsmodellen, die Dividendenänderungen einen Informationsgehalt über die zukünftige Ertragslage der Unternehmen unterstellen, was aufgrund von seiner Kostspieligkeit ein schwer nachzuahmendes und besonders glaubwürdiges Signal darstellt. Diese Modelle lassen sich in einer Vielzahl von Untersuchungen empirisch nicht nachweisen. Nachweisen lässt sich ein Einfluss der *Agency*-Konflikte auf die Ausschüttungspolitik und in diesem Fall vor allem der Eigner-Management-Konflikt. Der empirische Nachweis von Eigner-Gläubiger-Konflikten ist dagegen kaum möglich.[164] Aufgrund ihrer Bewertungsrelevanz und dem damit verbundenen Informationsgehalt, sind Dividenden und die Faktoren der Ausschüttungsentscheidung nach wie vor von großem Interesse. Oftmals gehen Ankündigungen von Ausschüttungen mit Ankündigungen über die Gewinne des Unternehmens einher. Daher ist in diesen Fällen die Wertrelevanz nicht eindeutig zuzuordnen. Allerdings konnten *Aharony/Swary* (1980) belegen, dass auch Dividenden eine ausschließliche Relevanz besitzen. In dem Zusammenhang ist grundsätzlich der Einflussfaktor auf die Bewertung nicht ganz eindeutig – sind es die Dividendenzahlungen, sind es die Gewinne oder ist es der rechnungslegungstechnische Zusammenhang von Dividenden und Gewinnen?[165]

[164] Eventuell liegt dies daran, dass Fremdkapitalgeber sich bereits ex-ante vor durch ihre angebotenen Konditionen schützen, vgl. hierzu *Ewert/Wagenhofer* (2007), S. 200-219.

[165] Vgl. Abschnitt 2.

2.2.3.2.4 Dividendenpolitik aufgrund nicht rationaler Investoren

In den vorangegangenen Abschnitten wurden einzelne Annahmen von *Miller/Modigliani* (1961) außer Kraft gesetzt beziehungsweise eingeschränkt, um die empirisch zu beobachtende Wertrelevanz oder auch die Bevorzugung von Dividenden gegenüber Kursgewinnen zu erläutern. Wie bereits in Abschnitt 2.2.1.2 dargestellt ist, kann den Marktteilnehmern nicht immer rationales Verhalten unterstellt werden. Dieses Verhalten ist aber auch eine Grundbedingung für das Irrelevanztheorem.[166] Bei Dividendenzahlungen ist aufseiten der Aktionäre durchaus irrationales Verhalten zu beobachten. So werden, wie bereits Abschnitt 2.2.3.2.1 gezeigt hat, steuerlich suboptimale Ausschüttungen Kursgewinnen vorgezogen oder auch Barzahlungen präferiert.[167]

Ausgangspunkt ist der Unterschied zwischen kurz- und langfristigem Konsum. Damit langfristig eine Nutzenmaximierung existieren kann, muss eine Selbstdisziplinierung auf Ebene des Investors erfolgen. Sonst läuft dieser Gefahr, kurzfristig zu viel zu konsumieren und entsprechend zu viele Aktien zu verkaufen wie nötig. Wird der Konsum dagegen an die regelmäßigen Dividenden angepasst, wird diese mangelnde Selbstkontrolle ausgeglichen.[168] Ebenso kann Bequemlichkeit bereits bei der Investitionsentscheidung eine Rolle spielen. *Shefrin/Statman* (1984) argumentieren, „that consumption from dividends may be preferred to consumption from capital for people who are averse to regret. Consequently, dividends and capital cannot be treated as perfect substitutes, even abstracting from tax and informational considerations."[169] Die Investoren halten die Aktien demnach weiter, um das Bedauern eines späteren Kursanstieges, an dem sie nicht mehr partizipieren, zu vermeiden.[170]

So können Aktien ohne Dividenden zu einem Wohlfahrtsverlust führen, weil Anleger im Rahmen eines *mental accounting* Aktienkurse und Dividenden auf unterschiedlichen Konten verbuchen. Unterschiedliche Ausschüttungsformen sind dann keine perfekten Substitute mehr. Solche verhaltensorientierten Ansätze können einen weiteren wichti-

[166] Vgl. *Miller/Modigliani* (1961), S. 412.
[167] Vgl. *Black* (1976), S. 5; *Shefrin/Statman* (1984), S. 254.
[168] Vgl. *Lease* et al. (2000), S. 49; *Thaler/Shefrin* (1981), S. 394.
[169] *Shefrin/Statman* (1984), S. 268.
[170] Vgl. *Shefrin/Statman* (1984), S. 268.

gen Erklärungsfaktor von Dividendenpolitik sein, wenn davon ausgegangen wird, dass Investoren sich nicht rational verhalten.[171]

2.3 Zusammenfassung

Dieses Kapitel zeigt den Einfluss von Gewinnveröffentlichungen und/oder Dividendenänderungen auf den Kapitalmarkt. Bei der weitestgehend unterstellbaren mittelstrengen Informationseffizienz führt dies entsprechend zu einer neuen Erwartungsbildung der Kapitalmarktteilnehmer über die ihnen künftig zustehenden Cashflows.

Aufgrund der bilanziellen Zusammenhänge könnte eine Indentität von Gewinn- und Dividendenankündigungseffekten anhand des Risidualgewinnmodelles begründet werden. Die empirischen Beobachtungen der Kapitalmarktreaktionen auf Gewinnveröffentlichungen zeigen demnach ein sehr deutliches Bild der Erwartungsanpassung von Investoren.

Dennoch zeigen beispielsweise *Aharony/Swary* (1980), dass über die Gewinnänderung hinaus ein Informationsgehalt von Dividendenankündigungen existiert. Diese sehr deutlich ausfallenden Reaktionen des Kapitalmarktes sind mit der Theorie von *Miller/ Modigliani* (1961) nicht vereinbar. Diese zeigen in ihrem Modell, dass eine Änderung der Ausschüttungspolitik keinen Einfluss auf den Unternehmenswert haben sollte. Implizit stellen sie aber auch eine optimale Ausschüttung freier Cashflows dar, für die keine vorteilhaften Investitionsprojekte mehr auf Unternehmensebene existieren.

Die darauf basierend entwickelten Theorien zur Erklärung der Marktreaktionen und der Ausschüttungspolitik lockern einzelne strenge Annahmen von *Miller/Modigliani* (1961) und kommen zu widersprüchlichen Ergebnissen. So schreibt bereits *Black* (1976): „The harder we look at the dividend picture, the more it seems like a puzzle, with pieces that just don't fit togehter."[172] Es fehlt an einer eindeutigen empirischen Evidenz, ob steuerliche Klientelpolitik, Signalisierungsmodelle oder die Lösung von Prinzipal-Agenten-Konflikten die Wertrelevanz bewirken.

---

[171] Vgl. *Hartmann* (2004), S. 158-164, 200-201; siehe auch Abschnitt 2.2.1.2.
[172] *Black* (1976), S. 5.

Tabelle 1: Fakten zur Dividendenpolitik

Nr.	Fakt	Herkunft/Quelle
1.	Es gibt eine große Anzahl Firmen, die gar keine Dividende zahlen.	*Lee* (1996)
2.	Manager reduzieren sehr ungerne die Dividenden.	*Brav* et al. (2005), *DeAngelo/DeAngelo* (1990), *Lintner* (1956)
3.	Große Dividendenkürzungen lösen stärkere Kapitalmarktreaktionen aus als die komplette Einstellung der Zahlungen.	*Christie* (1994)
4.	Dividendenerhöhungen (-kürzungen) sind mit einer Erhöhung (Reduktion) der Investitionsausgaben in den Folgejahren verbunden.	*Yoon/Starks* (1995)
5.	Bei IPOs ist der Gewinnmultiplikator für dividendenzahlende Unternehmen kleiner als für nichtzahlende.	*Downes/Heinkel* (1982)
6.	Die Kursreaktionen bei Dividendenänderungen sind für Aktien und Anleihen gegenläufig.	*Dhillon/Johnson* (1994)
7.	Die Volatilität der Gewinne, der Analystenprognosen und die Höhe des Betafaktors nehmen bei Einstellungen von Dividendenzahlungen zu.	*Sant/Cowan* (1994)
8.	Je länger Dividenden gezahlt wurden, desto höher ist die Abneigung der Manager, Dividenden zu kürzen.	*DeAngelo/DeAngelo* (1990)
9.	In Wachstumsbranchen werden weniger Dividenden gezahlt.	*Gaver/Gaver* (1993), *Smith/Watts* (1992)
10.	Ein Verlust ist eine notwendige, aber nicht hinreichende Bedingung für Dividendenkürzungen.	*DeAngelo/DeAngelo/Skinner* (1992)
11.	Dividendenkürzungen reduzieren die Chancen, unabhängige Boardmitglieder zu gewinnen.	*Kaplan/Reishus* (1990)
12.	Bardividenden werden höher bewertet als Aktiendividenden (oder Sachdividenden).	*Poterba* (1986)
13.	Bei großen kapitalmarktorientierten Firmen beeinflussen Dividenden die Führungskräftevergütung.	*White* (1996), *Lewellen/Loderer/Martin* (1987), *Healy* (1985)

Quelle: angelehnt an *Bhattacharyya* (2007), S. 9-10, Tabelle II.

So zeigt sich in einem Übersichtsaufsatz von *Bhattacharyya* (2007), dass von 22 empirischen Untersuchungen der Jahre 1980 bis 1995 zu den drei Hypothesen in 4 (5) Fällen die Steuerklientelhypothese bestätigt (abgelehnt), in 7 (3) Fällen die Signalisierungshypothese bestätigt (abgelehnt) und in 3 (5) Fällen die Prinzipal-Agenten-Hypothese bestätigt (abgelehnt) wurde.[173]

Die Literatur und die zahlreichen empirischen Untersuchungen zur Dividendenpolitik haben trotz der Erklärungsschwäche eine Reihe von Fakten („stylized facts“) über die Dividendenpolitik im Laufe der Zeit zusammengetragen (siehe Tabelle 1 und Tabelle 2).

Auch *Brealey/Myers/Allen* (2009) zählen die Ausschüttungspolitik zu den zehn wichtigen ungelösten Problemen in der finanzwirtschaftlichen Forschung. Aufgrund der Bewertungsrelevanz ist es demnach von großem Interesse, die Treiber von Ausschüttungen zu identifizieren und den Ausschüttungsprozess genauer zu beschreiben. Der Einfluss von Cashflows, Gewinnen und Dividenden auf den Unternehmenswert (siehe Abbildung 1) ist unbestritten. Diese Größen sind jedoch weder in der Höhe noch in ihrer zeitlichen Struktur miteinander gleichzusetzen, wie Abschnitt 3.2.1 zeigen wird. Letztlich kann auf Ebene des Investors nur der Zahlungsstrom relevant sein, der ihm direkt zugutekommt. Sind entsprechend Investoren in der Lage, anhand von Gewinnen vollständig auf ihre künftigen Zahlungsströme beziehungsweise die Dividenden zu schließen, hätten Dividenden keinen inkrementellen Informationsgehalt.

Die diskutierten Theorien und ihre empirische Evidenz lassen selbst nach jahrzehntelanger finanzwirtschaftlicher Forschung keine eindeutige Aussage zu einer optimalen Ausschüttungspolitik zu. So stellen *Allen/Michaely* (2003) fest: „[A]t this stage, we cannot recommend an optimal payout policy.[. . .] Much more empirical and theoretical research on the subject of payout is required before a consensus can be reached.“[174]

Im folgenden Kapitel wird daher der Fragestellung der Ausschüttungsbemessung nachgegangen. Dabei besteht grundsätzlich die Möglichkeit, Ausschüttungen nicht institutionell zu regulieren, sodass sich eine Ausschüttungspolitik aufgrund von Marktmechanismen bildet, für welche die in diesem Kapitel vorgestellten Theorien eine Basis bilden können. Andererseits kann eine Regulierung erfolgen. Implizit wird dann davon ausgegangen, dass eine Selbstregulierung nicht effizient ist. Das im folgenden Kapitel dargestellte deutsche Gesellschaftsrecht bildet ein regulatorisches Umfeld, in dem die Ausschüttungen stark

---

[173] Vgl. Tabelle I., *Bhattacharyya* (2007), S. 8.

[174] *Allen/Michaely* (2003), S. 422, 833; die Autoren machen dort einige Vorschläge für ein möglichst optimales Ausschüttungsverhalten.

Tabelle 2: „Stylized facts" nach *DeAngelo/DeAngelo* (2007)

Nr.	Fakt
1.	Die aggregierten Ausschüttungen (Dividenden und Aktienrückkäufe) sind hoch und haben über die Zeit stetig zugenommen.
2.	Dividendenzahlungen kommen besonders häufig bei einer verhältnismäßig geringen Zahl von Unternehmen vor, die hohe Gewinne verbuchen.
3.	Dividenden und Gewinne sind hoch korreliert, sowohl in der Zeitreihe als auch im Querschnitt.
4.	Dividenden werden vornehmlich von etablierten Unternehmen gezahlt, die über hohe Rücklagen verfügen und nicht von jungen Unternehmen, die hauptsächlich noch auf externe Kapitalspritzen angewiesen sind.
5.	Unternehmen zahlen regelmäßige Dividenden und vermeiden das Anhäufen großer Liquiditätsbestände.
6.	Dividendenänderungen sind unsymmetrisch verteilt. Erhöhungen kommen deutlich häufiger vor als Kürzungen.
7.	Dividendenänderungen werden hauptsächlich von firmeninternen Ereignissen bestimmt. Erhöhungen werden durch Gewinnerhöhungen, Kürzungen durch Verluste und finanzielle Krisen verursacht.
8.	Die Aktienkurse steigen (fallen) bei unerwarteten Dividendenerhöhungen (-kürzungen).
9.	Unerwartete Dividendenänderungen haben kaum Prognoseeignung für künftige Gewinne.
10.	Werden erst einmal regelmäßig Dividenden ausgeschüttet, sind Manager abgeneigt, diese wieder zu kürzen oder die Zahlungen einzustellen.

Quelle: *DeAngelo/DeAngelo* (2007), S. 20-21.

reguliert und an die nationale Rechnungslegung des Einzelabschlusses gebunden sind, dessen Informationsgehalt aus Investoren- und Fremdkapitalgeberperspektive gering ist.[175]

[175] Vgl. Abschnitt 3.2.5.1 und vgl. zur Unternehmensbewertung mit konsolidierten Daten *Carlsen* (2007), S. 206-207.

3 Ausschüttungsbemessung von Aktiengesellschaften

3.1 Theoretische Grundlagen

Die Ausführungen im vorangegangenen Kapitel 2 zeigen, dass es mehrere theoretische Erklärungsansätze für die Ausschüttungspolitik von Unternehmen gibt. Dabei ergibt sich auch eine Antwort auf die Frage, wie die optimale Ausschüttungspolitik eines Unternehmens aussehen soll. Aus finanzwirtschaftlicher Sicht stellt die Thesaurierung von erwirtschafteten Gewinnen eine wichtige Quelle der Innenfinanzierung dar. Bei der Festlegung des Innenfinanzierungs- beziehungsweise Thesaurierungsbedarfes des Managements wird entsprechend korrespondierend der Ausschüttungsbetrag an die Aktionäre festgelegt.[176]

Abschnitt 2.2.3.1 hat bereits gezeigt, dass das Portfolio an Investitionen eine entscheidende Rolle bei der Festlegung der Ausschüttungspolitik einnehmen sollte. Daher entscheidet die Anzahl der noch ausstehenden vorteilhaften Investitionsprojekte über die Höhe der Ausschüttung. Bei dieser Perspektive sind die Zahlungsströme und nicht die periodisierten Gewinne ausschlaggebend. Daher wird diese aus investitionstheoretischer Sicht optimale Ausschüttung auch als freier Cashflow bezeichnet.[177] Für die Anteilseigner eines Konzernmutterunterunternehmens bedeutet dies freilich, dass auch das Investitionsportfolio des gesamten Unternehmensverbundes zu berücksichtigen ist.[178]

Die Ausschüttung stellt in diesem unregulierten Fall eine Restgröße dar, die finanzielle Mittel des Unternehmens umfasst, die nicht mehr vorteilhaft investiert werden können. Eine Erklärung für Ausschüttungspolitik, wie die Theorie von Signalisierungsmodellen aus Abschnitt 2.2.3.2.2, scheidet dann entsprechend aus. Wird nun eine zu niedrige Ausschüttung vorgenommen, dann verbleiben zu viele freie Mittel im Unternehmen und es kommt zu Überinvestitionen. Aufgrund der existierenden asymmetrischen Informationsvertei-

[176] Vgl. Abschnitt 2.1, Formel 2.4.
[177] Vgl. *Jensen* (1986).
[178] Vgl. *KPMG* (2008), S. 65, 170.

lung zwischen Management und Anteilseignern wurden daher die *agency*-theoretischen Modelle aus Abschnitt 2.2.3.2.3 entwickelt. Aber auch eine zu hohe Dividende kann natürlich ausgeschüttet werden. In diesem Fall muss eine entsprechende Finanzierung mit Eigen- oder Fremdkapital erfolgen oder es entstehen Unterinvestitionen.[179] Vor allem die durch Fremdkapital finanzierten Ausschüttungen stellen damit auf den ersten Blick ein Argument für die Einschränkung einer unregulierten Ausschüttungspolitik dar, weil ein Vorteil aufseiten der Anteilseigner in diesem Fall aufgrund ihrer Haftungsbeschränkung auf die Einlage besteht, durch die der maximale Verlust bereits feststeht.[180]

Grundsätzlich werden die Fremdkapitalgeber das Unternehmensrisiko entsprechend einpreisen und aufgrund je nach Unsicherheit einen hohen Fremdkapitalzinssatz fordern. In diesem Fall besteht zwar die Gefahr einer adversen Selektion, weil möglicherweise nur die Unternehmen mit den hohen Risiken bereit sind, auch die hohen Zinsen zu zahlen, aber dies kann durch eine entsprechende Marktbeobachtung vermieden werden.[181] Zusätzlich kann von der Unternehmensführung ein „glaubwürdiges" Signal ausgesendet werden, um die Informationsasymmetrien abzubauen. Als Signale kommen beispielsweise freiwillige Selbstbeschränkungen, das Einschalten von Rating-Agenturen oder auch die Vereinbarung vertraglicher Einschränkungen (*covenants*) in Frage. Diese Mechanismen können die Anreize späterer Reichtumsverlagerungen reduzieren. Dabei entstehen für das Signal zwangsläufig Kosten, die es dem Unternehmen ermöglichen, sich von den übrigen abzugrenzen[182] und im Zeitpunkt der Verhandlungen zur Fremdkapitalaufnahme sind institutionelle Regulierungen nicht notwendig, weil diese von den Vertragsparteien unternehmensspezifisch ausgehandelt werden und so das Investitionsportfolio sowie das existierende Restriktionsportfolio adäquat berücksichtigt werden können, um restriktionsinduzierte Überinvestitionen zu vermeiden.[183] „Effiziente Ausschüttungsbeschränkungen sind daher stets unternehmensspezifisch."[184]

Eine Verhaltensänderung der Unternehmensführung nach Vertragsabschluss (*moral hazard*) kann durch den Gläubiger und auch die Unternehmensführung nicht gänzlich ausgeschlossen werden. Die Unternehmensführung kann nur durch vertrauensbildende

[179] Vgl. *Drukarczyk* (2008), S. 400.
[180] Vgl. *Easterbrook/Fischel* (1985), S. 104.
[181] Vgl. *Rosar* (2000), S. 67; *Stiglitz* (1975), S. 283-300; dennoch bleibt es bei einem unvollständigen Vertrag, siehe hierzu *Grossman/Hart* (1986).
[182] Vgl. Abschnitt 2.2.3.2.3. Siehe grundsätzlich dazu *Hartmann-Wendels* (1986).
[183] Vgl. *Ewert/Wagenhofer* (2007), S. 216-218.
[184] *Ewert/Wagenhofer* (2007), S. 220.

Maßnahmen eine positive Reputation aufbauen, die letztendlich jedoch auch nicht sicherstellen kann, dass es zu einem Vermögenstransfer von Gesellschaftsmitteln in das Privatvermögen der Anteilseigner kommt.[185] Rationale Fremdkapitalgeber werden dieses nachträgliche Verhalten jedoch antizipieren und im Durchschnitt korrekt bewerten, sodass sie sich selbst im Rahmen der Vertragsgestaltung schützen werden. Somit tragen die Eigner die Marktwertminderungen aufgrund nachträglicher Reichtumsverlagerungen zum Zeitpunkt der Kreditgewährung selbst.[186]

Dies zeigt, dass es bei der Frage, wie Ausschüttungen zu bemessen sind, aus finanzwirtschaftlicher Betrachtung nicht einer institutionellen Regulierung bedarf. Zu niedrige Ausschüttungen, die zu Überinvestitionen und damit zulasten der Anteilseigner gehen, können durch eine entsprechende Selbstbeschränkung verhindert werden. Zu hohe Ausschüttungen, die zulasten der Fremdkapitalgeber gehen, sind bei Aufnahme des Fremdkapitals bereits eingepreist und können durch zusätzliche Vertragsgestaltung berücksichtigt werden.

Fraglich bleibt in diesem Zusammenhang nur der Schutz von sogenannten Deliktgläubigern, welche Forderungen gegenüber dem Unternehmen haben, die sie nicht vertraglich absichern können. Diese werden jedoch indirekt durch die Restriktionen der Vertragsgläubiger mitgeschützt. Andererseits besteht natürlich ein Anreiz zu Reichtumsverlagerungen von den Vertragsgläubigern zu den Deliktgläubigern.[187]

Wenn auch aus theoretisch-analytischer Perspektive zu zeigen ist, dass die Unternehmen auch ohne institutionelle Regulierung einen Ausgleich der Interessen von Anteilseignern und Fremdkapitalgebern bei der Bestimmung der Ausschüttungen vornehmen können, so gilt es vor diesem Hintergrund eine institutionelle Regulierung zu untersuchen, weil in der Praxis in vielen Ländern eine institutionelle Regulierung anzutreffen ist, die jedoch sehr unterschiedlich ausgeprägt ist. Dabei erscheinen die Eigner des Unternehmens als nicht so schutzbedürftig wie die Fremdkapitalgeber, weil sie die Unternehmensleitung im Regelfall schneller sanktionieren können und über bessere Überwachungsmöglichkeiten verfügen. Bei Publikumsgesellschaften mit großem Streubesitz erscheint jedoch auch dies fraglich. Eine Regelung wie § 58 AktG soll entsprechend sicherstellen, dass es hier zu einem Ausgleich der Interessen kommt, wobei hierbei nicht explizit die fi-

[185] Vgl. *Göbel* (2002), S. 118-119.
[186] Vgl. *Ewert/Wagenhofer* (2007), S. 289-292.
[187] Vgl. *Ewert/Wagenhofer* (2007), S. 222.

nanzwirtschaftlichen Aspekte berücksichtigt werden.[188] Die pauschalen Regelungen des Aktiengesetzes können daher, je nach dem unternehmensindividuellen Portfolio an Investitionsmöglichkeiten, zu Über- oder Unterinvestitionen führen.

Bei der Ausgestaltung einer regulatorischen Ausschüttungsbemessung müssen folgende Risiken für die Fremdkapitalgeber berücksichtigt werden. Es gilt dabei, die Anreize für fremdfinanzierte Ausschüttungen, für Unterinvestitionen, für Überinvestitionen sowie für nachträgliche Risikoerhöhungen des Investitionsprogramms zu reduzieren. Der Anreiz für die Eigner sollte demgemäß darin bestehen, dass diese gläubigerschädigenden Maßnahmen für sie im Endeffekt nicht die Handlungsalternative mit dem größten (Netto-)Kapitalwert darstellen.

Ein Instrument, diese Anreizprobleme zu verringern, stellt eine auf Rechnungslegungsregeln basierende Ausschüttungsbemessung dar.[189] So lassen sich beispielsweise fremdfinanzierte Ausschüttung durch eine Ausschüttungsbemessung anhand von periodisierten Gewinnen verhindern und eine vorsichtige Rechnungslegung, die niedrige bilanzielle Gewinne impliziert, kann in bestimmten Situationen vor Unterinvestitionen schützen. Ist eine Rechnungslegung für solche Zwecke ausgelegt, dann hat sie keine primäre Informationsfunktion mehr inne. „Under the agency role of accounting, investors desire accounting information to determine whether certain contractual requirements are met rather than as a direct means of valuing corporate securities. Accounting numbers are used in contracts to provide information that is valuabe for assessing firm and security values. But the primary purpose of accounting from an agency theory perspective is to facilitate contracting thereby reducing agency costs.“[190]

Bei Betrachtung von individuellen Vereinbarungen US-amerikanischer Ausschüttungsrestriktionen zeigt sich eine typische Ausgestaltung:[191]

---

[188] Vgl. *Kropff* (1965), S. 75; der Interessenkonflikt zwischen Unternehmensführung und Management lässt sich daher nicht im Hinblick auf die Ausschüttungsbemessung begrenzen, sondern ist Teil der umfangreichen *corporate governance*-Diskussion zur Kompetenzabgrenzung.

[189] Im Gegenzug zu den individuellen Vereinbarungen, wie Kündigungsrechte oder Sicherungsübereignungen sowie den ex-post Sanktionierungen des Insolvenzrechts.

[190] Vgl. *Watts/Zimmerman* (1987), S. 202.

[191] Vgl. *Leuz/Deller/Stubenrath* (1998), S. 116.

$$AU_t \leq \alpha \cdot \sum_{\tau=0}^{t} g_\tau + \sum_{\tau=0}^{t} EK_\tau^N - \sum_{\tau=0}^{t-1} AU_\tau + Konstante \quad (0 \leq \alpha \leq 1)\,. \tag{3.1}$$

mit

AU_t	=	Ausschüttung
α	=	Wert zwischen null und eins
g_τ	=	Periodengewinn = Cashflow - Periodenabgrenzungen
EK_τ^N	=	Kapitalerhöhungen
$Konstante$	=	beliebige Konstante
$\tau = 0$	=	Zeitpunkt der Kreditaufnahme

Die Ausschüttungen werden in Rahmen des in Formel 3.1 *covenants* auf die thesaurierten Gewinne zuzüglich Eigenkapitalerhöhungen und abzüglich bereits geleisteter Ausschüttungen begrenzt. Die Untergrenze für die Ausschüttungen beträgt null. Der Faktor α kann zusätzlich auch nur die anteilige Ausschüttbarkeit der erwirtschafteten Gewinne vorsehen, wenn er kleiner als eins ist. Die Konstante erhöht das Ausschüttungspotenzial, wenn sie größer als null ist. Denkbar ist hier beispielsweise der Betrag der bereits vor der Kreditaufnahme bestehenden Gewinnrücklagen, Kapitalrücklagen oder auch das gesamte Eigenkapital. EK_τ^N zeigt, dass aus Fremdkapitalgeberperspektive eigenfinanzierte Ausschüttungen während der Kreditlaufzeit unschädlich sind.

Die Analyse von *covenants* US-amerikanischer Unternehmen zeigt auch, dass diese eine Tendenz zu einer „vorsichtigen" Rechnungslegung aufweisen. Für Formel 3.1 bedeutet dies, dass bereits g_τ im Regelfall niedriger sein wird als bei einer nicht so konservativen Gewinnrealisation.[192] In Bezug auf Formel 3.1 kann sich diese Vorsicht bereits durch ein α kleiner als eins ausdrücken. Analytisch kann gezeigt werden, dass eine solche Vorsichtskomponente zu einem Abbau von Allokationsverzerrungen durch Unterinvestition führen kann. Ein niedriges g_τ impliziert Zwangsinvestitionen.[193] Es zeigt sich jedoch auch, dass je nach Ausgestaltung des Investitionsportfolios eine Überinvestition entstehen kann. Entsprechend kann aus theoretisch-konzeptioneller Sicht nicht einer bestimmten Bilanzierungsweise zum Zwecke des Gläubigerschutzes der Vorzug gegeben werden.[194]

[192] Vgl. *Leftwich* (1983).

[193] Aktuell gibt z.B. die amerikanische Notenbank ein α von 1/3 vor, wenn sie ankündigt, ansonsten Dividenden von Banken nicht mehr zuzustimmen, siehe hierzu *Benders* (2011).

[194] Vgl. *Ewert/Wagenhofer* (2007), S. 212-218, 220.

Die Abhängigkeit von dem unternehmensindividuellen Investitionsportfolio spricht demnach gegen eine institutionelle Regulierung der Ausschüttungsbemessung. Eine Regulierung kommt entsprechend nur infrage, wenn man unterstellt, dass die Vertragspartner nicht in der Lage sind, sich selbst zu schützen. Dann kann eine Regulierung an den in der Praxis zu beobachtenden Restriktionen ansetzen, wie sie beispielsweise in Formel 3.1 dargestellt sind. Effizienzvorteile sind folglich zu vermuten, wenn die Regulierungen den Vertragsgestaltungen der Vertragspartner gleichen. *Ewert/Wagenhofer* (2007) schlagen daher aus analytischer Perspektive als effiziente Lösung vor, die gesetzliche Regulierung als dispositives Recht auszugestalten, sodass die finanzwirtschaftlich vorziehenswerten unternehmensspezifischen Lösungen ermöglicht werden.[195] In den folgenden Abschnitten werden die rechtlichen Rahmenbedingen für die Ausschüttungsbemessung dargestellt. Einen besonderen Stellenwert nimmt hier die Diskussion zum Gläubigerschutz ein, der vielfach als Argument für die Ausgestaltung der deutschen handelsrechtlichen Rechnungslegung dient. Vor dem Hintergrund dieses Abschnittes ist jedoch nicht zwangsläufig ein Rechnungslegungssystem bevorzugenswert. Im Hinblick auf die Regelungen zur Ausschüttungsbestimmung erscheint eine institutionelle Regulierung, unabhängig von ihrer Ausgestaltung, generell nicht angebracht, weil die unternehmensspezifische Investitionsplanung durch diese nicht adäquat berücksichtigt werden kann.

3.2 Institutionelle Regulierung der Ausschüttungsbemessung

3.2.1 Gesetzliche Ausschüttungsregeln in Deutschland

Für deutsche Aktiengesellschaften gibt es gesetzlich verankerte Ausschüttungsbegrenzungen, die unmittelbar an den Jahresüberschuss der gesetzlich vorgeschriebenen handelsrechtlichen Gewinnermittlung anknüpfen. Als rechnungslegungsunabhängig zu betrachten sind das Verbot zur Einlagenrückgewähr (§ 57 AktG) sowie die Vorschriften zur Kapitalherabsetzung (§ 225 AktG).[196]

Ausgangspunkt der unmittelbar rechnungslegungsbezogenen Ausschüttungsbegrenzung ist der handelsrechtliche Jahresüberschuss. Im Rahmen der Ergebnisverwendungsrechnung wird ausgehend vom Jahresüberschuss der Bilanzgewinn ermittelt. Der Bilanzge-

[195] Vgl. *Ewert/Wagenhofer* (2007), S. 222.
[196] Vgl. *Leuz* (1996), S. 241.

winn steht prinzipiell den Anteilseignern als Ausschüttung zu (§ 58 Abs. 4 AktG). Bei seiner Ermittlung sind ein Gewinn- beziehungsweise Verlustvortrag aus dem Vorjahr sowie Zuführungen zu und Entnahmen aus den Rücklagen zu berücksichtigen. Diese Vorgehensweise gemäß § 158 AktG wird in Tabelle 3 dargestellt.

Tabelle 3: Ergebnisverwendungsrechnung, § 158 AktG

	Jahresüberschuss (Jahresfehlbetrag)
+/(-)	Gewinnvortrag (Verlustvortrag) aus dem Vorjahr
+	Entnahmen aus der Kapitalrücklage
+	Entnahmen aus Gewinnrücklagen
-	Einstellungen in Gewinnrücklagen
=	Bilanzgewinn (Bilanzverlust)

Die Gewinnrücklagen unterteilen sich in die gesetzliche Rücklage, die Rücklage für eigene Anteile,[197] satzungsmäßige Rücklagen und andere Gewinnrücklagen. In die gesetzliche Rücklage sind gemäß § 150 Abs. 2 AktG 5% des um einen Verlustvortrag des Vorjahres gekürzten Jahresüberschusses einzustellen.[198] Die Einstellungspflicht endet, wenn der Betrag der gesetzlichen Rücklage und die in die Kapitalrücklage eingestellten Beträge zusammen 10% des Grundkapitals erreichen. In der Satzung kann ein höherer Teil des Grundkapitals als Obergrenze bestimmt werden. Die Bildung der gesetzlichen Rücklage dient damit als Pufferzone, die dem Grundkapital vorgelagert ist (Reservefonds).[199] Daher ist bei der Verwendung zu unterscheiden, ob der eingestellte Betrag die Obergrenze übersteigt oder nicht.

Übersteigt der eingestellte Betrag die Obergrenze, darf gemäß § 150 Abs. 4 AktG der übersteigende Betrag zum Ausgleich eines nicht durch einen Gewinnvortrag des Vorjahres gedeckten Jahresfehlbetrages verwendet werden. Ebenso darf ein Verlustvortrag ausgeglichen werden, falls dieser nicht durch den Jahresüberschuss gedeckt ist. Diese Verwendung ist nur zulässig, wenn nicht gleichzeitig Gewinnrücklagen zur Gewinnausschüttung auf-

[197] Diese ist mit dem Bilanzrechtsmodernisierungsgesetz (BilMoG) nicht mehr zu bilden.

[198] Allerdings nicht um einen Gewinnvortrag des Vorjahres erhöhten Jahresüberschuss. Vgl. hierzu *Hüffer* (2010), § 150 AktG, Rn 5.

[199] Vgl. *Lutter* (1964), S. 469ff; vgl. *Kleindiek* (2010), Rn 3, S. 2170.

gelöst werden. Des Weiteren kann der übersteigende Betrag zur Kapitalerhöhung aus Gesellschaftsmitteln verwendet werden (§§ 207–220). Ist die Obergrenze nicht erreicht, darf nach § 150 Abs. 3 AktG die gesetzliche Rücklage ausschließlich zum Ausgleich eines Jahresfehlbetrages (Verlustvortrages) verwendet werden, sofern dieser nicht durch einen Gewinnvortrag (Jahresüberschuss) gedeckt ist und kein Ausgleich durch die Auflösung anderer Gewinnrücklagen erfolgen kann.

Die Rücklage für eigene Anteile darf nicht zur Deckung eines Jahresfehlbetrages verwendet werden. Sie bezweckt die Neutralisierung der Aktivierung eigener Aktien und ist daher nicht zur Schonung des gesetzlichen Mindestkapitals heranzuziehen. Gemäß § 272 Abs. 1a HGB sind seit Einführung des BilMoG der Nennbetrag offen vom gezeichneten Kapital sowie der den Nennbetrag übersteigende Anteil offen mit den frei verfügbaren Rücklagen zu verrechnen. Satzungsmäßige Rücklagen sind Rücklagen, die aufgrund der Satzung der Aktiengesellschaft gebildet werden (müssen) und dementsprechend weder zu den gesetzlichen noch zu den anderen Gewinnrücklagen gehören. Die anderen Gewinnrücklagen werden im Rahmen der Unternehmenstätigkeit erwirtschaftet und werden nicht als Reservemittel, aufgrund von Satzungsbestimmungen oder als Äquivalent eigener Aktien gebildet. Sie sind typischerweise nicht zweckgebunden.[200]

Der im Rahmen der Ergebnisverwendungsrechnung in Tabelle 3 ermittelte Bilanzgewinn steht gemäß § 58 Abs. 4 AktG den Aktionären zu. Dabei sind in § 58 AktG die Regelungen zur Verwendung des Jahresüberschusses enthalten. Regelungszweck ist ein Interessenausgleich zwischen Unternehmensführung und Anteilseignern. Die Unternehmensführung (der Vorstand) kann ein berechtigtes Interesse an Gewinnthesaurierungen und der anlageorientierte Anteilseigner (Aktionär) an einer Ausschüttung der erwirtschafteten Gewinne haben .[201] Entsprechend regelt § 58 Abs. 2 AktG, dass Vorstand und Aufsichtsrat über die Verwendung von maximal der Hälfte des Jahresüberschusses verfügen können, während die andere Hälfte der Kompetenz der Hauptversammlung unterliegt, sofern diese den Jahresabschluss feststellt. Dies stellt den gesetzlichen Regelfall dar (§ 172 Satz 1 AktG).

Der Betrag, der vom Vorstand in die anderen Gewinnrücklagen eingestellt werden kann, ist der Jahresüberschuss abzüglich eines Verlustvortrages und zuzüglich eines Gewinnvortrages aus dem Vorjahr. In der Praxis unterbreitet die Unternehmensleitung der Hauptversammlung regelmäßig einen Vorschlag zur Gewinnverwendung und stellt dann einen

[200] Vgl. *Hüffer* (2010), § 150 AktG, Rn 7-10.
[201] Vgl. *Bayer* (2008), Rn 16; vgl. *Kropff* (1965), S. 74-78.

Jahresabschluss nach Gewinnverwendung auf. Zusätzlich können Vorstand und Aufsichtsrat die Eigenkapitalanteile von Wertaufholungen in die anderen Rücklagen einstellen (§ 58 Abs. 2a AktG). Über die Verwendung darüber hinausgehender Beträge kann die Hauptversammlung mit einfacher Mehrheit entscheiden. Generell stehen die Regelungen unter dem Vorbehalt abweichender Satzungsbestimmungen.

Mit diesen Regelungen wird sowohl eine Höchstgrenze für Ausschüttungen determiniert, die Fremdkapitalgeber schützt, als auch eine Untergrenze, die einen Schutz der Anteilseigner im Sinne einer Mindestausschüttung darstellt.[202] Das Aktienrecht enthält zudem einen Schutzmechanismus für Minderheitsaktionäre an Konzerntochterunternehmen, um zu verhindern, dass die Mehrheitsaktionäre die Jahresüberschüsse vollständig thesaurieren und damit die Minderheitsaktionäre keine Möglichkeit mehr haben, Ausschüttungen bzw. Dividenden zu erhalten.[203] § 254 AktG sieht für diesen Fall eine Anfechtungsmöglichkeit des Gewinnverwendungsbeschlusses und eine Pflichtdividende in Höhe von vier Prozent des Grundkapitals vor, allerdings nur, wenn „die Einstellung oder der Gewinnvortrag bei vernünftiger kaufmännischer Beurteilung nicht notwendig ist [...]“.[204]

Mit der Einführung des Bilanzrechtsmodernisierungsgesetzes (BilMoG) ist eine zusätzliche Ausschüttungssperre hinzugekommen. Gemäß § 268 Abs. 8 HGB ist das handelsrechtliche Mehrvermögen durch die Aktivierung selbsterstellter immaterieller Vermögensgegenstände und/oder aktiver latenter Steuern ausschüttungsgesperrt, soweit die freien Rücklagen zuzüglich eines Gewinnvortrages und abzüglich eines Verlustvortrages den aktivierten und gegebenenfalls um passive latente Steuern verringerten Betrag nicht übersteigen.[205]

In den letzten Jahren zeichnete sich eine Zunahme von Aktienrückkäufen ab. Auch hierbei handelt es sich um eine Ausschüttung an die Gesellschafter, da ein Transfer von liquiden Mitteln von der Gesellschaft an die Gesellschafter stattfindet. Seit den Änderungen des § 71 AktG durch das Gesetz zur Kontrolle und Transparenz im Unternehmensbereich (KonTraG) besteht die eingeschränkte Möglichkeit, eigene Aktien zurückzukaufen (§ 71 AktG). Der Aktienrückkauf ist dabei nur unter bestimmten Bedingungen möglich. Eine bedeutende Rolle spielt hierbei § 71 Abs. 1 Nr. 8 AktG, durch den die Hauptversammlung

[202] Vgl. u.a. *Moxter* (1986), S. 98–105 zum Schutz der Anteilseigner vor zu niedrigen Ausschüttungen aufgrund verschiedener Anreize des Vorstands.

[203] Vgl. *Pellens/Amshoff/Schmidt* (2009), S. 255-256.

[204] Vgl. § 254 Abs. 1 HGB.

[205] Vgl. *Merkt* (2010), Rn 9-10.

den Vorstand mittels eines Vorratsbeschlusses zu einem Aktienrückkauf von maximal 10% des Grundkapitals mit einfacher Mehrheit ermächtigen kann. Ein entsprechender Beschluss kann innerhalb der folgenden fünf Jahre umgesetzt werden. Die Gültigkeit des Ermächtigungsbeschlusses wurde durch die Richtlinie 2006/68/EG zur Änderung der 2. EG-Richtlinie vom 6. September 2006 von 18 Monaten auf 5 Jahre angehoben. Eine Fristenregelung zur Verwendungsermächtigung existiert indes nicht. [206] Ebenso wurde im Rahmen der EU-Richtlinie der Bestandsschutz in Höhe von zehn Prozent des Grundkapitals als Mindestgrenze definiert.[207]

Erfolgt eine Umsetzung, so ist eine Rücklage für eigene Anteile zu bilden beziehungsweise seit Einführung des Bilanzrechtsmodernisierungsgesetzes (BilMoG) der Betrag offen mit dem Eigenkapital zu verrechnen. Ein Rückkauf darf nur erfolgen, sofern genügend freie Mittel für Bildung der Rücklage zur Verfügung stehen. Bei einem Aktienrückkauf dürfen weder das Grundkapital noch die gesetzliche Rücklage gemindert werden. Nur frei verfügbare Rücklagen, wie sie auch im Rahmen einer Dividendenausschüttung verwendbar sind, dürfen somit herangezogen werden.[208]

In Anlehnung an Abschnitt 3.1 kann entsprechend die deutsche Ausschüttungsbemessung zum Zeitpunkt einer Kreditaufnahme ($\tau = 0$) wie folgt formuliert werden:[209]

$$AU_t \leq \alpha \cdot \sum_{\tau=0}^{t} g_\tau - \sum_{\tau=0}^{t-1} AU_\tau + Konstante \quad (0 \leq \alpha \leq 1)\,. \tag{3.2}$$

[206] Die Änderungen im Aktiengesetz wurden durch das Gesetz zur Umsetzung der Aktionärsrechterichtlinie (ARUG) - BR-Drs. 847/08 - vom November 2008 geändert. Zur Verwendungsermächtigung siehe u.a. *Kocher* (2010), S. 172-174.

[207] Vgl. 4. Absatz der Richtlinie 2006/68/EG zur Änderung von Artikel 19 77/91/EWG, der ein Mitgliedstaatenwahlrecht für eine Erwerbsschranke vorsieht: „...darf nicht einen von den Mitgliedstaaten zu bestimmenden Höchstwert überschreiten. Dieser Höchstwert darf nicht niedriger als 10% des gezeichneten Kapitals sein“. Vgl. dazu ausführlich *Cahn* (2007).

[208] Vgl. *Pott/Vögtle* (2009), S. 558.

[209] Vgl. *Leuz/Deller/Stubenrath* (1998), S. 121.

mit

AU_t	=	Ausschüttung
α	=	Wert zwischen null und eins
g_τ	=	Jahresüberschuss
Konstante	=	beliebige Konstante
$\tau = 0$	=	Zeitpunkt der Kreditaufnahme

Formel 3.2 veranschaulicht, dass ab einer fiktiven Kreditaufnahme in $\tau = 0$ nur die thesaurierten Gewinne ausgeschüttet werden können. Die Höchstgrenze liegt für α bei Gesellschaften, deren gesetzliche Rücklageverpflichtung noch nicht erfüllt ist, bei 0,95 und nach Erfüllung bei 1. Gegebenenfalls ist die Höchstgrenze für α aufgrund zusätzlicher Satzungsbestimmungen anzupassen. Die Konstante umfasst die ausschüttungsfähigen Gewinnrücklagen zum Zeitpunkt der Kreditgewährung, die um Gewinn- und Verlustvorträge entsprechend korrigiert sind. Diese Ausschüttungsrestriktion weist eine große Ähnlichkeit mit Formel 3.1 auf, die eine US-amerikanischen Restriktion aus einem Kreditvertrag darstellt. g_τ ist in Formel 3.2 ein nach handelsrechtlichen Grundsätzen ermittelter Jahresüberschuss, der gegebenenfalls um Ausschüttungssperren zu korrigieren ist.

Während die gesellschaftsrechtlichen Regelungen von einer Unternehmensfortführung ausgehen, so ist dies im Insolvenzrecht nicht mehr der Fall. Bei Unternehmen in Krisensituationen wird indes ein erhöhter Anreiz zum Vermögenstransfer aus der Gesellschaft zum Anteilseigner unterstellt. Daher sind im Hinblick auf die gesetzlichen Bestimmungen zur Ausschüttungsbegrenzung auch die Regelungen des Insolvenzrechts zu beachten.[210] So kommen für deutsche Kapitalgesellschaften die Zahlungsunfähigkeit (§ 17 InsO), die drohende Zahlungsunfähigkeit (§ 18 InsO) sowie die Überschuldung (§ 19 InsO) als Eröffnungsgründe für ein Insolvenzverfahren in Betracht. Die Zahlungsunfähigkeit ist im Rahmen einer zahlungsstromorientierten Finanzplanung festzustellen.[211] Weil auch die drohende Zahlungsunfähigkeit ein Insolvenzgrund sein kann, ist in diesem Fall eine detaillierte Prognoserechnung notwendig, die im Wesentlichen der regelmäßigen Unternehmensfortführungsprüfung entspricht.[212] Ordnungsgemäße Ausschüttungen von Aktiengesellschaften im Vorfeld einer Insolvenz sind insofern zulässig, wenn keine Buchführungsdelikte zu einer Insolvenzstraftat führen.[213]

[210] Vgl. *Mülbert* (2004), S. 154.
[211] Vgl. *Knolle/Tetzlaff* (2005), S. 900.
[212] Vgl. IDW (1999), S. 251.
[213] Vgl. *Scholz* (2008), S. 49.

3.2.2 Die unmittelbare Verbindung zum bilanziellen Jahresüberschuss

3.2.2.1 Bezugnahme auf den HGB-Einzelabschluss

Ausgangspunkt der Ergebnisverwendung ist der Jahresüberschuss der Aktiengesellschaft. Dabei wird auf den Jahresabschluss der Gesellschaft gemäß § 242 HGB abgestellt. In der Gewinn- und Verlustrechnung ist der Jahresüberschuss im Gesamtkostenverfahren als Posten 20 und im Umsatzkostenverfahren als Posten 19 aufgeführt (§ 275 Abs.1 und 2 HGB). Dieser unmittelbare Bezug basiert auf den Kapitalerhaltungsregeln der 2. EG-Richtlinie, welche rechtssicher zu bestimmende Ausschüttungsgrenzen auf Basis des Jahresabschlusses beinhaltet.[214]

Bei der Rücklagenbildung wird Bezug genommen auf § 266 Abs. 3 A.) II und III. Die Gewinnrücklagen gemäß § 266 Abs. 3 A.) III. HGB stellen eine der wichtigsten Eigenkapitalkomponenten dar.[215] Im Hinblick auf die weiteren Untersuchungen dieser Arbeit ist entscheidend, dass sich die §§ 242-289 HGB auf den Einzelabschluss der Gesellschaft beziehungsweise eines Mutterunternehmens beziehen. Die ausschüttungsbezogenen Regelungen nehmen daher nur Bezug auf die Gewinnermittlung im handelsrechtlichen Einzelabschluss. Rechtlich kommt dem Konzern und dem dazugehörigen Konzernabschluss im Rahmen der Gewinnverwendung keine Bedeutung zu.[216]

3.2.2.2 Das handelsrechtliche Ergebnis als Ausschüttungsbegrenzung

Der vorhergehende Abschnitt 3.2.1 hat die enge Verbundenheit der Ausschüttungsbemessung mit der Rechnungslegung im Einzelabschluss verdeutlicht, die auf dem Konzept der nominellen Kapitalerhaltung basiert.[217] Ziel der Kapitalerhaltungsvorschriften ist die Sicherstellung eines Mindestkapitals, welches im Falle der Insolvenz den Gläubigern zur Verfügung stehen soll. Bereits Abschnitt 3.1 hat gezeigt, dass der Schutz der Fremdkapitalgeber eng mit den gesetzlichen Regelungen zur Ausschüttungsbemessung verbunden ist. Eine Benachteiligung der Gläubiger durch die in ihrer Haftung beschränkten Anteilseigner

[214] Vgl. *Arbeitskreis Bilanzrecht der Hochschullehrer der Rechtswissenschaft* (2002), S. 2373.
[215] Vgl. *Küting* (2010), S. 177.
[216] Vgl. *Busse von Colbe* et al. (2010), S. 466.
[217] Vgl. *Baetge/Kirsch/Thiele* (2009a), S. 96-100. Die nominelle Kapitalerhaltung basiert auf dem Anschaffungskostenprinzip des § 253 HGB.

der Aktiengesellschaft beziehungsweise der Haftungsbegrenzung der Gesellschaft wird traditionell als ein Hauptmotiv der deutschen handelsrechtlichen Rechnungslegung gesehen.[218] Dieser Gläubigerschutz soll durch das Imparitäts- und Vorsichtsprinzip (§ 252 Abs. 1 Nr. 4 HGB), die Implementierung von Ausschüttungssperren (§ 268 Abs. 8 HGB)[219] und die Bestimmungen zur Rücklagenbildung erreicht werden. Die Ausschüttungssperren und die Rücklagenbildung knüpfen bereits an dem handelsrechtlich ermittelten Jahresüberschuss an. Insbesondere Imparitäts- und Vorsichtsprinzip (§ 252 Abs. 1 Nr.4 HGB) sollen bereits bei der Ermittlung des Periodenerfolgs potenzielle Gläubiger schützen, indem unrealisierte Verluste sofort zu berücksichtigen sind, unrealisierte Gewinne jedoch nicht ausgewiesen werden dürfen[220] und es aufgrund des Vorsichtsprinzips regelmäßig zu einer Unterbewertung der Aktiva und gegebenenfalls zu einer Überbewertung der Passiva kommen kann.[221]

Diese vorsichtige oder manchmal auch als konservativ bezeichnete Gewinnermittlung führt zu einer asymmetrischen Bilanz und zur Bildung stiller Reserven, die für den externen Adressaten nicht erkennbar sind und gerade in Krisenzeiten nicht zum Gläubigerschutz beitragen. Durch das sukzessive („stille") Auflösen stiller Reserven kann eine schlechte Unternehmenslage erst deutlich verzögert in den Bilanzen sichtbar werden.[222]

Die mit dem Vorsichtsprinzip einhergehende Gewinnermittlung ist schon seit Langem kontrovers diskutiert. Der vom Gesetzgeber nicht explizit festgelegte Zweck des Jahresabschlusses führt so zu einem Zielkonflikt der Zweckausrichtung. Aus Perspektive der dynamischen Bilanzauffassung soll ein richtiger Periodenerfolg ermittelt werden, welcher eine Beurteilung der Unternehmensentwicklung ermöglicht. Eine asymmetrische Gewinnentwicklung, die zu einem zu niedrigen Gewinnausweis führt, wäre demnach abzulehnen. Insofern ist zwischen dem erzielten und dem verteilbaren Gewinn zu trennen.[223] Dennoch plädiert auch *Schmalenbach* — ohne dabei den Gläubigerschutz zu adressieren — für eine vorsichtige Gewinnermittlung, weil zu hoch bemessene Gewinne für das Unternehmen gefährlicher seien als zu niedrige.[224] Dies ist im Hinblick auf

218 Vgl. *Leffson* (1987), S. 42.
219 Vgl. auch Abschnitt 3.2.1
220 Vgl. *Leffson* (1987), S. 84-88.
221 Vgl. *Baetge/Kirsch/Thiele* (2009a), S. 137-138.
222 Vgl. u.a. *Baetge/Kirsch/Thiele* (2009a), S. 137; *Böcking* (2002), S. 925-926; *Böcking/Dutzi* (2006) S. 7-8; *Kübler* (1995), S. 550.
223 Vgl. *Walb* (1948), S. 76-80.
224 Vgl. *Schmalenbach* (1962), S. 35, 84-85.

die reine dynamische Bilanzauffassung abzulehnen und würde nur zu einer anderen, künstlichen oder gar falschen Periodisierung des Gewinnes führen.[225] Fragwürdig ist vor allem im Hinblick auf einen internationalen Adressatenkreis, ob diese die periodischen Verzerrungen im Gewinnausweis bei ihren Entscheidungen berücksichtigen.[226]

Gegenläufig zur Trennung von Gewinnermittlung und Gewinnausweis wird die Meinung vertreten, dass die Hauptaufgabe der Bilanz in einer Ermittlung des ausschüttbaren Gewinnes bestehe. In diesem Fall sind entweder die Unternehmenserhaltung oder der Schutz der Gläubiger entscheidend.[227] Aus dieser Perspektive ergibt sich die Notwendigkeit einer Ausschüttungsbegrenzung bei Kapitalgesellschaften, weil diese in ihrer Haftung gegenüber deren Gläubigern beschränkt sind. Begründet wird die Notwendigkeit der vorsichtigen Gewinnermittlung lediglich mit dem Verweis auf die Gefahr noch nicht realisierter Gewinne.[228] Warum bereits bei der Gewinnermittlung Gewinne und Verluste ungleich behandelt werden sollen, wird nur anhand von Praktikabilitätsüberlegungen begründet.[229]

Als Instrument des Gläubigerschutzes ist das Vorsichtsprinzip für *Schneider* sogar ungeeignet, weil es dazu geeignet ist, die Gewinnermittlung zu manipulieren. Aus dieser Perspektive sind die Objektivierung der handelsrechtlichen Rechnungslegung und das Kapitalerhaltungskonzept ökonomisch kaum zu rechtfertigen.[230] Sinnvoll ist ein ökonomischer Gewinn auf Basis einer Ertragswerterhaltung des Unternehmens als Ergänzung zum handelsrechtlichen Gewinn, welcher eine Obergrenze bilden soll.[231] Dagegen sprechen Schwierigkeiten bei der Ermittlung und die Frage, ob der Wert einer theoretischen Idealwelt in einer Welt unvollkommener und unvollständiger Märkte noch einen anzustrebenden Wert darstellt.[232]

Entsprechend war die Informationsfunktion des Jahresabschlusses in der deutschen bilanztheoretischen Diskussion in den Hintergrund gerückt und die Ausschüttungsbemessungs-

[225] Vgl. *Walb* (1948), S.80; vgl. *Moxter* (1962), S. 626.
[226] Vgl. hierzu auch Abschnitt 2.2.1.1, S. 15 und 22.
[227] Vgl. *Rieger* (1959), S. 220; vgl. auch *Hax* (1964), S. 644-645.
[228] Vgl. *Moxter* (1962), S. 630-632, demnach ist zur Ermittlung eines „glaubwürdigen" Gewinnes gänzlich auf das Vorsichtsprinzip zu verzichten.
[229] Vgl. *Hax* (1964), S. 643
[230] Vgl. *Schneider* (1968), S. 5-7 und *Schneider* (1971), S. 611.
[231] Vgl. *Schneider* (1968), S. 15-16.
[232] Vgl. *Leuz* (1996), S. 21-23 und zur Irrelevanz der Ausschüttung auf einem vollkommenen Kapitalmarkt *Miller/Modigliani* (1961) in Abschnitt 2.2.3.1.

funktion in den Vordergrund. Die Abhängigkeit bei Ausgestaltung der Bilanzierungsregeln für unterschiedliche Zwecke ist in dem Zusammenhang eine wichtige Erkenntnis. Für Ausschüttungen seien strenge Objektivierungsvoraussetzungen und eine vorsichtige Gewinnermittlung erforderlich. Eine „rein betriebswirtschaftliche" Bilanz ist aus Sicht von *Moxter* nicht notwendig, da diese einem Finanzplan unterlegen sei. Dies führte zu einer Abkehr vom Anspruch, „richtige" periodengerechte Gewinne zu ermitteln hin zu einer Verrechtlichung der Bilanzlehre, welche die Ermittlung des ausschüttungsfähigen Gewinns als Primäraufgabe der Bilanz versteht.[233] Daraus folgt unmittelbar eine von Vorsicht und Objektivierung geprägte Gewinnermittlung. Die vorsichtige Gewinnermittlung wird oft mit dem Gläubigerschutz gleichgesetzt, der als solches das Vorsichtsprinzip erst begründet.[234] Damit wird der Gläubigerschutz als rechtspolitisches Werturteil allgemein akzeptiert, ohne dass diese historisch gewachsene Auffassung hinterfragt und eine ökonomische Begründung für den Zusammenhang von vorsichtiger Gewinnermittlung und Ausschüttungsbegrenzung zu finden ist.[235]

Dieser so genannte institutionelle Gläubigerschutz geht mit einer gewollten zu niedrigen Ermittlung des Reinvermögens einher. Durch diesen präventiven Schutz, der sich durch die Differenz aus dem vorsichtig bewerteten Reinvermögen zum Reinvermögen zu Marktwerten ergibt, entsteht ein „Verlustpuffer".[236] Die auf dieser Basis ermittelten Bilanzwerte eignen sich jedoch nicht zu Informationszwecken. Im Gegensatz zum institutionellen Gläubigerschutz wird auch der informative Gläubigerschutz diskutiert, welcher mittels Offenlegung der tatsächlichen Verhältnisse der Gesellschaft, den Gläubigerschutz ausschließlich durch Information gewährleisten soll. Die umfassende Darstellung der Lage der Gesellschaft baut die Informationsasymmetrien zwischen Gläubigern und Schuldnern ab, sodass diese ihre Entscheidungen auf Basis der Rechnungslegung treffen können. An die Rechnungslegung sind dann die gleichen Erfordernisse der Vermittlung entscheidungsrelevanter Informationen zu stellen, wie sie auch die Eigenkapitalgeber fordern.[237]

[233] Vgl. u.a. *Döllerer* (1979), S. 201-203 und *Beisse* (1984), S.2-13; vgl. *Moxter* (1993), S. 76-79. Diese Bilanzauffassung wird auch als „Ausschüttungsstatik" in der Literatur bezeichnet.

[234] Vgl. *Beisse* (1994), S. 15 und *Moxter* (1984b), S. 1781-1782.

[235] Vgl. *Leuz* (1996), S. 18.

[236] Vgl. *Schneider* (1997) S. 36; vgl. *Hennrichs* (2008), S. 423-424, der von einem „bilanziellen Puffer" spricht.

[237] Vgl. *Daske/Gebhardt* (2006), S. 493-494; *Böcking* (1998), S. 21-22.

3.2.2.3 Die Auswirkungen der IFRS-Einführung und Konsequenzen

Bereits in den 1990er Jahren begannen deutsche Mutterunternehmen international tätiger Konzerne, ihre Konzernabschlüsse gleichzeitig nach dem verpflichtenden deutschen HGB und internationalen Rechnungslegungsregeln, zu veröffentlichen.[238] Die Gründe für diese Entwicklung waren/sind vielfältig und dürften vor allem in der Inanspruchnahme der internationalen Kapitalmärkte liegen.[239] Das Einfügen von § 292a HGH a.F. im Jahr 1998 erlaubte deutschen Mutterunternehmen das wahlweise Aufstellen eines Konzernabschlusses nach international anerkannten Rechnungslegungsstandards, hauptsächlich US-GAAP und IAS.[240] Damit waren diese von der Verpflichtung befreit, einen HGB-Konzernabschluss aufzustellen.

Erst seit 2005 sind kapitalmarktorientierte Mutterunternehmen in der EU aufgrund der sogenannten IAS-Verordnung[241] zur Aufstellung eines Konzernabschlusses nach IFRS verpflichtet. Die Verordnung gilt unmittelbar und muss nicht ins deutsche Gesetz transformiert werden. In § 315a HGB werden bezüglich der Aufstellungspflicht nach IFRS weitere Details geregelt, insbesondere zusätzliche landesspezifische Besonderheiten. Ebenso wird der Geltungsbereich der IAS-Verordnung auch auf Mutterunternehmen ausgeweitet, wenn am amtlichen oder geregelten Markt eine Wertpapierzulassung bis zum Bilanzstichtag beantragt ist.

Die IAS-Verordnung enthält, neben der verpflichtenden Anwendung der IFRS für Konzernabschlüsse kapitalmarktorientierter Konzerne beziehungsweise Mutterunternehmen, Wahlrechte für die Mitgliedstaaten. So kann gemäß Art. 5 der Verordnung ((EG) 1606/2002) auch nicht kapitalmarktorientierten Konzernen die IFRS-Anwendung erlaubt werden, oder diese können sogar zur Anwendung verpflichtet werden. Ebenso wurde die Möglichkeit geschaffen, Einzelabschlüsse nach den IFRS aufzustellen. Ein Wahlrecht, Einzelabschlüsse nach IFRS aufzustellen, hätte somit unmittelbaren Einfluss auf die Gewinnermittlung und die Gewinnverwendung.

---

[238] Vgl. *Baetge/Kirsch/Thiele* (2009b), S. 105. Den Beginn machte Daimler Benz im Jahre 1993 an der NYSE, siehe zu den Motiven und bilanziellen Auswirkungen *Radebaugh/Gebhardt/Gray* (1995), vgl. *Ballwieser* (2001), S. 644.

[239] Vgl. z.B. *Kahle* (2000), S. 498.

[240] Vgl. *Busse von Colbe* et al. (2010), S. 15.

[241] Vgl. Art. 4 (EG) 1606/2002.

Die Mitgliedsstaatenwahlrechte wurden vom deutschen Gesetzgeber durch das Bilanzrechtsreformgesetz (BilReG)[242] umgesetzt. Für den Konzernabschluss existiert seitdem ein Wahlrecht, diesen ausschließlich nach IFRS aufzustellen (§ 315a Abs. 3 HGB). Einzelabschlüsse müssen weiterhin nach HGB aufgestellt werden. Lediglich zu Informationszwecken kann ein IFRS-Einzelabschluss gemäß § 325 Abs. 2a HGB offengelegt werden. Eine solche Offenlegung entbindet jedoch nicht von der Verpflichtung zur Aufstellung eines HGB-Einzelabschluss, der nach wie vor Ausgangspunkt der Gewinnverwendung ist.

Dieses Wahlrecht steht allen Mitgliedstaaten der Europäischen Union zu und wurde bisher sehr unterschiedlich ausgeübt. Zurzeit können bei 18 der 27 Mitgliedstaaten IFRS-Einzelabschlüsse zur Ausschüttungsbemessung herangezogen werden. Dabei sind bei 7(8) dieser 18 Staaten Modifikationen des IFRS-Ergebnisses vorgesehen, insbesondere bei unrealisierten Gewinnen. Eine Ausnahme bildet Dänemark, das zwar unrealisierte Gewinne aus Neubewertungen mit einer Ausschüttungssperre versieht, aber eine Ausnahme für die Bewertung zum beizulegenden Zeitwert bei finanziellen Vermögenswerten und Schulden macht. Diese sind explizit nicht ausschüttungsgesperrt. [243] Tabelle 4 zeigt eine Übersicht der zulässigen IFRS-Anwendung für den Einzelabschluss in den EU-Mitgliedstaaten.

In der ersten Spalte von Tabelle 4 ist auch die Abweichung von nationalen Rechnungslegungsregeln zu den IFRS ersichtlich. Dabei sind erhebliche Schwankungen festzustellen, dennoch ist in einer Mehrzahl der Länder eine Aufstellung des Einzelabschlusses mit allen daran anknüpfenden gesellschaftsrechtlichen Konsequenzen möglich. Bei 11 Mitgliedstaaten, die den IFRS-Abschluss ohne Ausschüttungssperre unrealisierter Gewinne bereits als Ausschüttungsbasis zulassen, basiert die Gewinnverwendung nicht mehr ausschließlich auf einer anschaffungskostenorientierten Rechnungslegung.[244]

Dieses Abrücken von der traditionellen „vorsichtigen“ und vermeintlich gläubigerschützenden Rechnungslegung hin zu einer stärker an den Informationsbelangen der Kapitalmarktteilnehmer orientierten Rechnungslegung führte in Bezug auf die handelsrechtliche Rechnungslegung zu vielfältigen Diskussionen. Zum einen sollte auch die handelsrechtliche Rechnungslegung im Rahmen des Bilanzrechtsmodernisierungsgesetzes (BilMoG) einen höheren Informationsgehalt aufweisen. Dazu heißt es im Gesetzesentwurf: „Gleich-

[242] Verabschiedet vom deutschen Bundestag am 29.10.2004.
[243] Vgl. *KPMG* (2008), S. 319-320.
[244] Vgl. Abschnitt 3.2.4 zu den Ausschüttungsregimen in den USA und Großbritannien.

Tabelle 4: Anwendung der IFRS im Einzelabschluss der EU-Mitgliedstaaten (*n=27*)

	Unterschied zu IFRS (1-5)[a]	IFRS-Anwendung zulässig	Ausschüttungsbasis ohne Modifikation
Belgien	3,8		
Bulgarien	1,0	X	X
Dänemark	2,4	X	
Deutschland	3,6		
Estland	1,6	X	X
Finnland	3,1	X	X
Frankreich	2,8		
Griechenland[b]	3,2	X	
Großbritannien	2,0	X	
Irland	2,8	X	
Italien	3,7	X	
Lettland	3,1	X	X
Litauen	1,1	X	X
Luxemburg	2,5		
Malta	1,0	X	
Niederlande	2,3	X	
Österreich	3,6		
Polen[c]	2,7	X	(X)
Portugal	2,7	X	X
Rumänien	3,3		
Schweden	2,4		
Slowakei	2,3	X	X
Slowenien	1,0	X	X
Spanien	3,3		
Tschechien	3,2	X	X
Ungarn	3,1		
Zypern	1,0	X	X
		18	10 (11)

[a] Der Unterschied von nationaler Rechnungslegung zu den IFRS wird anhand einer Skala von 1 (kein Unterschied) bis 5 (völlig unterschiedlich) gemessen. Die Werte stellen den Mittelwert der Befragungen in den einzelnen Mitgliedstaaten dar.

[b] In Griechenland herrscht lediglich die Auffassung, dass unrealisierte Gewinne nicht ausgeschüttet werden sollen. Eine bindende Regulierung existiert nicht.

[c] Polen verlangt ausschließlich die vorrangige Berücksichtigung von Verlustvorträgen aus Vorperioden. Eine Modifikation bei unrealisierten Gewinnen ist nicht vorgesehen.

Quelle: *KPMG* (2008), S. 319-323.

zeitig wird die Informationsfunktion des handelsrechtlichen Jahres- und Konzernabschlusses im Wege der Modernisierung der Rechnungslegungsvorschriften des HGB gestärkt."[245]

Zum anderen kam es zur Diskussion des bestehenden Kapitalerhaltungssystems, dessen Gläubigerschutz stark historisch orientiert ist und betriebswirtschaftliche Aspekte außer Acht lässt.[246]

3.2.3 Diskussion über Änderungen der Kapitalerhaltung in Europa

Die Vorschriften zur Ausschüttungsbemessung deutscher Aktiengesellschaften basieren auf den Regeln zur Kapitalerhaltung der 2. EG-Richtlinie vom 13.12.1976. Mit der Richtlinie sollten europaweit die Standards zur Kapitalerhaltung harmonisiert werden. Die Regelungen verlangen ein Mindesteigenkapital bei Gründungen sowie das Prinzip der bilanziellen (nominellen) Kapitalerhaltung und die ausschließliche Ausschüttungsfähigkeit eines Gewinnes, der im Rahmen der 4. EG-Richtlinie ermittelt wurde. Ebenso unterliegen Aktienrückkäufe einer Beschränkung. Dem Schutz der Gläubiger wird ein hoher Stellenwert eingeräumt.[247] Die vorliegende Arbeit begrenzt ihren Fokus auf die mit der Kapitalrichtlinie verbundenen Ausschüttungsrestriktionen. Die Höhe des (Mindest-)Grundkapitals, die durchaus Gegenstand kontroverser Diskussionen ist, spielt bei der Bestimmung der hier interessierenden Ausschüttung keine Rolle.[248]

Die Aktienrückkäufe, welche in Deutschland erst seit dem Jahr 1998 durch einen generellen Ermächtigungsbeschluss der Hauptversammlung erlaubt sind,[249] stellen indes eine Alternative zur Dividendenausschüttung dar, insbesondere nach den Änderungen der Kapitalrichtlinie im September 2006.[250]

[245] BT-Drucksache 16/1067, S. 1.

[246] Vgl. *Naumann* (2007), S. 425.

[247] Vgl. *Kübler/Assmann* (2006), S. 566.

[248] Zur Diskussion siehe *Lutter* (2006), S. 20-41.

[249] Vgl. *Seifert* (2006), S. 19-24, zu einer historischen Darstellung der eingeschränkten Regelungen zwischen 1931 und 1998.

[250] Vgl. *Oechsler* (2006), S. 73-79 zur Richtlinie 2006/68/EG vom 6.9.2006. Diese Änderungen basieren auf einem Vorschlag der High Level Group, wonach ein Rückkauf innerhalb der Grenzen von ausschüttungsfähigen Rücklagen zulässig ist.

Abbildung 2 : Reformvorschläge zur Kapitalerhaltung in der EU

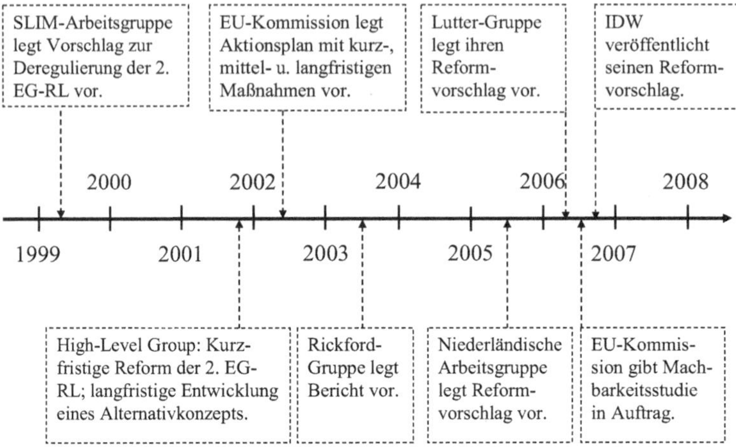

Quelle: *Scholz* (2008), S. 76.

Die Diskussion der jüngsten Zeit basiert maßgeblich auf dem Reformvorschlag der sogenannten High Level Group unter Vorsitz von Jaap Winter, deren Vorschlag auf Ergebnissen der SLIM-Initiative basiert.[251] Das vorgeschlagene Alternativsystem besteht aus einem Liquiditätstest und einem Bilanztest. Das System sieht auf der ersten Stufe einen positiven Bilanztest vor. Dabei soll die Deckung der Passiva durch die Aktiva zuzüglich einer Marge erfolgen. Zusätzlich ist ein positiver Solvenztest für den Zeitraum von zwölf Monaten erforderlich. Dieser basiert auf dem bilanziellen Umlaufvermögen. Innerhalb des Prognosezeitraums müssen aus dem Umlaufvermögen alle fälligen Verbindlichkeiten gezahlt werden können.[252] Die vorgeschlagenen Regelungen sind allerdings nicht detailliert ausgestaltet, sodass beispielsweise die zu verwendenden Bilanzierungsregeln nicht geregelt sind und auch die Frage offenbleibt, ob ein Einzel- oder Konzernabschluss die Basis der Ausschüttungstests sein soll.[253] Das Unternehmen beziehungsweise die Unternehmensleitung haftet für die Richtigkeit einer auszustellenden Solvenzbescheinigung.[254]

[251] Vgl. *Baldamus* (2002), S. 39ff. Der Abschlussbericht der High Level Group ist unter http://ec.europa.eu/internal_market/company/docs/modern/report_de.pdf abrufbar. SLIM steht für „Simpler Legislation for the Internal Market".

[252] Vgl. *High Level Group* (2002), S. 95.

[253] Vgl. *Pellens/Brandt/Richard* (2006), S. 2021.

[254] Vgl. *High Level Group* (2002), S. 95.

Im Jahr 2004 legte die Arbeitsgruppe um Jonathan Rickford ihren Reformvorschlag für ein alternatives Kapitalerhaltungskonzept in Europa vor.[255] In dem Bericht wird das Kosten-Nutzen-Verhältnis des bestehenden Kapitalschutzsystems kritisiert und es wird eine Abschaffung des bestehenden Systems und die Einführung eines Solvenztests empfohlen. Die Regelungen beinhalten eine strengere Vorstandshaftung und die Möglichkeit einer Verhängung von Berufsverboten.[256] Die Ausschüttung wird mittels eines zweistufigen Solvenztests bestimmt. Erstens muss die Gesellschaft sofort nach der Ausschüttung in der Lage bleiben, ihre Verbindlichkeiten zu bedienen und zweitens müssen die künftigen Cashflows ausreichen, um die fälligen Zahlungsverpflichtungen zu erfüllen. Der Test ist rein zahlungsstromorientiert und basiert nicht auf bilanziellen Regelungen. Das heißt, auch künftig entstehende Verpflichtungen, die gegebenenfalls noch nicht bilanziell zu erfassen sind, finden Berücksichtigung.[257] Ein zusätzlicher Bilanztest, welcher die Ausschüttung auf das Nettoaktivvermögen begrenzt, ist auf der zweiten Stufe durchzuführen. Dieser ist allerdings nicht bindend, wenn der Vorstand der Gesellschaft eine höhere Ausschüttung begründen kann.[258] „We do however believe that a solvency-based regime is likely not only to be simpler and less costly than the current arrangements but also to be more effective in protecting creditors."[259]

Analog zum Vorschlag der High Level Group ist vom Vorstand eine Solvenzbescheinigung vorzulegen. Diese ist jedoch nicht prüfungspflichtig, zieht jedoch eine verstärkte ex post Haftung und Sanktionierung nach sich. Aus deutscher Sicht wird dazu kritisiert, dass dadurch zum Ausschüttungszeitpunkt nur geringe Rechtssicherheit besteht.[260]

Die niederländischen Vorschläge der Universität Groningen sehen ebenfalls eine Solvenzbescheinigung und eine verstärkte ex post Haftung vor. Im Gegensatz zu dem Vorschlag der Rickford-Gruppe soll auf der ersten Stufe ein bilanzieller Überschuldungstest durchgeführt werden. Dabei müssen die Aktiva die Passiva, ohne das Eigenkapital, übersteigen.[261] Die Frage nach dem zugrunde liegenden Bilanzsystem wird nicht adressiert.[262] Danach

[255] Vgl. *Rickford* (2004).
[256] Vgl. *Rickford* (2004), S. 947-981.
[257] Vgl. *Scholz* (2008), S. 79.
[258] Vgl. *Rickford* (2004), S.980.
[259] *Rickford* (2004), S. 987.
[260] Vgl. *Kleindiek* (2007), S. 5.
[261] Vgl. *Boschma/Lennarts/Schutte-Veenstra* (2005), S. 65-74.
[262] Vgl. *Scholz* (2008), S. 80; vgl. *Boschma/Lennarts/Schutte-Veenstra* (2005), S.70 und *Marx* (2006), S. 52.

ist ein Solvenztest auf Basis von Cashflows mit einem zwölfmonatigen Prognosehorizont durchzuführen.[263]

Im Gegenzug zu den vorgenannten Reformvorschlägen empfiehlt die Lutter-Arbeitsgruppe, die 2. EG-Richtlinie beizubehalten. Nur für den Fall, dass Aktiengesellschaften Ihre Ausschüttung anhand eines IFRS-Einzelabschlusses bemessen, soll zusätzlich ein Solvenztest mit ein bis zwei Jahren Prognosehorizont erforderlich werden.[264] Bezüglich der Reform im Hinblick auf Ausschüttungen entspricht der Reformvorschlag des IDW dem der Lutter-Arbeitsgruppe. Den beiden Vorschlägen ist gemeinsam, dass sie nicht mehr zwingend an einem nach handelsrechtlichen Grundsätzen aufgestellten Einzelabschluss zur Ausschüttungsbemessung festhalten.[265] Der bei einem IFRS-Einzelabschluss zusätzlich durchzuführende Solvenztest stößt auch auf Kritik und es existieren Forderungen, die Ausschüttungsbemessung ausschließlich mit einem Bilanztest anhand eines IFRS-Abschlusses vorzunehmen.[266] Ohne die steuerliche Maßgeblichkeit wäre dann der HGB-Einzelabschluss obsolet. Dies ist vor allem im Hinblick auf die unterschiedliche Zielsetzung der Rechnungssysteme zu hinterfragen. Gerade der HGB-Jahresabschluss und die GoB haben sich (vor BilMoG) vor dem Hintergrund der Ausschüttungsbemessung durch die Ermittlung eines ausschüttungsfähigen Gewinns entwickelt.

Diese Zwecksetzung manifestiert sich in der Ausprägung von Realisations- und Imparitätsprinzip, während in der IFRS-Rechnungslegung eine entscheidungsnützliche Informationsvermittlung im Vordergrund steht, die auch Periodengewinne ausweisen kann, die noch nicht realisiert sind. Diese würden in einem Bilanztest das Ausschüttungspotenzial erhöhen.[267] Durch korrigierende Ausschüttungssperren kann dies zwar geheilt werden, im Hinblick auf die Nachverfolgbarkeit über mehrere Perioden kann dies in der praktischen Anwendbarkeit zu Problemen führen.[268]

---

263 Vgl. *Boschma/Lennarts/Schutte-Veenstra* (2005), S. 72.

264 Vgl. *Pellens/Sellhorn* (2006), S. 487f.

265 Vgl. *IDW* (2006), S. 1-6.

266 Vgl. *Böcking/Dutzi* (2006), S. 15, *Böcking/Dutzi* (2007), S. 439 und *Pellens/Sellhorn* (2006), S. 464.

267 Vgl. *Scholz* (2008), S. 85. Bei einer Bonitätsverschlechterung des Unternehmens könnte eine Fair Value-Bewertung der Verbindlichkeiten zu einer Erhöhung des Ausschüttungspotenzials führen.

268 Vgl. *Böcking/Dutzi* (2007), S. 440.

Die EU-Kommission hat aufgrund der Vorschläge der High Level Group eine Machbarkeitsstudie einer Alternative zum bestehenden Kapitalerhaltungssystem in der EU in Auftrag gegeben. Die Studie wurde von der Wirtschaftsprüfungsgesellschaft KPMG durchgeführt und sollte im Rahmen einer Kosten-Nutzen-Analyse feststellen, ob sich durch ein neues Kapitalerhaltungssystem die Effizienz europäischer Unternehmen steigern lassen kann. Ergänzend zur Analyse der bestehenden Kapitalschutzsysteme der EU-Mitgliedsländer Deutschland, Frankreich, Großbritannien, Schweden, Polen und der Nicht-EU-Länder USA (Kalifornien und Delaware), Kanada und Australien, wurden Befragungen von Unternehmensvertretern (in der Regel Finanzvorstände) vorgenommen.[269]

Interessant ist im Ländervergleich, dass bereits 18 von 27 Mitgliedsstaaten IFRS-Abschlüsse zur Ausschüttungsbemessung zulassen (siehe Tabelle 4), davon sind in acht Ländern Anpassungen der IFRS-Abschlüsse vorzunehmen.[270] Insgesamt kommt die Machbarkeitsstudie zu dem Ergebnis, dass keines der existierenden Kapitalschutzsysteme einem anderen vorzuziehen seien. In Bezug auf fehlende Kosteneinschätzungen zu den vorgeschlagenen Reform-Modellen, konnte für diese kein abschließendes Ergebnis festgestellt werden. Grundsätzlich hält die Studie einen Solvenztest zur Ausschüttungsbemessung für geeignet. Weil die Ergebnisse der Studie jedoch zeigen, dass alle Nicht-EU-Staaten, die einen Solvenztest verlangen, zusätzlich einen Bilanztest vorschreiben, beabsichtigt die EU-Kommission keine grundlegenden Änderungen der Ausschüttungsbemessung in nächster Zeit.[271]

Der folgende Abschnitt stellt die angelsächsisch geprägten Ausschüttungsregime in den USA und Großbritannien dar. Dabei ist zu beachten, dass Großbritannien zwar ein so genanntes *common law*-Land ist, es aber unter die Regulierung der Kapitalrichtlinie der Europäischen Union fällt.

---

[269] Vgl. *Lanfermann/Röhricht* (2007), S. 12.

[270] Vgl. *KPMG* (2008), S. 318-322.

[271] Vgl. *EU-Kommission* (2008), S. 1-15.

3.2.4 Ausschüttungsbemessung in den USA und Großbritannien

3.2.4.1 USA

Die US-amerikanischen Rahmenbedingungen für Ausschüttungen sind auf einzelstaatlicher Ebene geregelt, indem jeder Bundesstaat über ein eigenes Gesellschaftsrecht verfügt. Für Kapitalgesellschaften gilt das Recht ihres Gründungsstaates. Eine Ausnahme davon bilden das Gesellschaftsrecht in Kalifornien und New York, die abweichend von der Gründungstheorie ihre Wirkung auch für Gesellschaften entfalten, deren Geschäftstätigkeit in diesen Staaten bestimmte Kriterien erfüllt.[272] Aufgrund des heterogenen Gesellschaftsrechts entsteht ein Wettbewerb zwischen den einzelnen Bundesstaaten. Unklar bleibt, ob dieser Wettbewerb zu einem „race to the bottom" führt oder gar zu einem „race to the top".[273] Im Gegenzug hierzu strebt die Europäische Union mit ihren Harmonisierungsbemühungen im Gesellschaftsrecht eine Gleichwertigkeit der Bestimmungen an, um ein kompetitives Absenken des gesetzlich verankerten Schutzniveaus zu verhindern.[274] Das Gesellschaftsrecht ist damit ein wichtiger Standortfaktor und führt dazu, dass die Mehrzahl der Gesellschaften in Delaware, Kalifornien und New York ihren Sitz haben, daher ist bei der Analyse der Ausschüttungsbemessungsgrundlagen ein besonderes Augenmerk auf diese Staaten zu legen.[275]

Zu unterscheiden sind vor allem das traditionelle System, dem heute noch rund zwanzig Staaten folgen (einschließlich Delaware und New York) und das moderne System, das die übrigen Staaten befolgen. Dabei basieren auch die Regeln eines Modellgesetzes, dem Model Business Corporation Act (M.B.C.A.)[276], das viele Staaten übernommen haben, auf diesem System. Auch das als besonders fortschrittlich bezeichnete kalifornische Gesellschaftsrecht (California Corporation Code) folgt dem modernen System.[277] Im Folgenden werden daher die Regelungen des traditionellen Systems und des M.B.C.A. sowie Kaliforniens skizziert.

[272] Vgl. *Merkt/Göthel* (2006), S. 154-159.
[273] Vgl. u.a. *Conard* (1976), S. 631f., *Subramanian* (2002), S. 1795-1873.
[274] Vgl. *Kuhner* (2005) zu Art. 44 Abs. 2 g) EG-Vertrag, S. 757.
[275] Vgl. *Merkt/Göthel* (2006), S. 164.
[276] 1994 wurde der R.M.B.C.A. aus dem Jahr 1984 in M.B.C.A. umbenannt. Dabei handelt es sich um eine neuere Fassung des ursprünglichen M.B.C.A. aus dem Jahr 1950.
[277] Vgl. *Palmiter* (2006), S. 9.

Im traditionellen System darf das Grundkapital der Gesellschaft nicht reduziert werden und die Ausschüttung darf keine Insolvenz nach sich ziehen. Ausgeschüttet werden darf nur ein Gewinn, der im Rahmen eines sogenannten surplus test ermittelt wurde, bei dem zwischen einem earned surplus und einem unearned surplus zu differenzieren ist.[278] Dabei umfasst der earned surplus den gesamten Gewinn der Periode und die (kumulierten oder thesaurierten) Gewinnrücklagen. Die Ermittlung ist unabhängig von einem Rechnungslegungssystem und kann von den Gerichten vorgenommen werden.[279] Der ebenfalls ausschüttungsfähige unearned surplus ist das Nettovermögen abzüglich des Nennkapitals[280] und umfasst zum Beispiel das Agio resultierend aus Überparemissionen, Neubewertungen von Vermögenswerten sowie Rücklagen aus Kapitalherabsetzungen und Umschichtungen der Passiva. Die Regelungen dienen der Erhaltung des Grundkapitals.[281]

Das Grundkapital kann jedoch durch eine Dividendenzahlung reduziert werden. Zum Beispiel ist es in Delaware und New York möglich, durch *nimble dividends* den Nettogewinn des laufenden und des abgelaufenen Geschäftsjahres auszuschütten. Das Grundkapital darf zwar prinzipiell nicht unter seinen Wert fallen, dabei wird dieser jedoch als Produkt aus Anzahl der ausgegebenen Aktien und deren Nennwert berechnet. Werden allerdings nennwertlose Aktien ausgegeben kann die Unternehmensführung einen beliebigen Teil der erhaltenen Gegenleistung als Grundkapital bestimmen.[282]

Neben der Erhaltung des Grundkapitals darf eine Dividende nur ausgeschüttet werden, wenn die Ausschüttung nicht zur Insolvenz führt. Die Regelungen verweisen in der Regel auf das Insolvenzrecht.[283]

Während im traditionellem System die Erhaltung des Grundkapitals die entscheidende Rolle spielt, ist das Grundkapital für das moderne System irrelevant. Das moderne System verlangt im ersten Schritt die Bestimmung eines ausschüttungsfähigen Gewinnes durch einen balance sheet test und im zweiten Schritt die Prüfung des Fortbestandes der Zahlungsfähigkeit mithilfe des equity insolvency tests (Solvenztest). Demnach ergibt sich

278 Vgl. *Wüstemann* (1996), S. 424.
279 Vgl. *Black* (2004), § 2.2, S. 5-6.
280 Vgl. *Wüstemann* (1996), S. 425.
281 Vgl. *Scholz* (2008), S. 96-97.
282 Vgl. *Kübler* (1989), S. 38.
283 Vgl. *Scholz* (2008), S. 100; Uniform Fraudulent Conveyance Act (U.F.C.A.) und dem Uniform Fraudulent Transfer Act (U.F.T.A.), die beide auf eine Überschuldung der Gesellschaft abstellen.

zunächst ein ausschüttungsfähiger Betrag durch den die Schulden übersteigenden Teil des Gesamtvermögens. Der Ausschüttungsbegriff umfasst nicht nur Dividenden, sondern auch Aktienrückkäufe. Dabei soll die Geschäftsleitung die Zulässigkeit der Dividende beurteilen: „either on financial statements prepared on the basis of accounting practices and principles that are reasonable in the circumstances or on a fair valuation or other method that is reasonable in the circumstances.“[284] Die Bewertung wird demnach nicht an ein Rechnungslegungssystem gekoppelt. Die Bewertung muss lediglich das Kriterium der Angemessenheit erfüllen.[285]

Der equity insolvency test verlangt, dass die Gesellschaft auch nach der Ausschüttung ihre Verbindlichkeiten begleichen kann. Der Zeithorizont und die konkrete Ausgestaltung des Tests sind im Gesetzestext nicht zu finden. Jedoch kann die Liquidität ersten Grades als Indiz herangezogen werden.[286] Ebenso sind noch nicht erfasste, aber antizipierbare, positive und negative Ereignisse der Folgeperiode zu berücksichtigen. Weist die Gesellschaft regelmäßig uneingeschränkt testierte Abschlüsse auf, kann von einer Solvenz ausgegangen werden. Dabei ist besonders der jüngste Bestätigungsvermerk zu betrachten sowie die jüngste wirtschaftliche Entwicklung der Gesellschaft. Eine detaillierte Cashflow-Planung über acht bis zwölf Monate soll dem Management bei seiner Ausschüttungsbemessung als Grundlage dienen. Die Aufstellung hat unter Einhaltung der Sorgfaltspflichten zu erfolgen, was bei einem Verstoß zur persönlichen Haftung des Geschäftsführers gegenüber der Gesellschaft führen kann.[287]

Das kalifornische Gesellschaftsrecht sieht ebenfalls ein zweistufiges Vorgehen vor. Dividenden können grundsätzlich aus den einbehaltenen Gewinnen (retained earnings) gezahlt werden. Sind diese größer als die Gewinnrücklagen, ist ein Bilanztest vorgesehen. Im Rahmen eines quantitative solvency tests muss nach der Ausschüttung die Eigenkapitalquote mindestens zwanzig Prozent betragen. Zusätzlich müssen die kurzfristigen Verbindlichkeiten vom Umlaufvermögen gedeckt sein (liquidity test). Das Umlaufvermögen muss das 1,25-fache der kurzfristigen Verbindlichkeiten betragen, wenn das EBIT

[284] M.B.C.A., § 6.40 (d).

[285] Vgl. American Bar Association (2002), § 6.40 M.B.C.A.

[286] Vgl. *Scholz* (2008), S. 103, Liquidität 1. Grades = Liquide Mittel / kurzfristige Verbindlichkeiten.

[287] Vgl. § 8.30 M.B.C.A.; vgl. *Scholz* (2008), S. 104.

der letzten zwei Geschäftsjahre die durchschnittlichen Zinsaufwendungen nicht decken konnte.[288]

Grundlegender Unterschied zum traditionellen und modernen System (M.B.C.A.) ist die Ermittlung der Wertansätze nach US-GAAP (§ 114 California Corporations Code). Die Vermögenswerte sind um den Goodwill, aktivierte Forschungs- und Entwicklungskosten und sonstige aktivierte Rechnungsabgrenzungsposten zu vermindern. Von den Schulden sind passive latente Steuern, erhaltene Anzahlungen und sonstige passive Rechnungsabgrenzungsposten abzuziehen.[289] Die Korrekturen erinnern an das Vorsichtsprinzip und die in Abschnitt 3.2.2.2 geführte Diskussion.

Auf der zweiten Stufe ist ein Solvenztest durchzuführen. Dieser ist gemäß § 201 California Corporations Code auf der höchsten Konzernstufe durchzuführen. Die Gesellschaft muss nach der Ausschüttung in der Lage sein, ihre Verbindlichkeiten zum Fälligkeitszeitpunkt zu begleichen.[290] Die konkrete Ausgestaltung ist gesetzlich nicht geregelt. Das Management muss allerdings angemessen und vorsichtig vorgehen bei einem Prognosehorizont von acht bis zwölf Monaten.[291]

Die Regelungen der einzelnen Bundesstaaten zeigen, dass es kein einheitliches System der Ausschüttungsbemessung in den USA gibt. Die Mehrheit der Staaten folgt jedoch dem modernen System, wobei Kalifornien als einziger Bundesstaat ein Rechnungslegungssystem explizit vorschreibt und Bilanzkennzahlen basierend auf den US-GAAP zur Ausschüttungsbemessung herangezogen werden. Die größere Freiheit bei der Ausschüttungsbemessung im Hinblick auf gesetzliche Regelungen, wird jedoch oftmals durch Kreditsicherheiten, sogenannte Covenants, einzelvertraglich eingeschränkt und führt zu einem erhöhten nachträglichen Haftungsrisiko.[292]

[288] Vgl. *Pellens/Brandt/Richard* (2006), S. 2023-2024.
[289] Vgl. *Richard* (2006), S. 128.
[290] Vgl. *Black* (2004), § 3.10 S. 15.
[291] Vgl. *Scholz* (2008), S. 108.
[292] Vgl. *Lutter* (2006), S. 12, der von 4.000 Fällen von Durchgriffshaftung in diesem Zusammenhang berichtet.

3.2.4.2 Großbritannien

Die Ausschüttungen in Großbritannien beruhen auf der europäischen Kapitalrichtlinie und deren Transformation in nationales Recht, dem Companies Act. Grundsätzlich dürfen gemäß Section 830 CA 2006 nur realisierte Gewinne ausgeschüttet werden. Zu einem ausschüttbaren Gewinn kommt es, wenn der earned surplus test positiv ausfällt.[293] Bei diesem Test sind die seit Gesellschaftsgründung kumulierten realisierten Gewinne den kumulierten realisierten Verlusten gegenüberzustellen.[294] Die Basis der Gewinnermittlung bildet der Jahresabschluss (Einzelabschluss) der Kapitalgesellschaft, der nach UK-GAAP oder IFRS aufgestellt werden kann.[295] Um die realisierten Gewinne und damit ausschüttbaren Gewinne zu erhalten, sind die Bilanzzahlen anzupassen. Das irische Gesellschaftsrecht verlangt eine analoge Vorgehensweise.[296]

Formal kann diese Restriktion für einen Kredit, der im Zeitpunkt $\tau = 0$ aufgenommen wird, wie folgt dargestellt werden:[297]

$$AU_t \leq \alpha \cdot \sum_{\tau=0}^{t} g_\tau - \sum_{\tau=0}^{t-1} AU_\tau + Konstante \quad (0 \leq \alpha \leq 1)\,. \tag{3.3}$$

mit

AU_t	=	Ausschüttung
α	=	Wert zwischen null und eins
g_τ	=	Realisierter Gewinn
$Konstante$	=	beliebige Konstante
$\tau = 0$	=	Zeitpunkt der Kreditaufnahme

Die Funktionsweise dieser Restriktion (Formel 3.3) ist die gleiche wie die in Formel 3.2 dargestellte für deutsche Aktiengesellschaften. Der Unterschied liegt jedoch in der Variablen g_τ. Diese realisierten Gewinne bestehen aus den bilanziellen Gewinnen (nach UK-GAAP oder IFRS), die um nicht ausschüttungsfähige Gewinne zu reduzieren sind.

[293] Vgl. Section 263 (1)-(3) CA 1985 und Section 829 CA 2006.
[294] Vgl. *Davies* (2003), S. 280.
[295] Vgl. *KPMG* (2008), S. 208.
[296] Vgl. Sec. 830 CA, *ICAS/ICAEW* (2009); *KPMG* (2008), S. 321.
[297] Vgl. *Leuz/Deller/Stubenrath* (1998), S. 118.

Für kapitalmarktorientierte Kapitalgesellschaften (public limited companies) ist noch ein zusätzlicher Bilanztest erforderlich, wie er durch die Kapitalrichtlinie verlangt wird.[298] Demnach bestimmt der Betrag, den das Vermögen abzüglich Schulden das Grundkapital zuzüglich eingezahlter nicht ausschüttbarer Rücklagen übersteigt, die Ausschüttungshöhe.

Ein Solvenztest ist im englischen Gesellschaftsrecht nicht vorgesehen. Vor dem Hintergrund der vielen Anpassungen, die an den Bilanzen vorgenommen werden und umfangreiche Nebenrechnungen erforderlich machen, um einen ausschüttungsfähigen Gewinn zu ermitteln, sind jedoch die Kritik an der Kapitalrichtlinie und die Bemühungen um eine Änderung der Kapitalrichtlinie in Europa zu würdigen. Vor allem aus britischer Sicht ist daher eine Entkopplung von Bilanz und Ausschüttung durch einen Solvenztest interessant und könnte das von Rickford kritisierte Kosten-Nutzen-Verhältnis verbessern.[299]

Tabelle 5: Verhängte Berufsverbote gemäß CDDA 1986

	2005-06	**2006-07**	**2007-08**	**2008-09**	**2009-10**
Insolvenzfälle	58,991	69,939	67,218	78,029	77,898
Berufsverbote	1,200	1,223	1,173	1,281	1,388

Quelle: The Insolvency Service Annual Report and Accounts 2009-2010, abgerufen unter http://www.insolvency.gov.uk/pdfs/annual2009-10web.pdf, am 28.07.2010.

Ebenso wie das US-amerikanische Gesellschaftsrecht sieht das englische Gesellschaftsrecht auch nachträgliche Haftung der Geschäftsführer vor, die der Gesellschaft gegenüber zu Treue und Sorgfalt verpflichtet sind. Analog zu Deutschland obliegt jedoch die Durchsetzung der Ansprüche der Gesellschaft selbst. Klagen kommen in diesem Zusammenhang selten vor, weil die vermeintlich haftenden Geschäftsführer an der Entscheidungsfindung über eine mögliche Klage selbst mitwirken können.[300] Um dies zu vermeiden, kann in einem Verfahren auf proaktiven Antrag des Wirtschaftsministeriums (Department of Trade and Industry) ein Geschäftsführer einer insolventen Gesellschaft gemäß des Company Directors Disqualification Act aus dem Jahr 1986 (CDDA) mit einem Berufsverbot von

[298] Vgl. Art. 15 Abs. 1 Kap-RL.
[299] Vgl. Abschnitt 3.2.3, S. 79.
[300] Vgl. *Bicker* (2007), S. 136.

zwei bis 15 Jahren belegt werden, sofern der Geschäftsführer „unfähig" (unfitness) war, die Gesellschaft zu leiten.[301]

Die Regelungen des CDDA werden von den Behörden konsequent angewendet (siehe Tabelle 5, sodass durch die stringente Anwendung dieser ex-post Maßnahme bereits ex-ante eine Präventivwirkung zugunsten des Gläubigerschutzes entsteht. Diese starke ex-post Sanktionierung mittels eines Berufsverbotes ist ein Alleinstellungsmerkmal des englischen Systems.[302]

3.2.5 Der Jahresüberschuss des Einzelabschlusses im Konzernverbund

3.2.5.1 Der Zweckpluralismus des Einzelabschlusses und die Gestaltbarkeit des Ergebnisses im Konzern

Der Rechnungslegung im Jahresabschluss einer Gesellschaft kommen zwei Funktionen zu: Zum einen die Informationsfunktion, die gegenüber Anteilseignern, künftigen Anteilseignern und auch Fremdkapitalgebern, Kunden und Lieferanten die wirtschaftliche Lage der Gesellschaft darstellt und diesen als Basis für deren Investitions- und Desinvestitionsentscheidungen liefert.[303] Im internationalen Sprachgebrauch wird dies auch als „decision usefulness" bezeichnet. Wie bereits in Abschnitt 3.2.2.2 erläutert wurde, ist die Informationsfunktion des handelsrechtlichen Jahresabschlusses im Laufe der Zeit in den Hintergrund gerückt. Zum anderen kommt dem Abschluss die Ausschüttungsbemessungsfunktion zu Gute, welche die Gewinnermittlung und Auslegung der Rechnungslegungsregeln im deutschen Handelsrecht maßgeblich geprägt hat und die bis auf die jüngsten Änderungen durch das Bilanzrechtsmodernisierungsgesetz die Informationsfunktion weitestgehend verdrängt hat.[304] Dennoch wird durch § 264 Abs. 2 HGB auch die Informationsfunktion gesetzlich kodifiziert, indem der Jahresabschluss ein den tatsächlichen Verhältnissen entsprechendes Bild der Vermögens-, Finanz- und Ertragslage der Gesellschaft vermitteln soll. Ebenso zeigen die gesetzlich geforderten

---

[301] Vgl. *Davies* (2003), S. 211-219, eine Übersicht zum Strafmaß liefern *French/Mayson/Ryan* (2007), S. 681.

[302] Vgl. *Scholz* (2008), S. 141-143.

[303] Vgl. u.a. *Moxter* (1984a), S. 84 und *Coenenberg/Haller/Schultze* (2009), S. 16-17.

[304] Vgl. Abschnitt 3.2.2.3.

Publizitätserfordernisse (zuletzt durch das EHUG), dass auch der Informationsfunktion des Einzelabschlusses eine gewisse Bedeutung zuzumessen ist.[305]

Betrachtet man den Konzernabschluss, der bei kapitalmarktorientierten Gesellschaften gemäß § 315a Abs. 1 HGB nach IFRS aufgestellt werden muss, so wird diesem eine reine Informationsfunktion zugeschrieben. Aus gesellschaftsrechtlicher Sicht kommt dem Konzernabschluss keine entscheidende Bedeutung zu, und er wird daher auch als ein „rechtlich nicht existentes Gebilde“[306] bezeichnet. Der Konzernverbund besitzt auch keine eigenen Organe und ist somit ein rein „fiktives Konstrukt“.[307] Insbesondere bei der Gewinnverwendung wird rechtlich nicht auf das Konzernergebnis abgestellt, sondern auf den Jahresüberschuss der Muttergesellschaft. Dabei ist zu beachten, dass der Konzernabschluss die ihm zugedachte Informationsfunktion auch faktisch wahrnimmt und das Hauptkommunikationsinstrument gegenüber externen Adressaten ist. Dies ist rational, weil die Einzelabschlüsse alleine kein Gesamtbild des Konzernverbundes abgeben können.

Die Einzelabschlüsse der Unternehmen des Konzernes berücksichtigen nicht die wirtschaftliche Abhängigkeit im Unternehmensverbund. Je nach Ausmaß konzerninterner Transaktionen sinkt die Aussagefähigkeit des entsprechenden Einzelabschlusses. Um seiner Informationsfunktion gerecht zu werden, werden diese Vorgänge im Rahmen der Konsolidierung eliminiert. Dabei werden bei der Kapitalkonsolidierung Doppelzählungen beim Eigenkapital ausgebucht, bei der Schuldenkonsolidierung konzerninterne Forderungen und Verbindlichkeiten.

Auf die Ausschüttung bezogen sind die Auswirkungen vor allem bei der Aufwands- und Ertragskonsolidierung und der Zwischenergebniseliminierung auf den jeweiligen Jahresüberschuss relevant. Bei konzerninternen Lieferungen und Leistungen kann durch Preisgestaltungen eine gezielte Erfolgsverlagerung zwischen den Konzernunternehmen stattfinden.[308] Vor allem konzerninterne Dienstleistungen, die zwischen den einzelnen Gesellschaften abgerechnet werden, bieten hier Gestaltungsspielraum.[309] Im Konzernabschluss erscheinen diese Erfolge durch die Aufwands- und Ertragskonsolidierung nicht.

[305] Vgl. *Busse von Colbe* et al. (2010), S. 21.
[306] *Küting* (2010), S. 177.
[307] Vgl. *Baetge/Kirsch/Thiele* (2009b), S. 7.
[308] Vgl. *Pick* (1985), S. 105-107; vgl. *Ordelheide* (1987), S. 987-988.
[309] Vgl. *Hinz* (2002), S. 70-72.

Diese Transaktionen können zum einen zu einer Verlagerung innerhalb des Konzerns führen, wobei die Summe der Erfolge innerhalb der Periode gleich bleibt. Der über alle Konzerngesellschaften summierte Jahresüberschuss verändert sich dadurch nicht. Dies ist insbesondere bei sonstigen Leistungen der Fall, die bei einem Unternehmen zu einem Ertrag und bei dem anderen zu einem Aufwand führen. Zum anderen können sie sich auch erst in der Folge oder auch erst in späteren Perioden ausgleichen. Bei Lieferungen und Leistungen von Vermögenswerten kommt es dann zu Zwischengewinnen, die erst bei Abgang aus Perspektive eines Einheitsunternehmens realisiert werden dürften. Ist der Konzernverrechnungspreis höher (niedriger) als der Marktpreis kommt es zu einer Erfolgsverlagerung auf das liefernde (leistende) Unternehmen. Liegt der Bilanzstichtag zwischen Lieferung und dem Verkauf durch das erhaltende Unternehmen, so kann bei zu hohen Anschaffungskosten ein Wertminderungsbedarf (Niederstwerttest) auf den Marktwert entstehen. Aber selbst bei Verkäufen zum Marktwert oder auch darunter (zwischen Marktwert und Anschaffungs- oder Herstellungskosten) kommt es zu einer zeitlichen Vorverlagerung der Ertragsrealisation.[310] Aus Konzernsicht wird dadurch das Realisationsprinzip verletzt, wenn die Konzernverrechnungspreise über den Anschaffungs- und/oder Herstellungskosten liegen. Dadurch wird beim liefernden Unternehmen bereits ein (ausschüttungsfähiger) Ertrag ausgewiesen, der noch im Risiko des Konzerns steht und aus Konzernperspektive, die Sphäre der wirtschaftlichen Einheit noch nicht verlassen hat. Bei der Einzelgesellschaft können diese Zwischengewinne bereits ausgeschüttet werden oder, falls es ein Tochterunternehmen ist, dem Einflussbereich der Aktionäre der Muttergesellschaft entzogen werden.[311]

Auch dispositive Maßnahmen sind denkbar, die zu Erfolgsverlagerungen innerhalb des Unternehmensverbundes führen. Diese betreffen die sachliche und räumliche Programmpolitik des Konzerns. Beispielsweise können Waren zwar ohne Zwischengewinne geliefert werden, aber aufgrund der hohen Lagerhaltungskosten, entsteht dieser Aufwand bei einer anderen Gesellschaft. Ebenso können Entscheidungen über das Produktionsprogramm zu erheblichen Verlagerungen innerhalb einer Unternehmensgruppe führen. Erfolgen nicht immer unmittelbar marktgerechte Ausgleichszahlungen, dann haben diese Verlagerungen Bestand und wirken sich auf die Ertragslage der jeweiligen Gesellschaften aus.[312]

[310] Vgl. *Pick* (1985), S. 103-104.
[311] Vgl. *Busse von Colbe* (1988), S. 252 und *Debus* (1990), S. 11.
[312] Vgl. *Pick* (1985), S. 105-113

Die Gestaltungsmöglichkeiten, über die das Mutterunternehmen kraft seiner Leitungsmacht verfügt, führen zu einer Überlagerung der Einzelinteressen der Tochterunternehmen durch das Konzerninteresse.[313] Dadurch können Gläubiger und Minderheitsaktionäre der Tochterunternehmen und auch des Mutterunternehmens schlechtergestellt werden als bei nicht verbundenen Unternehmen[314] und „wegen dieser Art von Einflussmöglichkeiten verliert der Einzelabschluss eines Konzernunternehmens gegenüber dem Abschluss wirtschaftlich selbstständiger Unternehmen so stark an Informationsgehalt, dass er seine gesetzliche Informationsfunktion, ein den tatsächlichen Verhältnissen entsprechendes Bild der Vermögens-, Finanz und Ertragslage zu vermitteln (§ 264 Abs. 2 HGB), allein nicht mehr erfüllen kann.“[315] Um dennoch dem Informationsbedürfnis der Adressaten zu genügen, ist ein Konzernabschluss zu erstellen, indem einerseits die Positionen der Konzernunternehmen zusammengefasst werden und andererseits konzerninterne Einflüsse und Transaktionen eliminiert werden.[316] „Ein in dieser Weise ‘bereinigter’ Konzernabschluß ist geeignet, die Vermögens- und Ertragslage des Konzerns wiederzugeben und darüber hinaus wertvolle Hinweise für die Beurteilung des einzelnen Konzernunternehmens zu liefern.“[317] Das IASB nennt entsprechend in der Einleitung zu IAS 27 Consolidation folgendes Ziel: “The objective of IAS 27 is to enhance the relevance, reliability and comparability of the information that a parent entity provides in its separate financial statements and in its consolidated financial statements for a group of entities under its control.“[318]

Die ökonomische Vorteilhaftigkeit konsolidierter Abschlüsse im Hinblick auf die Entscheidungsrelevanz der Abschlussadressaten wird von empirischen Untersuchungen bestätigt, die im folgenden Abschnitt dargestellt werden.

3.2.5.2 Ökonomischer Gehalt der Ergebnisse des Einzelabschlusses

Um den Informationsgehalt von Rechnungslegungsdaten zu messen, wird im Rahmen von *value-relevance*-Untersuchungen ein direkter Zusammenhang zwischen Rechnungsle-

313 Vgl. *Ulmer* (1984), S. 396.

314 Vgl. *Busse von Colbe* et al. (2010), S. 23-24.

315 *Busse von Colbe* et al. (2010), S. 22.

316 Vgl. *Kropff* (1965), S. 436-437; IAS 27.20: “Intragroup balances, transactions, income and expenses shall be eliminated in full.“.

317 *Kropff* (1965), S. 437.

318 IAS 27.IN4.

gungsdaten und (langfristigen) Renditen hergestellt.[319] Dabei gibt es nur wenige Untersuchungen, die Konzernabschlüsse und Einzelabschlüsse separat betrachten. Eine mögliche Erklärung dafür dürfte die geringe Verfügbarkeit von Einzelabschlüssen in Datenbanken sein.[320]

Einen *value-relevance*-Ansatz wählen *Harris/Lang/Möller* (1994) in ihrer Untersuchung deutscher Unternehmen, die einer US-amerikanischen Kontrollgruppe gegenübergestellt werden. Die Differenzierung nach dem Grad der Konsolidierung zeigt, dass der Zusammenhang zwischen Unternehmenswert (Aktienpreis) beziehungsweise Unternehmensrendite und den publizierten Gewinnen für konsolidierte Abschlüsse am höchsten ist.[321] Die Autoren weisen auch auf mögliche Einschränkungen in der Interpretierbarkeit ihrer Ergebnisse hin, weil der Konsolidierungsgrad stark mit anderen Größen zusammenhängen kann wie beispielsweise der Unternehmensgröße und/oder der Aktionärsstruktur. Damit solche in den Modellen ausgelassenen, firmenspezifisch konstanten Variablen das Ergebnis nicht beeinflussen, werden in der Regel Methoden für Paneldaten verwendet.[322] Diese Verfahren werden von *Niskanen/Kinnunen/Kasanen* (1998) eingesetzt, welche die Ergebnisse stützen: „... that consolidation improves the information content of earnings, and the requirement to disclose parent-only earnings should be based on arguments other than their value-relevance to shareholders."[323] Die Autoren zeigen in ihrer Untersuchung von 35 finnischen Unternehmen in den Jahren 1982 bis 1989, dass es einen signifikanten Zusammenhang von konsolidierten Gewinngrößen und Renditen gibt, während die unkonsolidierten Ergebnisse insignifikant bleiben. Die Abschlüsse der Mutterunternehmen sind im Hinblick auf die Vermittlung entscheidungsnützlicher Informationen im Sinne von *value-relevance* nicht hilfreich, sie können jedoch aufgrund ihrer Ausschüttungsbemessungsfunktion noch Nutzen entfalten.[324]

Für spanische börsennotierte Gesellschaften finden *Abad* et al. (2000) ähnliche Ergebnisse. Mithilfe des Bewertungsmodells von *Feltham/Ohlson* (1995) zeigt sich für 425 Gesellschaften in den Jahren 1991-1997, dass unkonsolidierte Abschlüsse zwar relevant sind, aber die Relevanz von konsolidierten Abschlüssen deutlich höher ist. Auch

[319] Siehe hierzu auch die Kritik von *Holthausen/Watts* (2001).

[320] Vgl. *Niskanen/Kinnunen/Kasanen* (1998), S. 32.

[321] Vgl. *Harris/Lang/Möller* (1994), S. 189, 201.

[322] Vgl. *Wooldridge* (2006) - hier fixed-effects oder random-effects.

[323] *Niskanen/Kinnunen/Kasanen* (1998), S. 31.

[324] Vgl. *Niskanen/Kinnunen/Kasanen* (1998), S. 32: „... while solely relecting the parent company performance, are potentially informative to shareholders because of their linkage to dividends."

von den Autoren geführte Interviews mit Finanzanalysten bestätigen diese Ergebnisse auf anekdotischer Basis.[325] Aus entscheidungsnützlicher Perspektive lässt sich entsprechend ein Vorteil des konsolidierten Abschlusses im Hinblick auf die Darstellung der wirtschaftlichen Lage der Unternehmensgruppe bestätigen.

3.2.5.3 Informationsfunktion und Ausschüttungsbemessungsfunktion des Einzelabschlusses im Konzern

Die empirischen Ergebnisse des vorangegangenen Abschnitts 3.2.5.2 bestätigen die Überlegenheit von konsolidierten Abschlüssen hinsichtlich ihrer Wert- und Entscheidungsrelevanz. Der Zweck von Konzernabschlüssen besteht auch ausschließlich in der Bereitstellung entscheidungsnützlicher Informationen. Somit werden sie ihrem Zweck eher gerecht als ein unkonsolidierter Abschluss. Auf rechtlicher Ebene sind Konzernabschlüsse bereits von der Gewinnverteilung und auch steuerlichen Motiven unbeeinflusst. Dies gilt auch für konsolidierte Abschlüsse, die nach nationalen Vorschriften aufgestellt werden. Das Gleiche gilt für IFRS-Abschlüsse, deren Rechnungslegungszweck ebenfalls rein in der Bereitstellung entscheidungsnützlicher Informationen besteht. Dies gilt bereits für freiwillig ergänzend aufgestellte Einzelabschlüsse. Bei den durch den Konsolidierungsprozess bereits deutlich informativeren Konzernabschlüssen ist durch die Änderung des Rechnungslegungssystems eine weitere Verschiebung zugunsten der Informationsfunktion zu erwarten. Empirische Bestätigungen dafür sind in den Untersuchungen zur Erstanwendung der IFRS bei kapitalmarktorientierten Unternehmen zu finden.[326]

Der handelsrechtliche Abschluss, folgt man bereits den Ergebnissen von *Harris/Lang/Möller* (1994), liefert demnach weniger Informationsgehalt als Abschlüsse, die als alleinigen Zweck die Informationsvermittlung zur Aufgabe haben. Betrachtet man zuerst die Ebene des unkonsolidierten Jahresabschlusses einer Gesellschaft ohne Tochterunternehmen, so ist festzustellen, dass der handelsrechtliche Einzelabschluss seiner Ausschüttungsbemessungsfunktion nachkommt. So stellen auch *Leuz/Deller/Stubenrath* (1998) fest, dass die Ausschüttungsbegrenzungsfunktion im deutschen Gesellschaftsrecht so gestaltet ist, wie international übliche bilanzielle Ausschüttungsrestriktionen in Kreditverträgen. Diese Klauseln (so genannte *covenants*) sind bei den deutschen Unternehmen

[325] Vgl. *Abad* et al. (2000), S. 173-174.
[326] Vgl. u.a. *Daske* et al. (2008).

der Stichprobe nicht zu finden. Auch sind die vielen Anpassungen, die in der angelsächsischen Rechnungslegungswelt vorgenommen werden um einen ausschüttungsfähigen Gewinn zu erhalten, nicht notwendig.[327] Der Spagat zwischen Ausschüttungsbemessungs- und Informationsfunktionsfunktion des handelsrechtlichen Einzelabschlusses ist einseitig in Richtung Ausschüttungsbemessung verschoben.[328] Abschnitt 3.2.2.2 zeigt, dass sich diese Verschiebung zugunsten eines Rechnungslegungszweckes im deutschen Bilanzrecht entwickelt hat und demzufolge aufgrund der hohen Objektivierungserfordernisse und vorsichtigen Gewinnermittlung die mangelnde Informationsvermittlung akzeptiert wird.

Verlässt man die Ebene des Einzelabschlusses eines Unternehmens ohne Tochtergesellschaften und betrachtet den Jahresabschluss einer Gesellschaft, welche die Kontrolle über weitere Gesellschaften hat, hat sich im Hinblick auf die Informationsfunktion eine deutliche Verschiebung zugunsten des konsolidierten Abschlusses gezeigt, weil konzerninterne Transaktionen dazu geeignet sind, den Informationsgehalt des Jahresabschlusses der Muttergesellschaft stark einzuschränken — unabhängig vom jeweiligen Rechnungslegungssystem. Bei der Ausschüttungsbemessungsfunktion ist diese Frage nicht zu beantworten, weil dem Konzernabschluss gesellschaftsrechtlich keine Ausschüttungsfunktion zugutekommt. Er kann allerdings aufgrund seiner höheren Informationsfunktion zum informationellen Gläubigerschutz beitragen.[329]

Die beliebige Gestaltbarkeit des Ergebnisses der Muttergesellschaft beziehungsweise auch der kontrollierten Gesellschaften führt zu der Fragestellung, ob sich die Ausschüttung nicht auch am konsolidierten Ergebnis bemessen sollte.[330] Gerade für die Anteilseigner des Mutterunternehmens besteht die Gefahr, dass ihnen Teile des im Konzern erwirtschafteten Gewinnes entzogen werden, weil es aufgrund des Mehrheitsbesitzes des Mutterunternehmen an den Tochterunternehmen zu keiner Kompetenzabgrenzung im Sinne des § 58 Abs. 2 AktG bei der Gewinnverwendung kommt. Die anteilseignerschützende Wirkung der externen Rechnungslegung kann in diesem Fall nicht erfolgen.[331] Auch

---

[327] Vgl. Abschnitt 3.2.4.

[328] Vgl. hierzu u.a. *Hennrichs* (2008), S. 419.

[329] Vgl. Abschnitt 3.1. Damit die Fremdkapitalgeber sich adäquat schützen können, benötigen diese Informationen über das Unternehmen.

[330] Vgl. u.a. *Schenk* (1997), S. 158 und Abschnitt 3.2.5.1. Die Vermögens- und Erfolgsverlagerungen im Konzernverbund gefährden die Position der Gläubiger, der Minderheitsgesellschafter, aber auch der Anteilseigner des Mutterunternehmens.

[331] Vgl. Abschnitt 3.2.1, S. 67; vgl. *Ordelheide* (1987), S. 979, der in diesem Zusammenhang von Tochterunternehmen als „Spardosen" des Konzerns spricht.

die Gläubiger des Mutterunternehmens geraten in eine „strukturelle Nachrangigkeit“[332], falls eine verstärkte Gewinnthesaurierung bei Tochterunternehmen betrieben wird. Deren Ansprüche würden im Falle einer Insolvenz nachrangig gegenüber den Ansprüchen der Gläubiger der Tochterunternehmen behandelt werden.[333] „Nach geltendem Recht bleiben bei der Gewinnermittlung die internen Konzernzusammenhänge ebenso unberücksichtigt wie die Ausschüttungsansprüche der Anteilseigner und die Gläubigerinteressen an dem Konzernunternehmen.“[334]

Der Mangel an Informationsvermittlung, den der Einzelabschluss jenseits der Zugehörigkeit der aufstellenden Gesellschaft zu einem Unternehmensverbund bereits innehat, wird bei Zugehörigkeit zu einem Konzernverbund noch auf den ausschüttungsstatischen Hauptzweck der vorsichtigen Ermittlung eines ausschüttungsfähigen Gewinnes ausgedehnt. Daher wird im folgenden Abschnitt die Diskussion über mögliche Lösungsansätze dieser Problematik dargestellt, die sich in Ansätze, die an der Gewinnverwendung anknüpfen und solche, die bereits an der Gewinnermittlung anknüpfen, untergliedern lässt.

3.2.6 Der Konzernabschluss als regulatorischer Ausgangspunkt der Ausschüttungsbemessung

3.2.6.1 Ansatz an der Gewinnverwendung

In der juristischen Diskussion wird die Ausdehnung des § 58 AktG auf den Konzern thematisiert. Fraglich ist, ob die Kompetenzerweiterung von Vorstand und Aufsichtsrat des Mutterunternehmens bei der Rücklagenbildung ihrer Tochterunternehmen zulässig ist und § 58 AktG auch auf Konzernebene einzuhalten beziehungsweise auf diese auszudehnen ist.[335] Bereits in der Begründung zum Regierungsentwurf des Aktiengesetzes von 1965 schreibt *Kropff* im Hinblick auf das Bestehen von Einzelabschlüssen, der rechtlich selbstständigen Tochterunternehmen: „Das schließt nicht aus, daß zur Beurteilung einzelner Fragen, z.B. der Angemessenheit der Gewinnausschüttung, aus dem Konzernabschluss gewonnene Erkenntnisse mit zu berücksichtigen sind.“[336]

[332] *Hinz* (2002), S. 266.
[333] Vgl. *Hinz* (2002), S. 266.
[334] *Theisen* (2000), S. 478.
[335] Vgl. u.a. zur Diskussion *Götz* (1984) und *Goerdeler* (1986).
[336] *Kropff* (1965), S. 437.

Bei Tochtergesellschaften, für die kein Gewinnabführungsvertrag besteht, gibt es keine Besonderheiten. Wenn ein Gewinnabführungsvertrag existiert und es eine 100%-ige Tochtergesellschaft ist, gilt statt der gesetzlichen Regelung der Inhalt des Gewinnabführungsvertrages. Bei Beteiligung von Fremdgesellschaftern bleibt § 58 Abs. 2 AktG anwendbar.[337]

Aus Perspektive der Befürworter einer konzernweiten Anwendung von § 58 AktG auf die herrschende Gesellschaft existiert für diesen Bereich eine Regelungslücke. [338] Die diskutierten Vorschläge werden als „Anrechnungsmodelle“ bezeichnet, weil die Ergebnisse beziehungsweise die aus den Ergebnissen gebildeten Rücklagen der Tochterunternehmen bei der Konzernmutter angerechnet werden. Dadurch soll die Hauptversammlung bei ihren Thesaurierungsentscheidungen über 50% des Ergebnisses von Muttergesellschaft und allen abhängigen Konzernunternehmen ohne die Minderheitenanteile verfügen können.[339] Vorstand und Aufsichtsrat der Muttergesellschaft dürfen keine höheren Rücklagen bilden, als wenn der Konzern ein rechtlich selbstständiges Unternehmen wäre (Einheitsfiktion).[340]

Ausgangspunkt für die Gewinnverwendung ist jedoch nicht der Jahresüberschuss, der in einem (konsolidierten) Konzernabschluss ermittelt wird. Der Konzernjahresüberschuss wird nur als Vergleichsgröße herangezogen. Dabei ist zu unterscheiden, ob erstens der Konzernjahresüberschuss kleiner oder größer als der Jahresüberschuss der Muttergesellschaft ist und ob zweitens die Muttergesellschaft einen Verlust erwirtschaftet, während im Konzernabschluss ein Jahresüberschuss ausgewiesen wird und die Gewinne in den Tochtergesellschaften vollständig thesauriert werden. Für den zweiten Fall wird eine Verfügungsmöglichkeit der Anteilseigner der Muttergesellschaft verneint.[341] Im Ergebnis können so die Anteilseigner nicht davor geschützt werden, dass Tochterunternehmen als „Spardosen“ des Konzerns missbraucht werden.[342] Sind dagegen im ersten Fall Konzern- und Jahresüberschuss der Muttergesellschaft positiv und weichen voneinander ab, so stellt *Lutter* eine Formel für die maximale Einstellung in die Gewinnrücklagen bei der Muttergesellschaft auf: der geringere Betrag von der Hälfte des Jahresüberschusses des

---

337 Vgl. *Hüffer* (2010), § 58 AktG, Rn. 16.
338 Vgl. *Hüffer* (2010), § 58 AktG, Rn. 16-17.
339 Vgl. *Götz* (1994), S. 587.
340 Vgl. *Lutter* (1987), S. 340-348.
341 Vgl. *Götz* (1994), S. 592.
342 Vgl. Abschnitt 3.2.5.3, S. 94.

Mutterunternehmens und von der Hälfte der Jahresüberschusses aller Konzernunternehmen abzüglich bereits gebildeter Rücklagen.[343] Auch *Götz* differenziert nach dem Unterschied der Ergebnisse auf Konzern- und Einzelabschlussebene. Demnach darf der Konzernjahresüberschuss nur bei der Ergebnisverwendung berücksichtigt werden, wenn dieser den Jahresüberschuss des Mutterunternehmens übersteigt.[344] Mit diesen Ansätzen werden jedoch gerade die konzernspezifischen Risiken, die bereits in Abschnitt 3.2.5.1 erläutert werden, nicht berücksichtigt. Ein durch Zwischengewinne zu hoch ausgewiesener Jahresüberschuss beim Mutterunternehmen kann ausgeschüttet werden, obwohl aus Perspektive des Konzerns diese Gewinne noch nicht realisiert sind.

Trotz der vorangegangenen Diskussion bleibt es nach geltendem Recht bei einer Gültigkeit des § 58 AktG für jede Aktiengesellschaft unabhängig von der Zugehörigkeit zu einem Konzernverbund, weil das Gesellschaftsrecht den Konzern nicht als ein Unternehmen, sondern als fiktives Gebilde behandelt.[345] So ist „aufgrund der rechtlichen Selbstständigkeit der Konzernglieder eine konzerndimensionale Anwendung des § 58 Abs. 2 Satz 1 AktG nicht systemkonform möglich.“[346]

3.2.6.2 Ansatz an der Gewinnermittlung

Neben dem im vorangegangenen Abschnitt möglichen Ansatzpunkt an der Gewinnverteilungsrechnung kann auch an der Gewinnermittlung angesetzt werden, um den Beeinträchtigungen bei der Gewinnverteilung im Konzern zu begegnen. Die Konzernrechnungslegungsvorschriften gehen von einer wirtschaftlichen Einheit der Konzernunternehmen aus. Daher lässt sich aus ökonomischer Sicht eine Gewinnverwendung an den Konzernjahresüberschuss koppeln.[347] Insbesondere Gewinnverlagerungen innerhalb des Konzerns zulasten von Minderheitsgesellschaftern können so vermieden werden, weil einheitstheoretisch betrachtet die Minderheitseigner auch Eigenkapitalgeber am Konzern sind.[348] Das Konzernergebnis wird mittels eines Verteilungsschlüssels, basierend auf

[343] Vgl. *Lutter* (1988), Rn. 42.
[344] Vgl. *Götz* (1994), S. 592.
[345] Vgl. *Hüffer* (2010), § 58, Rn. 17; vgl. *Hinz* (2002), S. 272 mit weiteren Quellen.
[346] *Stollfuß* (2009), S. 223.
[347] Vgl. grundlegend *Pick* (1985).
[348] Vgl. *Böhm* (1979), S. 90-105.

den Kapitalanteilen am Konzern, auf die Tochterunternehmen verteilt.[349] Nachdem der Konzernjahresüberschuss auf die einzelnen Gesellschaften aufgeteilt ist, werden die jeweiligen Rücklagen anhand ihres Anteils am gewinnberechtigten Kapital gemäß § 58 Abs. 2 AktG gebildet. Über den verbleibenden Gewinn entscheiden dann ausschließlich die an den jeweiligen Tochterunternehmen beteiligten Minderheitsgesellschafter.[350]

Mit Ausrichtung auf den Gläubigerschutz wird von *Ordelheide* vorgeschlagen, das Konzernergebnis als Obergrenze bei der Ausschüttungsbemessung heranzuziehen.[351] Gefährdungspotenziale im Konzernverbund bestehen nicht nur für die Minderheitsgesellschafter und Gläubiger, sondern auch für Mehrheitsgesellschafter, die Anteilseigner am Mutterunternehmen. Für Fremdgesellschafter und Gläubiger fordert daher *Lehertshuber*, die Regelungen des Aktienrechts für Vertragskonzerne anzuwenden. Damit entfällt die Pflicht, Bilanzen auf Ebene der Tochtergesellschaften zu erstellen.[352] Ausschüttungsgrundlage bildet dann eine originär erstellte Konzernbilanz, an welche die §§ 58 und 174 AktG anknüpfen.[353] Dies ist auch unter Verwendung eines derivativ erstellten Konzernabschlusses möglich. In diesem Fall sind weitere Korrekturen vorzunehmen: Verlust- und Gewinnvorträge aus Vorperioden sind zu berücksichtigen, Einstellungen in die Rücklagen bei Tochterunternehmen zu bereinigen und ebenso sind Thesaurierungen bei at equity-Beteiligungen zu berücksichtigen. Das auf diese Weise ermittelte verteilungsfähige Konzernergebnis wird im Verhältnis der Marktwerte von Mutter- und Tochterunternehmen zum Konzerneintrittszeitpunkt den Tochterunternehmen zugerechnet.[354] *Busse von Colbe* befürwortet, den Konzernabschluss als Gewinnverwendungsgrundlage des Mutterunternehmens heranzuziehen im Hinblick auf die Gleichbehandlung mit einem Einheitsunternehmen. Konzernspezifische Besonderheiten und Risiken für die Anteilseigner des Mutterunternehmens können so vermieden werden.[355] Unbeachtet bleibt jedoch die Ebene der Tochterunternehmen und Fremdgesellschafter.[356]

In einer empirischen Untersuchung überprüfen *Linnhoff/Pellens* (1987), wie hoch der Anteil am Konzernerfolg ist, der den Eignern der Muttergesellschaft im Vergleich zu der

[349] Vgl. *Böhm* (1979), S. 160.
[350] Vgl. *Böhm* (1979), S. 192-193, 217.
[351] Vgl. *Ordelheide* (1987), S. 985.
[352] Vgl. *Lehertshuber* (1986), S. 57 und *Schildbach* (1993), S. 94.
[353] Vgl. *Lehertshuber* (1986), S. 181.
[354] Vgl. *Prantl* (1994), S. 323-327.
[355] Vgl. *Busse von Colbe* (1987), S. 64-76 mit entsprechenden Ergebniskorrekturen.
[356] Vgl. *Hinz* (2002), S. 283.

gesetzlichen Regelung zur Verfügung gestellt wird, die sich im Rahmen des § 58 Abs. 2 AktG nur auf den Erfolgsanteil der Muttergesellschaft bezieht. Untersucht werden große börsennotierte Kapitalgesellschaften mit einem Streubesitz, der größer als 25% ist. In der Stichprobe verbleiben damit 49 Gesellschaften, die 47% des gesamten Grundkapitals aller börsennotierten deutschen Gesellschaften repräsentieren, für den Untersuchungszeitraum von 1971 bis 1984.[357] Die Autoren beobachten, dass den Aktionären der Obergesellschaft durchschnittlich 68,5% der Konzernbemessungsgrundlage zur Entscheidung gestellt werden im Vergleich zu 78,8% der Bemessungsgrundlage aufgrund des Jahresabschlusses der Muttergesellschaft. Dies kommt einem Kompetenzverlust gleich, der sich jedoch, solange die 50%-Regelung nicht unterschritten wird, im Rahmen des § 58 Abs. 2 AktG bewegt.[358] Die auf den Konzernabschluss bezogenen Ausschüttungsquoten weisen jedoch eine höhere Streuung auf als die auf den Einzelabschluss der Muttergesellschaft bezogenen, sodass die Unternehmen einzeln betrachtet werden und eine Differenzierung gemacht, wird, ob die Konzernquote kleiner 50% oder größer 100% ist. Dabei liegt bei 14% der Gesellschaften die Konzernquote über alle Jahre und bei 63% in mindestens einem Jahr unter 50%. In diesen Fällen wurde den Anteilseignern ein Betrag auf der Hauptversammlung vorenthalten. Im umgekehrten Fall von Quoten, die größer als 100% sind, wird dem Konzern Substanz entzogen. Dies kam bei 84% der Unternehmen in mindestens einem Jahr vor und bei 20% der Unternehmen über den gesamten Zeitraum.[359] *Pellens* (1994) stellt für die Jahre 1988 bis 1990 ebenfalls eine deutlich geringere Ausschüttungsquote auf Konzernergebnisbasis mit rund 55% (statt 73,50%) fest. *Kühnberger/Schmidt* (1999) untersuchen 89 Unternehmen des DAX100 in den Jahren 1995 und 1996 und können die Ergebnisse bestätigen. Sie sind jedoch insgesamt niedriger, weil zusätzliche Korrekturen des Konzernergebnisses vorgenommen werden. Aufgrund der auch von *Kühnberger/Schmidt* (1999) beobachteten hohen Streuung der Konzernausschüttungsquoten nehmen sie eine Differenzierung vor. Die Ergebnisse sind in Tabelle 6 dargestellt.

Die Übersicht von Tabelle 6 zeigt, dass ein Großteil der Konzernausschüttungsquoten deutlich unter denen des Einzelabschlusses liegt. Entsprechend werden je nach Bereinigungsvariante bei über der Hälfte der Konzerne Ergebnisbeiträge der Entscheidungskompetenz von den Aktionären der Obergesellschaft entzogen.[360] Dies zeigt, „dass eine Novellierung des § 58 AktG dahingehend, dass das vom Konzern erwirtschaftete Jahreser-

[357] Vgl. *Linnhoff/Pellens* (1987), S. 995.
[358] Vgl. *Linnhoff/Pellens* (1987), S. 999.
[359] Vgl. *Linnhoff/Pellens* (1987), S. 1000-1003.
[360] Vgl. *Kühnberger/Schmidt* (1999), S. 1281.

Tabelle 6: DAX100 – Ausschüttungsquoten der Jahre 1996 (1995)

	Q=0%	0%<Q<50%	Q=50%	50%<Q<100%	Q=100%	Q>100%
EA	3 (6)	0 (2)	8 (9)	59 (56)	19 (16)	0 (0)
KA	3 (6)	50 (47)	0 (0)	30 (31)	0 (0)	6 (5)
KA[a] (ber.)	3 (6)	37 (37)	0 (0)	32 (32)	0 (0)	17 (14)
KA[b] (komp.)	3 (6)	18 (20)	0 (0)	34 (32)	0 (0)	34 (31)

Die Variable Q stellt die jeweilige Ausschüttungsquote dar. EA (KA) steht für Einzelabschluss (Konzernabschluss).

[a] Der Konzernjahresüberschuss ist zusätzlich um Einflüsse der Equity-Bewertung und aktive latente Steuern bereinigt.

[b] Der bereinigte Konzernjahresüberschuss der Vorzeile wird zusätzlich um Einflüsse unterlassener Firmenwertabschreibungen korrigiert, die aufgrund der Rücklagenverrechnung entstehen.

Quelle: *Kühnberger/Schmidt* (1999), S. 1280.

gebnis die Ausschüttungsgrundlage an die Anteilseigner des Konzernmutterunternehmens bildet, für viele Unternehmen zu signifikant veränderten Ausschüttungsbeträgen führen würde. In den überwiegenden Fällen würden sich die Ausschüttungsbeträge deutlich erhöhen. In einzelnen Fällen wäre aber auch eine Ausschüttungsverringerung zwingend geboten.“[361]

Die Vorschläge, die an der Gewinnermittlung ansetzen, stellen auf eine einheitstheoretische Betrachtung des Konzernes ab.[362] Der Konzern wird analog der Rechnungslegungskonzeption als wirtschaftliche Einheit verstanden, auf deren Basis die Residualansprüche der Eigenkapitalgeber beruhen. Auch Fremdgesellschafter sind vor diesem Hintergrund als Eigenkapitalgeber zu klassifizieren. Die Anteilseigner der herrschenden Gesellschaft werden durch die Anknüpfung an das Konzernergebnis vor Ergebnisverlagerungen geschützt. Auch die Minderheiten und Gläubiger der Tochterunternehmen werden dadurch geschützt und können einen zusätzlichen Schutz durch die diskutierte Ausweitung der Schutzregelungen von Vertragskonzernverhältnissen auf alle Konzernvarianten erhalten.[363]

---

361 *Pellens/Gassen/Richard* (2003), S. 312.

362 Dies bedingt eine gesellschaftsrechtliche Betrachtung als Einheitsunternehmen. Im Rahmen der Gewinnermittlung ist dann jedoch der Konzernjahresüberschuss um die Anteile der Minderheiten an dem Ergebnis zu korrigieren.

363 Vgl. *Theisen* (2000), S. 484-485, S. 485: „Den rechtlich innerhalb des Konzerns durch abweichende Verwendungsentscheidungen entstandenen Verpflichtungen ist durch Ausgleichs-

3.3 Zwischenfazit

Die vorangegangenen Kapitel haben gezeigt, dass Dividenden eine hohe Kapitalmarktrelevanz aufweisen, weil sie für die fundamentale Bewertung auf Seite der Investoren die maßgebliche Zählergröße sind. Von einem theoretisch-analytischen Standpunkt aus betrachtet, ist eine Regulierung nicht notwendig, wenn die Marktteilnehmer dazu in der Lage sind, sich über private Verträge zu schützen. Eine Regulierung kann dann sinnvoll sein, wenn sie die privatvertraglichen Vereinbarungen gleichsam abbildet. Weil die optimale Ausschüttungsbegrenzung jedoch vom Portfolio der Investitionsmöglichkeiten abhängig ist, kann eine effiziente Restriktion auch nur unternehmensindividuell erfolgen, um Fehlanreize zu vermeiden.

Trotz der theoretisch vorteilhaften unternehmensindividuellen Gestaltung von Ausschüttungsrestriktionen existieren in den meisten Ländern institutionelle Regulierungen zur Ausschüttungsbemessung. Die Bandbreite reicht von Regimen mit vielen Freiheitsgraden, wie dem traditionellen US-amerikanischen System (in beispielsweise Delaware) bis hin zum sehr restriktiven deutschen Gesellschaftsrecht, indem an einen vorsichtig ermittelten Jahresüberschuss angeknüpft wird, der zudem hohe Objektivierungsmaßstäbe aufweisen soll. Viele Regelungen haben aber durchaus Gemeinsamkeiten, wie beispielsweise Ausschüttungssperren von unrealisierten Gewinnen oder Grundsätze der Kapitalerhaltung. Die Ausschüttungsbemessung erfolgt anhand des Einzelabschlusses.

Aus Perspektive der Informationsvermittlung ist dieser nicht geeignet in einem Unternehmensverbund über die tatsächliche wirtschaftliche Lage zu berichten. Ein konsolidierter Abschluss enthält dagegen keine Gewinne, die aus Transaktionen innerhalb des Konzerns resultieren. Eine Bilanz zur Anreizsteuerung von *agency*-Konflikten muss freilich nicht auch der Informationsvermittlung dienen. Dennoch erscheint es theoretisch konsequent, eine effiziente Ausschüttungsbemessung auf Basis des Portfolios an Investitionsmöglichkeiten zu bestimmen, zu denen bei einer Konzernmuttergesellschaft auch die Projekte der Tochtergesellschaften zählen. Auch benötigen rationale Kreditgeber, die theoretisch-analytisch keinen institutionalisierten Gläubigerschutz benötigen, eine ökonomisch relevante Informationsbasis, um sich effizient zu schützen. Empirische Untersuchungen zeigen, dass sich auch in unternehmensindividuellen Kreditverträgen die Klauseln auf

zahlungen Rechnung zu tragen, da sich die Konzernführung das Organhandeln zurechnen lassen muss."

die konsolidierten Gewinne beziehen. Auch das kalifornische Gesellschaftsrecht bezieht sich explizit auf den Konzerngewinn. Das Aktienrecht hingegen hält auch nach einer jahrelangen Diskussion an der Ausschüttungsbemessung am Jahresüberschuss der Muttergesellschaft fest, obwohl bereits bei Einführung im Jahre 1965 auf die wirtschaftliche Sinnhaftigkeit eines Bezuges der Ausschüttungen auf den Konzernabschluss hingewiesen wird. Es verbleibt letztendlich eine empirische Frage, an welchem Abschluss sich die Unternehmen im Rahmen der rechtlich gesteckten Grenzen bei der Ausschüttungsbemessung orientieren. Dieser empirischen Fragestellung geht das folgende Kapitel nach.

4 Der Zusammenhang von Rechnungslegung und Dividenden bei deutschen börsennotierten Gesellschaften

4.1 Entwicklung der Untersuchungsfrage

4.1.1 Untersuchungsmethodik

Die in dieser Arbeit verwendete Untersuchungsmethodik basiert auf der Arbeit von *Lintner* (1956), der anhand der Ergebnisse einer Befragung sein sogenanntes *partial adjustment*-Modell zur Beschreibung der Dividendenpolitik entwickelt hat. Dabei untersucht er, welche Bestimmungsfaktoren in der Unternehmenspraxis die Änderungen von Dividendenzahlungen beeinflussen.

Lintner (1956) ist nicht der Erste, der die Determinanten der Ausschüttungspolitik analysiert. So existiert bereits eine verbale Beschreibung von *Alfred P. Sloan jr.* aus dem Jahr 1935. Der frühere Direktor von General Motors erklärt der *New York Times*, wie das Management die Höhe der Ausschüttungspolitik festlegt: „The directors of General Motors have consistently taken the position that there should be only two considerations in determining dividend action – first, earnings, which alone make dividends possible, present as well as future; second, the future (capital) needs of the business[...] it is usually not either desirable or even possible over the years to pass out all the earnings of a business; some should be set aside for[...] On the other hand, conditions do arise where it is entirely justifiable[...] to pay out in any one year more than that year's earnings. [...] a reduced volume of business releases working capital which can be made available to the stockholders for their use. [...] the problem of dividend policy is not always a simple one. A rate of dividend when once declared carries with it the desirability of continuity. The declaration must reflect not only the current condition of the business but there must be considered the future trend, especially with respect to prospective earnings and possible capital needs. [...]The most important point I want to make is that General Motors stockholders can rely upon the directors to pass on the largest possible share of the earnings consistent with the needs of the business."[364]

Diese Beschreibung der Dividendenpolitik und der maßgeblichen Treiber enthält bereits viele Elemente, die in der theoretischen Diskussion entwickelt wurden.[365] *Lintner* (1956) hat zu solchen Faktoren zwei bis fünf verantwortliche Manager von 28 ausgewählten US-amerikanischen Aktiengesellschaften befragt. Die Auswahl der Gesellschaften erfolgte anhand von 15 für die Ausschüttungsentscheidung potenziell maßgeblichen Faktoren, sodass sich jeweils drei Gesellschaften am linken und am rechten Rand der Verteilung befanden.[366] Als Ergebnis des Entscheidungsprozesses kann dann konstatiert werden, dass zuerst über die Notwendigkeit einer Änderung der bestehenden Dividende entschieden wird und danach über die Höhe, wobei diese von den im Vorjahr gezahlten Dividenden abhängig ist.

Aus Sicht der Manager wird von den Aktionären eine stabile Dividende bevorzugt, sodass eine Erhöhung nur dann angestrebt wird, wenn feststeht, dass diese nicht nur kurzfristiger Natur ist und in den Folgejahren nach unten korrigiert werden muss. So stellt *Lintner* (1956) ein Muster für Dividendenänderungen fest: Die Dividendenanpassungen erfolgen nur teilweise im Hinblick auf die Änderung laufender Gewinne verglichen mit deren Vorjahreswerten. In den nachfolgenden Perioden erfolgen dann partielle Anpassungen (die so genannten *partial adjustments*). Daraus ergibt sich eine verstetigte Dividendenpolitik, weil den Aktionären unterstellt wird, dass sie stabile Dividenden bevorzugen und Kürzungen gar bestrafen.[367] So liegt ein Hauptziel der partiellen Anpassungen in der Vermeidung von Dividendenkürzungen.[368] Diese Ansichten des Managements zur Dividendenpolitik werden durch *Fischer/Jansen/Meyer* (1975) auch für den deutschen Kapitalmarkt bestätigt.

Als Weiteres galt es zu klären, welche finanziellen Größen beziehungsweise Faktoren bei der Entscheidung herangezogen werden. Dabei sollte es wichtig sein, dass diese auch den

[364] *The New York Times* „Sloan Explains Dividend Policy" vom 12.09.1935, zitiert nach *DeAngelo/DeAngelo/Skinner* (2009), S. 101.
[365] Vgl. Hierzu Abschnitt 2.2.3.
[366] Vgl. *Lintner* (1956), S. 98-99.
[367] Vgl. Abschnitt 2.2.3 zur empirischen Bestätigung.
[368] Vgl. *Lintner* (1956), S. 100.

Aktionären zur Verfügung stehen, sodass diese in der Lage sind, die Ausschüttungspolitik nachzuvollziehen und erkennen zu können, dass es sich nicht um einen willkürlichen Prozess, sondern um das Ergebnis eines rationalen Entscheidungsprozesses seitens des Managements handelt. Als Hauptergebnis stellt *Lintner* (1956) fest, dass die Gewinne der Gesellschaft hier eine dominierende Rolle spielen. Andere Positionen der Finanzberichterstattung erscheinen eher ungeeignet, weil diese den Aktionären schlechter zugänglich seien und auch zusätzlicher Erläuterungen bedürfen. Daher dürfte auch die Akzeptanz der Ausschüttungsentscheidung durch die Aktionäre bei tendenziell eher schwer erklärbaren Faktoren deutlich geringer sein.

Der Gewinn, genauer gesagt der Nettogewinn – oder auf die Terminologie des HGB übertragen der Jahresüberschuss –, ist demnach der maßgebliche Faktor bei der Entscheidung des Managements, die Dividenden zu ändern.[369] Die Entscheidung über eine Dividendenänderung wird maßgeblich vom aktuellen Periodengewinn und der Dividende der Vorperiode bestimmt. *Lintner* (1956) beschreibt dann den Prozess der Entscheidung über die Ausschüttung: Zuerst haben die Unternehmen eine Zielausschüttungsquote (*target payout ratio*), die das langfristig angestrebte Verhältnis von Gewinnen und Dividende beschreibt. In jeder Periode werden dann die Dividenden in kleinen Schritten so angepasst, dass sie der Zielquote näher kommen. Dabei sind sowohl Zielquote als auch die Anpassungsgeschwindigkeit unternehmensindividuell. Die Anpassungsgeschwindigkeit (*speed of adjustment*) hängt dabei auch von weiteren Faktoren ab, wie beispielsweise dem Wachstumspotenzial, der Branchenzugehörigkeit, den Investitionsmöglichkeiten und dem Kapitalbedarf, aber auch von der Einschätzung der Manager über die Aktionärspräferenzen, die Konkurrenz und die Finanzierungsmöglichkeiten. Diese Ergebnisse der Untersuchung werden von *Marsh/Merton* (1987) wie folgt zusammengefasst:

1. Manager glauben, dass Firmen eine langfristige Zielausschüttungsquote haben sollten;

2. bei ihrer Entscheidung orientieren sich die Manager an der Veränderung der Dividende, nicht an ihrer Höhe;

3. eine Dividendenänderung wird normalerweise von einer großen unerwarteten und dauerhaften Änderung der Gewinne ausgelöst;

[369] Vgl. auch *Harkins/Walsh* (1971), S. 4 oder für Deutschland die Befragungsergebnisse von *Prokot* (2006), S. 212-214.

4. die meisten Manager versuchen, eine Dividendenänderung zu vermeiden, wenn es wahrscheinlich ist, dass diese Änderung in den Folgejahren rückgängig gemacht wird.

Anhand der Ergebnisse der Befragung leitet *Lintner* (1956) sein Anpassungsmodell zur Bestimmung der Änderung des Dividendenniveaus her. Die langfristige Zielausschüttung (Div^*) ist ein Teil des Nettogewinns (Jahresüberschusses) der Periode:

$$Div_{it}^* = r_i EARN_{it} \,. \tag{4.1}$$

Dabei beschreibt r_i in Formel 4.1 die Zielausschüttungsquote. Das Unternehmen wird die Dividende aber nur teilweise an die angestrebte Quote anpassen:

$$\Delta Div_{it} = Div_{it} - Div_{i,t-1} = a_i + c_i(Div_{it}^* - Div_{i,t-1}) + u_{it} \,. \tag{4.2}$$

In Formel 4.2 stellt c_i die Anpassungsgeschwindigkeit dar und u_{it} einen Fehlerterm. Die Anpassung des Ausschüttungsbetrages erfolgt nicht in voller Höhe in Richtung des langfristigen Ausschüttungszieles, sondern nur mit der Anpassungsgeschwindigkeit c_i. Der Wert für c_i liegt zwischen null und eins. Bei $c_i = 0$ erfolgen gar keine Anpassungen während bei $c_i = 1$ sofortige Anpassungen erfolgen. Setzt man Formel (4.1) in Formel (4.2) ein und ersetzt a_i mit α_i, $-c_i$ mit β_{1i} und $c_i r_i$ mit β_{2i} erhält man ein Regressionsmodell entsprechend *Lintner* (1956) – sein so genanntes *partial dividend adjustment model:*[370]

$$\Delta Div_{it} = \alpha + \beta_1 Div_{i,t-1} + \beta_2 EARN_{it} + u_{it} \,. \tag{4.3}$$

Das Modell weist im empirischen Test über die Jahre 1918 bis 1941 einen sehr hohen Erklärungsgehalt mit einem Bestimmtheitsmaß von $R^2 = 0,935$ auf. Im Untersuchungs-

[370] Vgl. *Lintner* (1956), S. 107, in der Version von *Fama/Babiak* (1968), S. 1133-1135 bzw. *Brav* et al. (2005), S. 503.

aufbau kann dieses Bestimmtheitsmaß jedoch durchaus aufgrund möglicher Aggregationseffekte kritisiert werden.[371] Lintner's Anpassungsgeschwindigkeit wird in Formel 4.3 durch $-\beta_1$ und die Zielausschüttungsquote durch $-\beta_2/\beta_1$ ausgedrückt.[372]

Das Modell ist in der Folgezeit bis heute ausführlich diskutiert worden. Dabei führt vor allem *Brittain* (1964) an, dass nicht der Periodengewinn, sondern der Cashflow der Periode heranzuziehen sei.[373] Weil Abschreibungen einen großen Einfluss auf den ausgewiesenen Gewinn in der Untersuchungsperiode der Nachkriegszeit haben, müsste der Cashflow eine wesentlich höherer Relevanz aufweisen: „Due to the exaggeration of the profit squeeze by liberalization of allowances, the cash flow model provides a better explanation of dividends since the interwar period."[374] Dies wird von *Fama/Babiak* (1968) nicht bestätigt.

Fama/Babiak (1968) verwenden unternehmensindividuelle Daten von 392 US-amerikanischen Unternehmen (Compustat) im Zeitraum von 1947 bis 1964. Sie untersuchen dabei unterschiedliche Varianten des Modells und erweitern das Modell um die Gewinne des Vorjahres. Folgende Modelle werden gestestet:

$$\Delta Div_{it} = \alpha + \beta_1 Div_{it-1} + \beta_2 EARN_{it} + u_{it}\,, \tag{4.4}$$
$$\Delta Div_{it} = \alpha + \beta_1 Div_{it-1} + \beta_2 EARN_{it} + \beta_3 EARN_{it-1} + u_{it}\,, \tag{4.5}$$
$$\Delta Div_{it} = \alpha + \beta_1 Div_{it-1} + \beta_2 EARN_{it} + \beta_3 EARN_{it-1} + \beta_4 A_{it} + u_{it}\,. \tag{4.6}$$

371 Vgl. *Laub* (1972).

372 Vgl. *Brav* et al. (2005), S. 503. Formel 4.2 kann auch so umgeformt werden, dass nicht die Veränderung der Dividenden, sondern die Dividendenhöhe die zu erklärende Variable ist. Entsprechend ändert sich dann die Berechnung der Faktoren.

373 Vgl. auch *Brittain* (1966).

374 Vgl. *Brittain* (1964), S. 286.

mit

ΔDiv_{it}	=	Veränderung der Dividende $(Div_{it} - Div_{it-1})$ pro Aktie
Div_{it-1}	=	Höhe der Dividende pro Aktie des Vorjahres
$EARN_{it}$	=	Jahresüberschuss pro Aktie
$EARN_{it-1}$	=	Jahresüberschuss pro Aktie des Vorjahres
A_{it}	=	Abschreibungen pro Aktie
u_{it}	=	Fehlerterm

Die Modelle werden zusätzlich jeweils in ihrer homogenen Form, ohne die Konstante α, getestet. *Fama/Babiak* (1968) schätzen die Parameter der Regressionsgleichungen für den Zeitraum von 1947 bis 1964 und führen dann eine Prognose für das Folgejahr 1965 durch und ermitteln die entsprechenden standardisierten absoluten und quadrierten Prognosefehler. Diese Prognosefehler sind für alle Modelle in ihrer homogenen Form geringer als mit der Konstanten. Eine Verbesserung der Prognosequalität ergibt sich durch Formel 4.5. Dieses Modell mit der Einbeziehung des Vorjahresgewinns weist von allen getesteten in seiner homogenen Form die niedrigsten Prognosefehler auf. Die Einbeziehung der Abschreibungen in Formel 4.6 bringt keine Modellverbesserung, sodass die höhere Relevanz des Cashflows abzulehnen ist. In den späteren Untersuchungen des Lintner-Modells wird daher ausschließlich auf den Periodengewinn abgestellt.[375]

Diese Ergebnisse werden in weiteren Untersuchungen bis heute bestätigt. So schreiben *Benartzi/Michaely/Thaler* (1997): „The conclusion we draw from this analysis is that Lintner's model of dividends remains the best description of the dividend setting process available."[376] Und der Periodengewinn hat einen erheblichen Einfluss auf die Entscheidung des Managements über die Anpassung der Dividenden.[377] Auch *Goergen/Renneboog/Correia da Silva* (2005) stellen für Deutschland fest, dass „net earnings are key determinants of the decision to change the dividend."[378] *Baker/Farrelly/Edelman* (1985) führen eine Befragung von 562 an der *NYSE* gelisteten Unternehmen durch. Sie bestätigen bereits die Ergebnisse von *Lintner* (1956) und stellen fest, dass die Befragten davon ausgehen, dass ihre Ausschüttungsentscheidung den Aktienkurs beeinflusst, ohne jedoch Ursachen zu nennen. Sie weisen ebenfalls auf mögliche Einschränkungen der

375 Vgl. *König* (1990), S. 16: „Tatsächlich wird in allen späteren Arbeiten zu diesem Problemkreis der Gewinn als Bezugsgröße verwandt [...]"
376 *Benartzi/Michaely/Thaler* (1997), S. 1032.
377 Vgl. *Heiden* (2002), S. 16.
378 *Goergen/Renneboog/Correia da Silva* (2005), S. 397.

Interpretierbarkeit der gefundenen Ergebnisse hin, weil erstens die Befragung durch Fragebögen und nicht direkt erfolgte und zweitens die Branche der Produktionsbetriebe nur eine sehr geringe Rücklaufquote hatte.[379] *Brav* et al. (2005) befragen insgesamt 256 Unternehmen. Ihre Ergebnisse bestätigen die Beobachtungen der früheren Untersuchungen. Das Management der Unternehmen ist bei seiner Ausschüttungspolitik sehr konservativ und vermeidet Kürzungen. Sie stellen fest, dass der Erklärungsgehalt des *partial adjustment models* abgenommen hat, und dass dies vorwiegend an dem in den letzten Jahren attraktiver gewordenen Aktienrückkäufen liegt, die dem Management mehr Flexibilität einräumen.[380]

Die Untersuchungsmethodik von *Lintner* beziehungsweise der darauf basierenden Modelle von *Fama/Babiak* (1968) findet auch in Untersuchungen am deutschen Kapitalmarkt Anwendung. Der folgende Abschnitt zeigt Untersuchungen für deutsche Gesellschaften, die zeigen, dass auch in diesem institutionellen Umfeld der dargestellte Untersuchungsansatz zu einer guten Beschreibung der Ausschüttungspolitik führt, und dass die Ergebnisse durchaus vergleichbar sind mit den vorwiegend anglo-amerikanischen Erkenntnissen.

4.1.2 Referenzuntersuchungen am deutschen Kapitalmarkt

Auch für den deutschen Kapitalmarkt wurden Untersuchungen durchgeführt, welche die Einflussfaktoren auf die Dividendenpolitik untersuchen. *Hort* (1984) bestätigt in seiner Untersuchung die Ergebnisse von *Lintner* (1956). Er betrachtet einen Zeitraum von 1961 bis 1975 mit insgesamt 1.478 Observationen. Die am deutschen Kapitalmarkt notierten Unternehmen vermeiden es ebenfalls, ihre Dividenden zu kürzen. Ebenso bestätigt er den Jahresüberschuss als maßgeblichen Einflussfaktor, der zum höchsten Erklärungsgehalt des Modells beiträgt,[381] während die Unternehmensgröße und die Eigentümerstruktur nicht weiter zum Erklärungsgehalt der Modelle beitragen. Damit bestätigt er die Vorjahresdividende und den Gewinn beziehungsweise den Jahresüberschuss als maßgebliche Determinanten der Ausschüttungspolitik.[382] Anders als *Hort* (1984) verwendet *König* (1990) den Bruttogewinn als Bezugsgröße, den er als Gewinn vor (Körperschafts-)Steuern

[379] Vgl. zur Interpretierbarkeit auch *König* (1990), S. 12.
[380] Vgl. *Brav* et al. (2005), S. 520.
[381] Vgl. *Hort* (1984), S. 174.
[382] Vgl. *Hort* (1984), S. 258 und Abschnitt 4.1.1 zum Gewinn als maßgeblichen Einflussfaktor auf die Dividendenentscheidung.

definiert. In seinem so genannten „naiven" Modell, welches nur die Beziehung von Dividende und Bruttogewinn abbildet, findet er keine signifikanten Ergebnisse.

Daraufhin testet er fünf Modelle: (1) das klassische Lintner-Modell, (2) das Lintner-Modell mit Investitionen, (3) das klassische (homogene) Fama/Babiak-Modell, (4) das Fama/Babiak-Modell mit konstantem Term und (5) das Fama/Babiak-Modell mit konstantem Term und Investitionen. Er verwendet Daten von 129 Aktiengesellschaften im Zeitraum von 1970 bis 1985. Im Unterschied zu *Fama/Babiak* (1968) ist nicht die Änderung der Dividende die zu erklärende Variable, sondern das Dividendenniveau.[383] Die Modelle weisen alle eine sehr hohe Anpassungsgüte (R^2) von 0,6098 (Modell (3)) bis 0,7361 (Modell (5)) auf. Allerdings sind die R^2 bei einer unterschiedlichen Anzahl von Variablen in dieser Form nicht vergleichbar und es müssten zumindest adjustierte R^2 verwendet werden.[384]

Als Ergebnis kann festgehalten werden, dass der Bruttogewinn ca. 10% der Dividende erklärt und die Vorjahresdividende ca. 50%, wobei sowohl der Vorjahresgewinn und die Investitionen nicht signifikant sind.[385] Er zeigt auch in einer Folgeuntersuchung, welche den gleichen Zeitraum und eine auf 120 Unternehmen reduzierte Stichprobe umfasst, dass die maßgeblichen Determinanten der Ausschüttungspolitik der Bruttogewinn und die Vorjahresdividende sind.[386] Er weist ebenfalls auf die Problematik des Modellansatzes hin, Vorjahresgewinn und Vorjahresdividende als unabhängige Variablen zu verwenden, weil diese hoch korreliert sind.[387]

Behm/Zimmermann (1993) untersuchen 32 deutsche kapitalmarktorientierte Unternehmen im Zeitraum von 1962 bis 1988. Sie wählen die größten Unternehmen aus, sodass ihre Stichprobe 54% der gesamten Marktkapitalisierung und 67% der gesamten generierten Umsätze im Dezember 1989 repräsentiert. Dabei bemängeln die Autoren insbesondere die nicht repräsentative Stichprobenauswahl der Vorgängeruntersuchung von *Hort* (1984) für den deutschen Kapitalmarkt.[388] Sie verwenden für ihre Untersuchung einen

---

[383] Vgl. *König* (1990), S. 24-32.

[384] Die in Abschnitt 4.3.2.2 durchgeführten Tests verwenden zusätzlich noch einen Test nach *Vuong* (1989) zur Bestimmung der Vorteilhaftigkeit zwischen den Modellen.

[385] Vgl. *König* (1990), S. 33-34.

[386] Vgl. *König* (1991), S. 1152. Angaben über die Änderung in der Stichprobe (von 129 auf 120) sind aus der Untersuchung nicht ersichtlich.

[387] Vgl. zu möglicher Multikollinearität *König* (1991), S. 1153.

[388] Vgl. *Behm/Zimmermann* (1993), S. 226.

Regressionsansatz gemäß Formel 4.4 und weisen darauf hin, dass sie analog *Fama/Babiak* (1968) „estimate the 'first difference' version. First differences should be preferred if the non-stationary process is large – also a higher explanatory power can be expected if levels are used.“[389] Sie verwenden zwei Gewinngrößen, zum einen den Jahresüberschuss, also eine Netto-Größe, und zum anderen den angepassten Gewinn der Deutschen Vereinigung für Finanzanalyse und Anlageberatung (*DVFA*). Sie begründen dies damit, dass der Gewinn möglicherweise ebenso „künstlich“ geglättet sein kann wie die Dividenden, und es sich damit nicht notwendigerweise um einen ökonomischen Gewinn handelt.[390] Die Ergebnisse bestätigen die früherer Untersuchungen zum Modell von *Lintner* (1956) im Hinblick auf den Erklärungsgehalt des Modells und der Koeffizienten. Im Ergebnis zeigt sich, dass keine eindeutige Vorteilhaftigkeit der *DVFA*-Ergebnisse im Vergleich zu den berichteten Jahresüberschüssen festzustellen ist. Ebenso ist ein Einfluss der Steuerreform von 1977 mit dem Übergang auf das Anrechnungsverfahren statistisch nicht signifikant. Abweichend von *Lintner* (1956) zeigen die Autoren, dass der Erklärungsgehalt eines Modells mit historischen Gewinnen ohne Berücksichtigung der Vorjahresdividenden noch steigt und dass möglicherweise viel Informationsgehalt der Vorjahresdividenden bereits durch die Vorjahresgewinne erklärt wird, sodass kein Zusammenhang mehr zu einer Anpassung an eine langfristige Zielausschüttungsquote besteht, wie ihn das Lintner-Modell vorsieht.[391]

In ihrer Untersuchung von 221 deutschen börsennotierten Gesellschaften im Zeitraum von 1984 bis 1993 analysieren *Goergen/Renneboog/Correia da Silva* (2005) die Entscheidung des Managements, Dividenden zu ändern. Die Autoren haben bewusst diesen Zeitraum ausgewählt, weil er zur Hälfte einen wirtschaftlichen Aufschwung und darauf folgend einen Abschwung beinhaltet. Sie schließen Finanzinstitute aus und decken 80% der Martkapitalisierung mit ihrer Stichprobe ab. In die Dividendenzahlungen sind Sonderausschüttungen eingeschlossen und sie verwenden sowohl einen um Steuereffekte korrigierten Jahresüberschuss als auch den Cashflow als Überschussgröße.[392] Zudem skalieren sie die Dividendenzahlungen mit der Anzahl der Stamm- und Vorzugsaktien, während die Gewinngrößen mit dem Buchwert des Eigenkapitals der Vorperiode skaliert

---

[389] *Behm/Zimmermann* (1993), S. 229.
[390] Vgl. *Behm/Zimmermann* (1993), S. 231-232.
[391] *Behm/Zimmermann* (1993), S. 249.
[392] Vgl. *Goergen/Renneboog/Correia da Silva* (2005), S. 380-383. Der Cashflow wird (unvollständig) approximiert durch den Jahresüberschuss zuzüglich der Abschreibungen und abzüglich der Veränderung der Rückstellungen.

werden. Sie stellen beim Einfluss von historischen, aktuellen und künftigen Gewinnen auf die Entscheidung, Dividenden zu ändern, fest, dass „net earnings are key determinants of the decision to change the dividend."[393] Der Jahresüberschuss ist dem Cashflow in den getesteten Modellen im Hinblick auf die Erklärungskraft der Dividendenpolitik überlegen. Obwohl die rechtlichen Regelungen in Deutschland bei der Bestimmung der Dividenden auf den Einzelabschluss abstellen, verwenden die Autoren Konzernabschlussdaten, weil sie diese für ökonomisch relevanter halten.[394] Im Gegensatz zu *Lintner* (1956) und den auf zahlreichen US-amerikanischen Studien basierenden Fakten zur Dividendenpolitik stellen die Autoren jedoch eine höhere Flexibilität deutscher Unternehmen fest, wenn es darum geht, die Dividendenzahlung in einem Verlustjahr komplett auszusetzen.[395]

Ebenso zeigt sich dieses Ergebnis in der Untersuchung von *Andres* et al. (2009), die deutsche börsennotierte Kapitalgesellschaften über die Jahre 1984 bis 2005 betrachten. Auch in dieser empirischen Studie wird anhand von Variationen des Modells von *Lintner* (1956) der Einfluss von Gewinnen, Cashflows und Vorjahresdividenden auf die Dividendenhöhe analysiert unter der Berücksichtigung neuerer ökonometrischer Methoden für Paneldaten. Die Ergebnisse bestätigen indes die Determinanten der Ausschüttungspolitik. Weil die aus den Modellen berechnete Zielausschüttungsquote jedoch weit unterhalb der beobachteten Quote liegt, schließen *Andres* et al. (2009), dass deutsche Unternehmen ihre Entscheidung nicht an einer langfristigen Zielquote ausrichten oder alternativ der bilanzielle Jahresüberschuss nicht die wirtschaftliche Gewinnsituation adäquat widerspiegelt. Nachdem Cashflows in das Modell integriert werden, spiegeln die Koeffizienten die beobachtete Ausschüttungsquote besser wider beziehungsweise sind als Zielausschüttungsquote berechnet näher an der tatsächlich beobachteten Ausschüttungsquote.[396]

Generell existiert jedoch in den letzten Jahren eine Neigung, Dividenden zu reduzieren. Für europäische Länder, einschließlich Deutschland bestätigen dies *Denis/Osobov* (2008) und *von Eije/Megginson* (2008), die feststellen, dass es einen positiven Zusammenhang von Ausschüttungen zur Publikationshäufigkeit und zum Firmenalter gibt. Es erfolgt eine Konzentration auf die großen und profitablen Unternehmen und die Neigung der Manager, Dividenden zu zahlen steigt mit dem Verhältnis thesaurierter Gewinne zum Nennkapi-

[393] *Goergen/Renneboog/Correia da Silva* (2005), S. 397.
[394] Vgl. *Goergen/Renneboog/Correia da Silva* (2005), S. 387-388.
[395] Vgl. *Goergen/Renneboog/Correia da Silva* (2005), S. 397.
[396] Vgl. *Andres* et al. (2009), S. 183-184.

tal.[397] Unabhängig von diesem Trend spielen nach wie vor die Gewinne beziehungsweise der Jahresüberschuss eine entscheidende Rolle bei der Dividendenentscheidung. So können die von *Lintner* (1956) beobachteten Ergebnisse großteils auf deutsche Kapitalgesellschaften und auch auf die letzten Jahre übertragen werden. Sein *partial adjustment model* liefert sehr robuste Ergebnisse und kann als weitreichend akzeptiert im Bereich der Beschreibung von Determinanten der Dividendenpolitik angesehen werden. Auch Befragungen jüngster Zeit zeigen, dass der Jahresüberschuss mit die größte Rolle bei der Entscheidungsfindung des Managements spielt.[398] Die unterschiedlichen Variationen der Modelle hinsichtlich der verwendeten Gewinngrößen zeigen jedoch, dass nicht alle Determinanten der Ausschüttungspolitik abschließend untersucht sind. In ihrer Untersuchung befragen *Pellens/Gassen/Richard* (2003) 261 börsennotierte Gesellschaften in den Segmenten DAX100, NEMAX50 und SMAX. Ausgewertet wurden letztlich 95 Fragebögen. Dabei war der Rücklauf deutlich von größeren Unternehmen geprägt, die im Durchschnitt eine rund vier Milliarden Euro höhere Marktkapitalisierung aufweisen konnten als die nicht antwortenden Gesellschaften. Entsprechend hoch, mit 67% war der Rücklauf der im DAX100 notierten Unternehmen, sodass generell die Stichprobe als nicht repräsentativ angesehen werden kann.[399] Auf einer Skala von eins (sehr groß) bis fünf (gar keine) beurteilen die Manager Fragen zur Dividendenpolitik. Bei der Frage zum Jahresüberschuss wird differenziert zwischen dem Konzernjahresüberschuss und dem Jahresüberschuss aus dem Einzelabschluss der Muttergesellschaft. Eine solche Differenzierung wurde bisher in den Untersuchungen zur Ausschüttungspolitik nicht vorgenommen. Als Ergebnis antworten 61 von 97 Befragten, dass der Konzernjahresüberschuss eine sehr große Rolle (1) spielt, während nur 34 von 97 Befragten beim Jahresüberschuss aus dem Einzelabschluss eine sehr große Rolle sehen. Betrachtet man nur die Dividenden zahlenden Unternehmen, so sind es 53 von 82 Unternehmen, die dem Konzernabschluss eine sehr große Rolle zusprechen (circa 64% der Befragten). Sie stellen zusammenfassend fest, dass die gesetzlichen Regelungen zur Ausschüttungsbemessung, die an den Einzelabschluss anknüpfen nur noch als Nebenbedingung betrachtet werden, steuerliche Aspekte keine Rolle spielen

---

397 Vgl. *Denis/Osobov* (2008), S. 80; vgl. *von Eije/Megginson* (2008), die diesen Zusammenhang nicht beobachten.

398 Vgl. *Prokot* (2006), S. 212.

399 Vgl. *Pellens/Gassen/Richard* (2003), S. 316. Die Autoren machen diese Feststellung selbst und sehen aber gerade diese Unternehmen im Mittelpunkt ihres Interessen und differenzieren in der folgenden Untersuchung nach Unternehmensgruppen / größen.

und im Rahmen der IFRS-Rechnungslegungspflicht auch die Regelungen des § 58 AktG infrage zu stellen sind.[400]

Die Überlegenheit konsolidierter Abschlüsse im Hinblick auf Prognoseeignung, Wertrelevanz, aber auch die Ausschüttungsentscheidung zeigen auch *Goncharov/Werner/Zimmermann* (2009), die dieser Fragestellung anhand einer Stichprobe von 210 deutschen börsennotierten Gesellschaften für den Untersuchungszeitraum von 1994 bis 2004 nachgehen. Die Auswirkungen auf die Dividendenentscheidung messen sie mittels eines *Lintner* (1956)-Modells. Dazu wird dieses separat für die beiden Gewinngrößen verwendet. Es zeigt sich, dass der Erklärungsgehalt des Modells mit Verwendung der konsolidierten Gewinne höher ist.[401] In einem weiteren Modell werden konsolidierter, unkonsolidierter Jahresüberschuss und die Vorjahresdividende auf die Dividendenänderung regressiert. Dabei ist der Koeffizient des Jahresüberschusses aus dem Einzelabschluss negativ und nicht signifikant. So kommen die Autoren zu dem Schluss, dass die Ausschüttungspolitik vom Konzernergebnis dominiert wird.[402]

Die Untersuchungen am deutschen Kapitalmarkt zeigen zusammenfassend ähnliche Erkenntnisse über die Ausschüttungspolitik wie die internationalen Untersuchungen. Dennoch zeigt sich bereits, dass diskutiert wird, ob die in den Modellen verwendete Gewinngröße, die dann zu Anpassungen bei der Ausschüttungshöhe führen soll, die wirtschaftliche Lage adäquat beschreibt oder andere Ergebnisgrößen dafür besser geeignet sind. Dabei sind insbesondere die handelsrechtlichen Regularien zu beachten, welche die Dividendenentscheidung an die Ergebnisse des Einzelabschlusses binden. Bis auf die Untersuchungen von *Pellens/Gassen/Richard* (2003) und *Goncharov/Werner/Zimmermann* (2009) wird dieser Fakt nicht berücksichtigt.

4.1.2.1 Zwischenfazit und Bildung der Hypothese

Das Kapitel 3 hat bereits gezeigt, dass die Ausschüttungsentscheidung einer Reihe gesetzlicher Regulierungen unterworfen ist. Der Ausgangspunkt zur Bestimmung ist der Einzelabschluss der (Mutter-)Gesellschaft. Der Einzelabschluss spiegelt allerdings im Konzernverbund nicht zwingend die wirtschaftliche Lage beziehungsweise Gewinnsi-

[400] Vgl. *Pellens/Gassen/Richard* (2003), S. 318-319, 328.
[401] Vgl. *Goncharov/Werner/Zimmermann* (2009), S. 356 und Tabelle 3.
[402] Vgl. *Goncharov/Werner/Zimmermann* (2009), S. 357.

tuation des Konzerns wider. Die Anteilseigner der Muttergesellschaft sind daher auch an einer umfassenderen Information, welche vor allem um interne Transaktionen bereinigt ist, interessiert. Abschnitt 3.2.6 stellt die sehr umfangreiche Diskussion dar, aus diesen Gründen die Ausschüttungen an die Konzernergebnisse zu binden, die auch für die Unternehmenseigner eine höhere Wertrelevanz aufweisen sollten.

Es verbleibt die Frage, „inwieweit diese Gewinnermittlungs- und Gewinnverwendungsregeln die Ausschüttungshöhen deutscher börsennotierter Aktiengesellschaften tatsächlich beeinflussen [.]“[403] Die Befragungsergebnisse belegen, dass der Konzernjahresüberschuss der Haupteinflussfaktor auf die Dividendenentscheidung ist. Ebenso zeigt die groß angelegte Machbarkeitsstudie von *KPMG* (2008), dass offenbar das Konzernergebnis und nicht das aus dem Einzelabschluss stammende Ergebnis maßgeblich für die Dividendenbestimmung beziehungsweise die Anpassungen der Ausschüttungspolitik verantwortlich ist. „[T]he starting point for the consideration of potential dividend levels is usually the consolidated statement. [...] The level of dividends is a political decision taken by the management of the parent company with the consolidated financial statement as starting point.“[404] Auch die Schutzgemeinschaft der Kapitalanleger (SdK) veröffentlicht Ausschüttungsquoten, die ausschließlich auf das Konzernergebnis bezogen sind.[405]

Ebenso wird die ökonomische Perspektive adressiert, dass „from an economic perspective, the reference to the group situation shows that the legal profit distribution concept which is based on the single legal entity, receives less consideration when discussing the actual level of dividends.“[406] Dies ist vor allem interessant, weil die Diskussion über die Änderung der Kapitalerhaltung in Europa und damit auch des Ausschüttungsregimes dieses Faktum nicht weiter in der Diskussion berücksichtigt.[407] Ebenso berücksichtigen die am deutschen Kapitalmarkt durchgeführten Studien nicht den rechtlichen Zusammenhang. So gehen *Goergen/Renneboog/Correia da Silva* (2005) und *Andres* et al. (2009) von Ergebnissen aus Konzernabschlüssen aus, weil „the dividend policy of the parent company is, in practice, determined after consideration of the annual consolidated accounts.“[408] Damit stellt sich die Frage, inwiefern der rechtliche Rahmen und die Verbindung zum

403 *Pellens/Gassen/Richard* (2003), S. 310.
404 *KPMG* (2008), S. 3.
405 Vgl. die Homepage der SdK www.sdk.org und die Abbildungen im Anhang.
406 *KPMG* (2008), S. 3.
407 *Pellens/Amshoff/Schmidt* (2009), S. 233.
408 *Andres* et al. (2009), S. 179.

Einzelabschluss noch eine Rolle bei der Dividendenentscheidung spielt. Bereits im Jahr 1994, als die damalige Daimler-Benz AG ihren Konzernabschluss auch nach US-GAAP aufstellte, wollte schon der damalige Finanzvorstand Gerhard Liener, „that its dividend was more closely related to the group's earnings."[409]

Dies führt zu der empirischen Frage, was die Dividendenentscheidung der Unternehmen mehr beeinflusst: der Konzernjahresüberschuss, der in den Umfragen und anekdotischen Beschreibungen bevorzugt wird, vor allem auch aufgrund seiner ökonomisch höheren Relevanz oder der Jahresüberschuss der Muttergesellschaft, an dem alle rechtlichen Konsequenzen zur Bestimmung der Ausschüttung anknüpfen. Basierend auf den Umfrageergebnissen zur Ausschüttungspolitik wird die folgende Haupthypothese getestet:

> Der Konzernjahresüberschuss besitzt eine höhere Relevanz bei der Bestimmung der Entscheidung über Dividendenanpassungen als der Jahresüberschuss der Muttergesellschaft.

Mit der Beantwortung dieser Frage wird die Lücke zwischen den Beschreibungen der Praxis, den Umfrageergebnissen und der empirischen Forschung geschlossen. Es können Argumente für oder gegen die Verwendung konsolidierter Daten als Determinanten für die Ausschüttungspolitik gefunden werden. Bisher wurden in den Untersuchungen die gesellschaftsrechtlichen Regelungen missachtet.[410] Dies ist sicher auch darauf zurückzuführen, dass erstens Einzelabschlussdaten schwieriger verfügbar sind und zweitens, dass die meisten Untersuchungen aus dem US-amerikanischen Umfeld stammen, in dem ein anderes Ausschüttungsregime vorherrscht, das nicht an einen Einzelabschluss gebunden ist.[411] Die dort vorwiegend unternehmensindividuellen Verträge stellen jedoch konzeptionell eine wesentlich effizientere Ausschüttungsbemessung dar[412] und nehmen konsequenterweise Bezug auf die konsolidierten Ergebnisse des US-GAAP Konzernabschlusses.

Healy/Palepu (1990) zitieren eine solche Restriktion, dass die *Golf & Western Industries, Inc.*, "may not pay cash dividends or acquire stock capital in excess of consolidated net income after December 31, 1965[.]"[413] Ebenso zeigt beispielsweise ein Kreditvertrag von

[409] *o.V.* (1994); siehe auch *Goergen/Renneboog/Correia da Silva* (2005), S. 376.
[410] Eine Ausnahme bildet die Untersuchung von *Goncharov/Werner/Zimmermann* (2009), die allerdings die Ausschüttungspolitik nur am Rande behandelt.
[411] Vgl. dazu Abschnitt 3.2.4.
[412] Vgl. Abschnitt 3.1.
[413] Vgl. *Healy/Palepu* (1990), S. 99.

Lennox International's folgende Klausel: „Consolidated NetWorth: The Borrower will not permit Consolidated NetWorth as at the last day of any fiscal quarter of the Borrower to be less than the sum of (a) $ 261,000,000, plus (b) 15% of its aggregate Consolidated Net Income (but only if a positive number) for the period beginning April 1, 1998 and ending at the end of each fiscal quarter thereafter."[414]

Weiterhin ist zu klären, ob dem Einzelabschluss gar keine Relevanz mehr zukommt, oder ob er als Ober- und Untergrenze noch eine Rolle spielt. Die Befragung von *Pellens/Gassen/Richard* (2003) zeigt, dass er als Nebenbedingung im Grenzbereich durchaus relevant ist, während ein erster empirische Tests von *Goncharov/Werner/Zimmermann* (2009) dem Jahresüberschuss der Muttergesellschaft die Relevanz abspricht, sobald ein Konzernjahresüberschuss in die Entscheidung einbezogen wird. Zuletzt ist von Interesse, ob es nicht weitere Faktoren gibt, die eine Verschiebung der Relevanz der einzelnen Ergebnisse auf die Ausschüttungsbemessung bewirken. So zeigen Untersuchungen aus Japan, wo lange Jahre die Einzelabschlüsse verpflichtend veröffentlicht werden mussten und diese auch vom Kapitalmarkt als Hauptinformationsquelle angesehen wurden, dass konsolidierte Abschlüsse einen höheren Informationsgehalt aufweisen.[415] Dieser Informationsgehalt hängt allerdings von einer *C/P-Ratio* ab, die konsolidierte Daten (C), wie beispielsweise die Umsätze, ins Verhältnis zu den Einzelabschlussdaten der Muttergesellschaft (P) setzt. Je höher die *C/P-Ratio* ist, desto höher ist die Wertrelevanz der konsolidierten Abschlüsse.[416] Dieser Einfluss ist durchaus auch im Ausschüttungskontext je nach Konzernstruktur denkbar.

4.1.2.2 Fallstudie des Daimler Konzerns

Am Beispiel des Daimler Konzernes kann der Zusammenhang von Ausschüttungspolitik und Konzern- beziehungsweise Einzelabschlussergebnissen deutlich gemacht werden. Da bereits mit der zitierten Aussage von Gerhard Liener 1994 die Ausschüttungspolitik stärker am Konzernergebnis ausgerichtet werden sollte, müsste dies auch in einer Fallstudie zu erkennen sein.[417] Betrachtet man in Tabelle 7 die Jahre 2007 und 2008 erkennt

[414] Vgl. *Beatty/Weber/Yu* (2008), S. 157.
[415] Vgl. *Shuto* (2009), S. 199-203.
[416] Vgl. *Ishikawa* (2000) zitiert nach *Shuto* (2009), S. 202.
[417] Vgl. *Radebaugh/Gebhardt/Gray* (1995) zu einer Fallstudie, welche die Umstellungseffekte von HGB auf US-GAAP sehr anschaulich darstellt.

man, dass der Konzernjahresüberschuss und der Jahresüberschuss der Daimler AG in beiden Jahren deutlich voneinander abweichen.

Tabelle 7: Bestimmung der Dividenden im Daimler-Konzern

		2008	2007
	Daimler Konzernjahresüberschuss	1.414	3.985
	Jahresüberschuss der Daimler AG	(332)	12.368
+	Gewinnvortrag	100	-
+	Entnahmen aus den Gewinnrücklagen	788	-
-	Einstellungen in die Gewinnrücklagen	-	(6.184)
=	Bilanzgewinn	556	6.184
-	Dividendenzahlung	(556)	(2.028)
-	Einstellungen in die Gewinnrücklagen (HV)	-	(4.156)
	Ausschüttungsquote (Konzern)	39,32%	50,89%
	Ausschüttungsquote (Muttergesellschaft)	n/a	16,40%

Quelle: *Hoppenstedt Bilanzen.*
Alle Werte sind in Millionen EUR angegeben.
HV steht für Hauptversammlung.

Das Konzernergebnis ist in beiden Jahren positiv, während der Jahresüberschuss der Daimler AG in 2007 mehr als das Dreifache des Konzernjahresüberschusses ausmacht und im Jahr 2008 dann negativ ist. Folgt man den gesetzlichen Regelungen zur Gewinnverwendung, ist der Jahresüberschuss der Muttergesellschaft der Ausgangspunkt. In der Aufstellung ist zu erkennen, dass das Management in 2007 entschieden hat, 50% des Jahresüberschusses in die Gewinnrücklagen einzustellen. Dieser Betrag (6.184 Mio. EUR) stellt gleichzeitig auch das gemäß § 58 AktG rechtliche zulässige Maximum dar, über welches die Unternehmensleitung die Verwendungskompetenz hat.[418] Daher werden im Jahr 2007 der Hauptversammlung (HV) weitere 4.156 Mio. EUR zur Einstellung in die Gewinnrücklagen vorgeschlagen, sodass ein ausschüttungsfähiger Bilanzgewinn von 2.028 Mio. EUR verbleibt. Im Folgejahr 2008 weist die Muttergesellschaft einen Verlust

[418] Dies ist der Regelfall. Siehe hierzu auch Abschnitt 3.2.1.

aus und zusätzlich zu einem Gewinnvortrag in Höhe von 100 Mio. EUR werden Gewinnrücklagen in Höhe von 788 Mio. EUR aufgelöst. Dies ergibt einen ausschüttungsfähigen Bilanzgewinn von 556 Mio. EUR.

Die Dividendenänderungen sind demnach nicht so stark ausgeprägt wie Änderungen der Jahresüberschüsse der Muttergesellschaft. Ein Blick auf die jeweiligen Ausschüttungsquoten zeigt, dass orientiert am Konzernergebnis (Einzelabschluss) in 2008 die Ausschüttungsquote 50,89% (16,40%) und in 2007 39,32% (-) beträgt. Diese kurzfristige Betrachtung legt die Vermutung nahe, dass eine Ausrichtung tendenziell am Konzernergebnis erfolgt ist.

Tabelle 8 veranschaulicht die Historie der Jahresüberschüsse und Ausschüttungen seit 1978. Die Daten stammen aus der *Hoppenstedt Bilanzen*-Datenbank und der Homepage des Daimler-Konzerns, auf der die Geschäftsberichte bis zum Jahr 1978 verfügbar sind. Die Ausschüttungsquoten lassen sich nur sinnvoll berechnen, wenn sie in Jahren mit einem negativen Jahresüberschuss auf null gesetzt werden.[419] Zu beachten ist, dass zur Zeit der Aussage des Finanzvorstands zur Anpassung der Dividendenpolitik eine Umstellung auf US-GAAP im Konzernabschluss erfolgte. Mit Einführung des § 315a HGB musste Daimler ab dem Berichtsjahr 2007 verpflichtend Konzernabschlüsse nach IFRS aufstellen.

Abbildung 3 verdeutlicht die Zahlen grafisch. Sehr auffällig dabei ist, dass bis zum Jahr 1988 wenige Veränderungen in den betrachteten Größen vorkommen. In den Folgejahren weisen die Quoten bereits eine höhere Varianz auf mit teilweise deutlichen Ausreißern aber auch größeren Anteilen der Dividende am Konzernerfolg. Eine mögliche Erklärung für diese erste Phase, die auch den Ergebnissen von *Linnhoff/Pellens* (1987) entspricht, ist die Aufstellung der Konzernabschlüsse nach dem AktG 1965; die ersten HGB 1985 Konzernabschlüsse wurden ab 1987 veröffentlicht.

Insgesamt zeigt Abbildung 3 ab dem Jahr 1990 ein Ansteigen der Ausschüttungsquoten. Die alleinigen Quoten besagen jedoch noch nichts über die Höhe der Ausschüttungen oder die Veränderung der zugrunde liegenden Gewinngrößen. Daher werden in Abbildung 4 die absoluten Größen dargestellt. Einige Jahre weisen sehr hohe Quoten auf, die in anderen Untersuchungen zu den Ausschüttungsquoten bei 2 gekappt werden.[420]

[419] Vgl. *Linnhoff/Pellens* (1987) oder *Kühnberger/Schmidt* (1999), die analog vorgehen.
[420] Vgl. zu diesem Vorgehen *Linnhoff/Pellens* (1987), *Pellens* (1994), *Kühnberger/Schmidt* (1999).

Tabelle 8: Daimler

Jahr	Dividende	Jahresüberschuss			Ausschüttungsquote	
		Konzern		Mutter-gesellschaft	Konzern	Mutter-gesellschaft
1978	124	303	HGB	242	0,41	0,51
1979	138	326	HGB	276	0,42	0,50
1980	152	563	HGB	291	0,27	0,52
1981	155	422	HGB	311	0,37	0,5
1982	179	471	HGB	351	0,38	0,51
1983	182	505	HGB	363	0,36	0,50
1984	182	564	HGB	364	0,32	0,50
1985	251	860	HGB	640	0,29	0,39
1986	259	903	HGB	718	0,29	0,36
1987	257	911	HGB	717	0,28	0,36
1988	257	870	HGB	707	0,30	0,36
1989	284	3.481	HGB	573	0,08	0,50
1990	285	918	HGB	573	0,31	0,50
1991	309	993	HGB	610	0,31	0,51
1992	309	742	HGB	2.655*	0,42	0,12
1993	191	314	HGB	199	0,61	0,96
1994	289	538	US-GAAP	289	0,54	1,00
1995	0	-2.929	US-GAAP	-3.363	0,00	0,00
1996	290	1.412	US-GAAP	664	0,21	0,44
1997	5.707	1.622	US-GAAP	2.963	3,52	1,93
1998	2.356	4.951	US-GAAP	8.272	0,48	0,28
1999	2.358	5.764	US-GAAP	1.389	0,41	1,70
2000	2.358	7.906	US-GAAP	739	0,30	3,19
2001	1.003	-706	US-GAAP	824	-1,42	1,22
2002	1.519	4.732	US-GAAP	6.294	0,32	0,24
2003	1.519	483	US-GAAP	-120	3,14	-12,66
2004	1.519	2.358	US-GAAP	-510	0,64	-2,98
2005	1.527	2.920	US-GAAP	1.606	0,52	0,95
2006	1.542	3.283	US-GAAP	689	0,47	2,24
2007	2.028	3.985	IFRS	12.368	0,51	0,16
2008	556	1.414	IFRS	-332	0,39	-1,67

Quelle: *Hoppenstedt Bilanzen* und Geschäftsberichte des Daimler Konzerns.
Die Ausschüttungsquote ergibt sich als Verhältnis von Dividende zum Jahresüberschuss.
Werte in Millionen EUR.
Für das Jahr 2006 gibt es einen IFRS- und einen US-GAAP-Abschluss. Ebenso existieren für die Jahre bis 1997 noch Konzernabschlüsse, die nach dem HGB aufgestellt sind.

* Der Jahresüberschuss stammt zum größten Teil aus einem außerordentlichen Ergebnis durch die Aufdeckung stiller Reserven. *Radebaugh/Gebhardt/Gray* (1995) stellen die Effekte aufgrund der Erstnotiz an der *NYSE* sehr ausführlich dar.

Abbildung 3 : Daimler Ausschüttungsquoten 1978 bis 2008

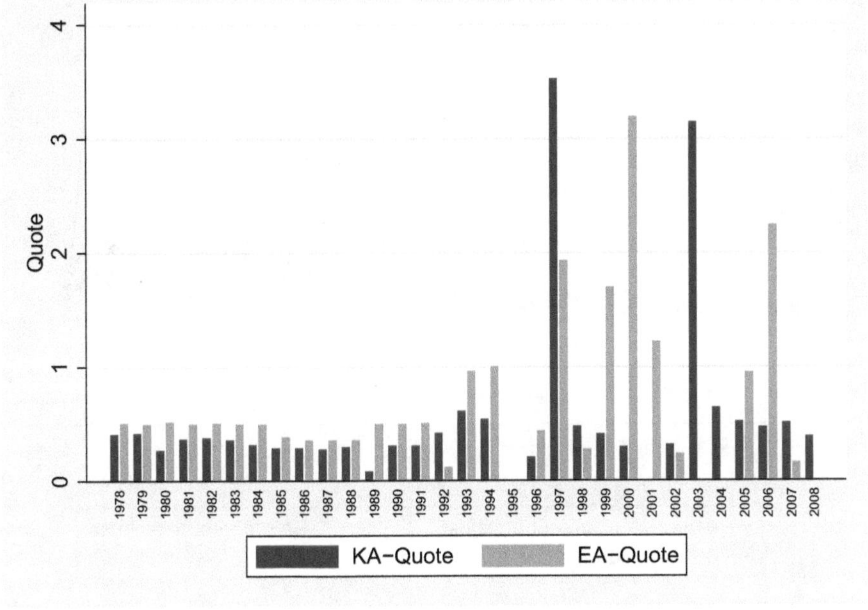

Quelle: Eigene Berechnung.
KA-Quote (EA-Quote) bezeichnet die Ausschüttungsquote bezogen auf den Konzernjahresüberschuss (Jahresüberschuss der Muttergesellschaft). Negative Quoten sind auf null gesetzt.

Dennoch wurden diese Dividenden in der Realität gezahlt, sodass bei Betrachtung eines einzelnen Unternehmens, wie in diesem Beispiel des Daimler Konzerns, nur die tatsächlichen Quoten die Ausschüttungen aus Sicht der Anteilseigner der Muttergesellschaft beschreiben können.

Bis zum Jahr 1988 verlaufen die Gewinn- und Dividendengrößen nahezu gleichgerichtet. Sehr deutlich zu erkennen ist aber, dass ab dem Jahr 1994 die Ergebnisentwicklung in Konzern- und Einzelabschluss wesentlich größeren Schwankungen unterliegt und auch die Ausschüttungen deutlich volatiler werden. Im Jahr 1995 wird sowohl im Konzern- als auch im Einzelabschluss ein Verlust ausgewiesen. In diesem Fall erfolgt auch keine Dividendenzahlung. Dieses Ergebnis wird auch von einer Untersuchung von *Goergen/*

Abbildung 4 : Daimler Gewinn- und Dividendenentwicklung von 1978 bis 2008

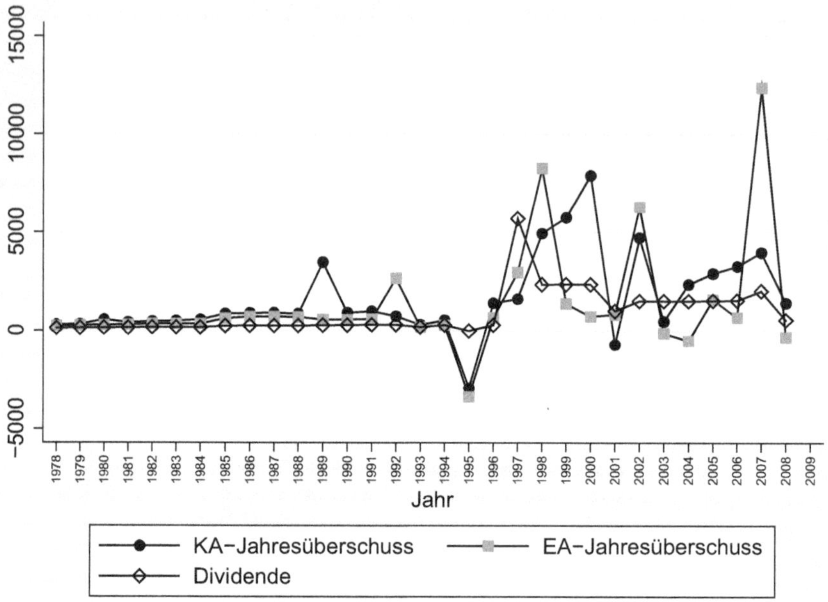

Quelle: *Hoppenstedt Bilanzen* und eigene Berechnung.
KA-Jahresüberschuss (EA-Jahresüberschuss) bezeichnet den Konzernjahresüberschuss (Jahresüberschuss der Muttergesellschaft). Werte in Millionen EUR.

Renneboog/Correia da Silva (2005) bestätigt, die deutschen Gesellschaften eine höhere Flexibilität zuspricht, weil sie feststellen, dass Dividenden in Verlustjahren auf null reduziert werden, obwohl eine Glättung der Dividenden durch eine Rücklagenauflösung möglich gewesen wäre.

Tabelle 9 zeigt in Panel A die durchschnittlichen Ausschüttungsquoten des Daimler-Konzerns über die gesamte Zeit von 1978 bis 2008. Betrachtet man das arithmetische Mittel, so ist zu erkennen, dass die Ausschüttungsquote auf Einzelabschlussbasis über die gesamte Zeit höher liegt, dass jedoch auch die Konzernquote über 50% liegt. Ein statistisch signifikanter Unterschied beider Quoten lässt sich über die Gesamtlaufzeit jedoch nicht feststellen (t-Wert: 0,4566).

Tabelle 9: Deskriptive Statistik - Veränderung der Ausschüttungsquoten des Daimler-Konzerns

Panel A: Ausschüttungsquoten 1978 bis 2008

		Ausschüttungsquote		
Zeitraum	N	KA	EA	KA - EA (p(|T|>|t|))
1978-2008	31	0,54	0,68	-0,13 (0,4566)
1978-1993 (I)	16	0,34	0,48	-0,14 (0,0030)
1994-2008 (II)	15	0,76	0,89	-0,13 (0,7337)
Diff. I-II (p(|T|>|t|))		0,1218	0,1084	0,9787

Panel B: Ausschüttungsquoten 1978 bis 2008 (bereinigt)[a]

		Ausschüttungsquote		
Zeitraum	N	KA	EA	KA - EA (p(|T|>|t|))
1978-2008	27	0,35	0,50	-0,15 (0,0617)
1978-1993 (I)	16	0,34	0,48	-0,14 (0,0030)
1994-2008 (II)	11	0,37	0,54	-0,18 (0,3686)
Diff. I-II (p(|T|>|t|))		0,6732	0,6524	0,7950

[a] Ausschüttungsquoten, die einen Wert aufweisen, der größer als 2 ist, wurden aus der Stichprobe genommen.
KA (EA) steht für Konzernabschluss (Einzelabschluss der Muttergesellschaft). (p(|T|>|t|)) weist die Werte eines zweiseitigen t-Tests aus.

Eine Aufspaltung des Beobachtungszeitraums in Periode I für die Jahre 1978 bis 1993 und Periode II für die Jahre 1994 bis 2008 zeigt in Panel A, dass in Periode I die Ausschüttungen auf Konzernbasis noch deutlich unter den Ausschüttungen auf Basis des Jahresüberschusses der Muttergesellschaft liegen. Diesen Mangel zeigen auch *Linnhoff/ Pellens* (1987) auf, worauf auch die Kritik der Autoren beruht. Die beiden Ausschüttungsquoten von Periode I sind statistisch signifikant auf einem 5%-Niveau unterschiedlich voneinander, bei einem hier angemessenen einseitigen t-Test sogar fast auf dem 1%-Niveau. Im Zeitraum von 1994 bis 2008 ist die durchschnittliche Ausschüttungsquote auf Konzernbasis wesentlich höher (0,76), und die Quote auf Einzelabschlussbasis ist ebenfalls deutlich gestiegen. Dieser Anstieg ist, wenn man einen einseitigen t-Test zugrunde legt, auf dem 10%-Niveau signifikant. Weil aber beide Quoten deutlich angestiegen sind, ist keine signifikante Änderung der Differenz der beiden Quoten zu beobachten („*difference in difference*"-Test mit einem t-Wert von 0,9787).

Auf bereinigter Basis (Panel B) ist das Ergebnis für Periode I zu bestätigen. In diesem Zeitraum sind die sehr starken Ergebnisschwankungen nicht zu beobachten. Ebenso zeigt der Gesamtzeitraum ähnliche Ergebnisse wie Panel A. In Periode II kann statistisch weder eine Änderung der jeweiligen Ausschüttungsquoten noch die Unterschiedlichkeit der Quoten untereinander bestätigt werden. Die bereinigten Quoten spiegeln jedoch auch nicht die wirkliche Partizipation der Aktionäre der Muttergesellschaft an den Ergebnissen wider.

Die Ergebnisse zeigen, dass die Ausschüttungen in der Zeit nach 1994 gestiegen sind. Dies sowohl in Bezug auf die Einzelergebnisse als auch in Bezug auf den Konzernjahresüberschuss. Insgesamt wurde in der zweiten Periode ein deutlich höherer Teil der im Konzern erwirtschafteten Gewinne an die Anteilseigner ausgeschüttet. Ob sich das Daimler-Management nun stärker bei der Dividendenentscheidung am Konzernergebnis orientiert, kann jedoch anhand der statischen Ausschüttungsquoten nicht abschließend beantwortet werden, weil dazu die Korrelation der Größen zueinander untersucht werden muss.

Tabelle 10: Korrelation von Gewinnen und Dividenden

Zeitraum	Variable	Dividende	KA-JÜ	EA-JÜ
1978-2008	Dividende	1,0000	(0,8165)	(0,6820)
	KA-JÜ	0,5325	1,0000	(0,6708)
	EA-JÜ	0,4406	0,5231	1,0000
1978-1993 (I)	Dividende	1,0000	(0,5350)	(0,6130)
	KA-JÜ	0,5350	1,0000	(0,1168)
	EA-JÜ	0,6130	0,1168	1,0000
1994-2008 (II)	Dividende	1,0000	(0,8654)	(0,6783)
	KA-JÜ	0,4027	1,0000	(0,6670)
	EA-JÜ	0,3612	0,4888	1,0000

KA-JÜ (EA-JÜ) steht für Konzernjahresüberschuss (Jahresüberschuss der Muttergesellschaft). Bereinigte Werte sind in Klammern dargestellt (Ausschüttungsquoten, die einen Wert aufweisen, der größer als 2 ist, wurden aus der Stichprobe genommen.)

Anhand von Tabelle 10 ist zu erkennen, dass bereits über den gesamten Zeitraum die Dividendenzahlungen eine höhere Korrelation mit den Konzernjahresüberschüssen aufweisen. In Periode I ist dies nicht der Fall, hier weisen die Jahresüberschüsse der Muttergesellschaft mit 0,6130 eine leicht höhere Korrelation mit den Dividenden auf als die Konzernjahresüberschüsse mit 0,5350. In Periode II, ab 1994, weisen die Konzernjahresüberschüsse eine höhere Korrelation auf. Betrachtet man die bereinigten Daten, so wird dies noch deutlicher. Die Konzernjahresüberschüsse (die Einzelabschlussjahresüberschüsse) sind mit 0,8654 (0,6783) mit den Dividenden korreliert. Diese Werte sind auf dem 5%-Niveau statistisch signifikant. Dennoch muss aufgrund der hohen Korrelation der beiden Gewinngrößen das Ergebnis vorsichtig interpretiert werden.[421] Dieser Zusammenhang lässt sich ebenfalls im Rahmen einer Regressionsanalyse untersuchen. Unter Verwendung eines „naiven" Modells mit Anpassungen an die Fragestellung ergibt sich ein einfaches Modell zur Beschreibung der Ausschüttung[422]:

$$\textbf{Modell 1:}\ Dividende = \beta_0 + \beta_1 KA\text{-}J\ddot{U}_t + \varepsilon_t \text{ und} \tag{4.7}$$
$$\textbf{Modell 2:}\ Dividende = \beta_0 + \beta_1 EA\text{-}J\ddot{U}_t + \varepsilon_t\,. \tag{4.8}$$

Dieses einfache Modell kann durch Vergleich der (adjustierten) Bestimmtheitsmaße einen Hinweis darauf geben, wie die Anpassungsgüte des Gesamtmodells ist. Ebenso lässt die Höhe der Koeffizienten erkennen, wie hoch der Einfluss der jeweiligen Variablen auf die Dividendenhöhe ist. Realistischer ist die Erweiterung des Modells, sodass beide Jahresüberschussgrößen in einem Modell sind, dies birgt entsprechend auch die bereits erwähnte Gefahr von Multikollinearität (Modell 3). Die Modelle 1 bis 3 werden jeweils für den Zeitraum von 1978 bis 1993 (Periode I) und 1994 bis 2008 (Periode II) getestet. Dieser Test kann auch in einem Modell mithilfe von Interaktionstermen durchgeführt werden. Dies geschieht in Modell 4.[423]

---

421 Vgl. Die durchgeführten Kollinearitätstests weisen nicht die Gefahr von Multikollinearität auf.

422 Vgl. zu einem naiven Modell der Dividendenbestimmung beispielsweise *Behm/Zimmermann* (1993).

423 Vgl. hierzu das Beispiel von *Wooldridge* (2006), S. 202-206.

$$\textbf{Modell 3:}\ Dividende = \beta_0 + \beta_1 KA\text{-}J\ddot{U}_t + \beta_2 EA\text{-}J\ddot{U}_t + \varepsilon_t \text{ und} \tag{4.9}$$

$$\begin{aligned}\textbf{Modell 4:}\ Dividende = &\beta_0 + \beta_1 KA\text{-}J\ddot{U}_t + \beta_2 EA\text{-}J\ddot{U}_t + \beta_3 Per_t \\ &+ \beta_4 Per_t * KA\text{-}J\ddot{U}_t + \beta_5 Per_t * EA\text{-}J\ddot{U}_t + \varepsilon_t\,.\end{aligned} \tag{4.10}$$

Die Ergebnisse der Regressionsanalyse sind in Tabelle 11 dargestellt. Vergleicht man die naiven Modelle 1 und 2, so ist zu beobachten, dass die in der Periode I das Modell mit den Jahresabschlussdaten der Muttergesellschaft einen höheren Erklärungsgehalt aufweist. Das adjustierte R^2 liegt für Modell 2 (Modell 1) bei 0,331 (0,235). Die sehr kleinen Zeitreihen lassen jedoch einen weitergehenden Modellvergleich wie beispielsweise einen Test nach *Vuong* (1989) nicht zu. In Periode II hat Modell 1 einen besseren Erklärungsgehalt, allerdings auf sehr niedrigem Niveau. Der Koeffizient des Konzernjahresüberschusses ist zudem höher und weist eine bessere t-Statistik auf. Die Ergebnisse deuten auf einen stärkeren Einfluss der Konzernabschlussdaten in Periode II hin.

Modell 3 beinhaltet sowohl den Konzernjahresüberschuss als auch den Jahresüberschuss der Muttergesellschaft als unabhängige Variable. In Periode I ist der Koeffizient des Konzernjahresüberschusses (KA-JÜ) kleiner (0,0395) als der Koeffizient des Jahresüberschusses der Muttergesellschaft (0,0609). Beide sind statistisch signifikant und das Modell weist einen guten Erklärungsgehalt mit einem adjustierten R^2 von 0,531 auf. In Periode II hat der Konzernjahresüberschuss einen doppelt so hohen Koeffizienten (0,149) als der Jahresüberschuss aus dem Einzelabschluss. Dieser ist zudem statistisch auf dem 10%-Niveau signifikant, während der Koeffizient des Einzelabschlussjahresüberschusses nicht mehr auf diesem Niveau statistisch signifikant ist. Insgesamt weist das Modell für die zweite Periode einen niedrigeren Erklärungsgehalt auf, was an der deutlich gestiegenen Volatilität der Modellvariablen in dem Zeitraum liegen kann.

Modell 4 in Tabelle 11 verdeutlicht den Einfluss der unterschiedlichen Perioden (I und II) auf die Koeffizienten. Die Koeffizienten von *KA-JÜ* und *EA-JÜ* zeigen den Einfluss dieser Größen in Periode I. In Periode II ist zuerst anhand von *Per* zu erkennen, dass es zu einem deutlichen Anstieg der Ausschüttungen in diesem Zeitraum gekommen ist. *Per*KA-JÜ* ist größer als *Per*EA-JÜ*. Der Einfluss des Konzernjahresüberschusses ist in der zweiten Periode entsprechend um diese Größe gestiegen. Die Interaktionskoeffizienten sind statistisch nicht signifikant, wobei der t-Wert von *Per*KA-JÜ* mit 1,37

Tabelle 11: Einfluss der Gewinne auf die Dividendenhöhe

	(1)		(2)		(3)		(4)	
	<1994	≥1994	<1994	≥1994	<1994	≥1994		bereinigt
KA-JÜ	0,0450**	0,202***			0,0395**	0,149*	0,0395**	0,0395**
	(2,25)	(3,31)			(2,65)	(1,90)	(2,64)	(2,59)
EA-JÜ			0,0668**	0,124*	0,0609***	0,0744	0,0609***	0,0609***
			(2,95)	(2,15)	(3,72)	(1,29)	(3,71)	(3,64)
Per							955,8**	453,0**
							(2,14)	(2,43)
Per*KA-JÜ							0,109	0,201***
							(1,37)	(3,22)
Per*EA-JÜ							0,0136	-0,0271
							(0,23)	(-0,89)
Konstante	182,7***	1131,1**	179,6***	1374,5***	150,7***	1106,5**	150,7***	150,7***
	(8,85)	(2,46)	(9,66)	(4,02)	(8,67)	(2,47)	(8,64)	(8,48)
Obs.	16	15	16	15	16	15	31	27
Adj. R^2	0,235	0,098	0,331	0,064	0,531	0,064	0,396	0,848

t statistics in parentheses

* $p < 0,1$, ** $p < 0,05$, *** $p < 0,01$

Abhängige Variable ist jeweils die Dividendenzahlung des Berichtsjahres. KA-JÜ (EA-JÜ) steht für den Konzernjahresüberschuss (Jahresüberschuss der Muttergesellschaft). Die Variable Per ist eine binäre Variable, die den Wert 0 annimmt für Jahre vor 1994 und 1 für Jahre nach 1994. Per*KA-JÜ und Per*EA-JÜ sind interagierte Variablen. Bei den bereinigten Werten in Modell (4) wurden Observationen mit Ausschüttungsquoten, die einen Wert aufweisen, der größer als 2 ist, aus der Stichprobe genommen. Die Standardfehler sind heteroskedastizitätskonsistent (*White* (1980)).

noch deutlich höher ist als der von *Per*EA-JÜ* mit 0,23. Die letzte Spalte von Tabelle 11 zeigt Modell 4, in welchem eine Ausreißerkorrektur analog *Linnhoff/Pellens* (1987) vorgenommen ist. Die Korrektur führt dazu, dass vier Observationen (1997, 2000, 2003, 2006) nicht berücksichtigt werden. Es ist zu beobachten, dass der Interaktionskoeffizient des Konzernjahresüberschusses (*Per*KA-JÜ*) deutlich positiv (0,201) und statistisch auf dem 1%-Niveau signifikant ist. Der Jahresüberschuss des Mutterunternehmens ist sogar geringfügig negativ aber statistisch insignifikant. Ein Wald-Test bestätigt auf dem 3%-Niveau, dass die beiden Interaktionskoeffizienten verschieden sind. Die Auswirkungen von Konzern- und Einzelabschlussjahresüberschuss sind insgesamt für Periode II durch Addition der Koeffizienten zu ermitteln. Die Hypothese, dass *KA-JÜ + Per*KA-JÜ* gleich *EA-JÜ + Per*EA-JÜ* ist, kann ebenfalls statistisch auf dem 3%-Niveau verworfen werden (Wald-Test, p-Wert 0,0175). Diese Ergebnisse bestätigen einen deutlich stärkeren Zusammenhang von Konzernergebnissen und Dividendenzahlungen im Zeitraum ab dem Jahr 1994.

Diese exemplarische Untersuchung des Daimler Konzerns hat gezeigt, dass sich die Aussage des damaligen Finanzvorstandes Gerhard Liener aus dem Jahr 1994, dass er sicherstellen möchte, „that its dividend was more closely related to the group's earnings...“[424], ex post messen lässt. Die Ergebnisse zeigen, dass sich die Ausschüttungspolitik des Konzerns gewandelt hat und es ingesamt höhere Ausschüttungen gibt als vor 1994, und dass die Dividenden einen höheren Anteil der im Konzernverbund erwirtschafteten Gewinne an die Anteilseigner des Mutterunternehmens weitergeben als früher.

Die Regressionsergebnisse zeigen zudem, dass der Zusammenhang von Konzernjahresüberschuss und Dividendenzahlungen signifikant angestiegen ist und die Ausrichtung der Dividendenentscheidung tatsächlich am Konzernjahresüberschuss erfolgt, auch wenn dieser nicht die rechtliche Grundlage darstellt.[425] Diese Aussagen und Ergebnisse anhand einer Fallstudie lassen sich nicht auf alle Konzerne übertragen. Ebenso ist nicht auszuschließen, dass das zeitliche Ansteigen nicht ausschließlich auf Konzernergebnissen beruht, sondern Teil eines zeitlichen Trends oder anderer Faktoren ist (die hohe signifikante Konstante in den Modellen wäre ein Indiz dafür).

Diese Fragen lassen sich erst bei der Untersuchung von Querschnittsdaten beziehungsweise Querschnittsdaten mit mehreren Beobachtungszeitpunkten (Paneldaten) beantworten.

---

[424] *o.V.* (1994); siehe auch *Goergen/Renneboog/Correia da Silva* (2005), S. 376.

[425] Vgl. die Aussagen zur Relevanz der Konzernergebnisse in Abschnitt 4.1.2.1.

Daher erfolgt in den nachstehenden Abschnitten eine umfangreiche Untersuchung zu den Einflussfaktoren auf die Ausschüttungspolitik am gesamten deutschen Kapitalmarkt.

4.2 Stichprobenauswahl und Variablen

Die in dieser Arbeit betrachtete Stichprobe umfasst alle börsennotierten Gesellschaften, die an einem organisierten Markt im Sinne des § 2 Abs. 5 WpHG (Wertpapierhandelsgesetz) zugelassen sind. Die Daten stammen aus der *Hoppenstedt*-Bilanzdatenbank, die eine der umfassendsten und detailliertesten Quellen für deutsche Rechnungslegungsinformationen darstellt. Sie umfasst 2,7 Millionen Jahresabschlüsse von circa einer Million Gesellschaften.[426] Dabei sind sowohl Daten aus den Konzernabschlüssen als auch aus den entsprechenden Einzelabschlüssen der Muttergesellschaften verfügbar, in einem sehr hohen Detaillierungsgrad, der normiert ist, sodass die Informationen untereinander vergleichbar sind. Die Daten stehen ab dem Jahr 1987 zur Verfügung. So umfasst die gesamte Stichprobe alle in der Bilanzdatenbank als „börsennotiert" gekennzeichneten Gesellschaften im Zeitraum von 1987 bis einschließlich 2006. 1987 ist als Anfangsjahr zudem sehr gut geeignet, weil in diesem Jahr erstmals so genannte „Weltabschlüsse" nach dem HGB 1985 aufzustellen sind, die alle Tochterunternehmen umfassen.[427] Dadurch ist eine gewisse Vergleichbarkeit im Querschnitt gewahrt, weil davon auszugehen ist, dass die Ergebnisse vollständig im Hinblick auf die Regelungen der §§ 290 und 294 Abs. 1 HGB sind.

Die gesamte Stichprobe umfasst 20.326 Observationen von börsennotierten Gesellschaften. Dabei stellt eine Observation einen Jahresabschluss oder Konzernabschluss dar. Entsprechend interessieren in der Untersuchung nur Unternehmen, bei denen sowohl für die Muttergesellschaft der Einzelabschluss als auch der Konzernabschluss vorliegen. Dies stellt entsprechend mindestens zwei Observationen dar. Weil dies nicht in allen Fällen gegeben ist, entsteht nach der Zuordnungsprozedur eine Ausgangsstichprobe von 8.000 Unternehmen, für die beide Abschlussdaten vorliegen (mindestens zwei Abschlüsse im Geschäftsjahr: mindestens ein Konzernabschluss und mindestens ein Einzelabschluss).

[426] Vgl. http://www.bilanzen.de/produktinfo.html.

[427] Vgl. *Harris/Lang/Möller* (1994) zur Vergleichbarkeit und *Linnhoff/Pellens* (1987), die ausschließlich Abschlüsse nach dem AktG 1965 vergleichen.

Tabelle 12: Beschreibung der Stichprobe

	Firmen-Jahres Beobachtungen
Observationen mit Konzern- und Jahresabschlussinformation für 1987-2006	8.000
Fehlende Dividendenangaben (fehlende Werte)	-1.118
Doppelobservationen wegen unterjähriger Berichte	- 45
Doppelobservationen wegen Rechnungslegungswechsel	- 584
Stichprobe	6.253
Observationen ohne Dividendenzahlung	-2.553
Untersuchungsstichprobe (Dividendenzahler)	3.700

Insgesamt liefert die *Hoppenstedt*-Bilanzdatenbank 20.326 Beobachtungen für den Untersuchungszeitraum. Die Tabelle enthält nur noch Observationen, für die einem Mutterunternehmen auch ein Konzernabschluss zugeordnet werden kann. Dabei sind zwei Fälle denkbar, die zu Differenzen führen können: Erstens kann es Muttergesellschaften geben, für die es keinen Konzernabschluss gibt und zweitens kann ein Konzernabschluss in der Datenbank erfasst sein, ohne den dazugehörigen Jahresabschluss der Muttergesellschaft.

Tabelle 12 gibt einen Überblick zur Entwicklung der Stichprobe. Von dieser Grundgesamtheit werden die Observationen abgezogen, für die keine Dividendeninformationen verfügbar sind. Bei 1.118 Observationen sind die Angaben zu den Dividenden als fehlend gekennzeichnet, wobei unklar ist, ob es sich um eine ausgelassene Angabe handelt oder ob keine Dividende in diesem Jahr gezahlt wurde. Die 8.000 Observationen enthalten nicht zwingend jeweils einen Konzernabschluss und einen korrespondierenden Jahresabschluss der Muttergesellschaft mit gleichem Geschäftsjahr. Falls mehrfache Abschlüsse existieren, die die gleiche Rechnungslegung, aber unterschiedliche Stichtage haben, werden diese auf den 31.12. als Abschlussstichtag abgeglichen. Dadurch verringert sich die Ausgangsstichprobe um 45 Observationen. Eine weitere große Gruppe von Unternehmen bilden die Umsteller der Rechnungslegung ihres Konzernabschlusses. Die Pflichtumstellung zum Jahr 2005 von HGB auf IFRS führt dazu, dass in dem Übergangsjahr zwei Konzernabschlüsse verfügbar sind.[428] Von diesen geht ausschließlich

[428] Vgl. Abschnitt 3.2.2.3. Dieser Fakt, dass zwei Abschlüsse für den gleichen Zeitraum verfügbar sind, bietet interessante Untersuchungsfragen. Siehe hierzu beispielsweise *ICAEW* (2007) zum Wechsel der Rechnungslegung.

der IFRS-Konzernabschluss in die Stichprobe ein, was zu einer weiteren Reduktion der Stichprobe um 584 Beobachtungen führt.

Damit ergibt sich gemäß Tabelle 12 eine Stichprobe von 6.253 Beobachtungen, die jeweils Konzern- und Jahresabschlussdaten beinhalten. Eine in der Anzahl zunehmende Gruppe von Unternehmen stellen diejenigen dar, die keine Dividenden zahlen. Die Anzahl der Observationen mit den Unternehmen, die keine Dividenden zahlen, beträgt 2.553. Damit wird in 41% aller Beobachtungen keine Dividende ausgeschüttet. Die Abnahme der Dividendenzahlungen wird verdeutlicht in Tabelle 13. Die Abnahme der relativen Dividendenzahlungen bestätigt auch einen international zu beobachtenden Trend, der auch an der zunehmenden Nutzung von Aktienrückkäufen als Alternative zur Dividende liegt.[429] Wie sich diese Beobachtungen auf den Betrachtungszeitraum aufteilen, ist Tabelle 13 zu entnehmen. Als Dividendenzahlungen sind dem Beobachtungjahr, die tatsächlich gezahlten Dividenden für dieses Geschäftsjahr zugeordnet. Die gezahlten Dividenden müssen nicht mit dem Gewinnverwendungsvorschlag des Geschäftsberichts übereinstimmen, weil sie erst auf der Hauptversammlung im Folgejahr beschlossen werden.

Die Tabelle 13 zeigt die Aufteilung der gesamten Stichprobe nach der dem Konzernabschluss zugrunde gelegten Rechnungslegung. Dabei ist sehr deutlich zu erkennen, wie der Anteil der Rechnungsleger nach internationalen Standards in den letzten zehn Jahren zugenommen hat. Ebenso sind die Beobachtungen Dividenden zahlender Unternehmen aufgeführt. Sind es in den Jahren 1987 bis 1990 noch rund 90% aller Beobachtungen, so sinkt der Anteil in den 2000er Jahren auf 50 bis 60% aller Beobachtungen. Wie bereits *Goergen/Renneboog/Correia da Silva* (2005) feststellen, wird von deutschen Unternehmen in Verlustjahren die Dividendenzahlung ausgesetzt, was in anderen Ländern tendenziell seltener passiert. Daher ist die Gruppe an Observationen von nicht Dividenden zahlenden Unternehmen (2.533) ebenso eine wichtige Untersuchungsgruppe wie die Jahre mit Dividendenzahlungen (3.700). Die Forschungsfrage, was die Dividendenzahlung beeinflusst beziehungsweise ob Konzernjahresüberschüsse oder Jahresüberschüsse des Mutterunternehmens einen dominanten Einfluss auf die Ausschüttungsentscheidung haben, lässt sich indes nur bei Untersuchung von Dividendenzahlungen beantworten. Damit besteht die Stichprobe für die weitergehenden Tests der Ausschüttungspolitik im Rahmen der *partial adjustment*-Modelle in Abschnitt 4.3.2.2 aus 3.700 Observationen. In den einzelnen

[429] Vgl. z.B. *Fama/French* (2001).

Tabelle 13: Beobachtungen nach Jahren und Abschluss

					davon mit Dividendenzahlungen	
Jahr	US-GAAP	IFRS	HGB	Gesamt	Anzahl	Anteil
1987	0	0	104	104	91	0,88
1988	0	0	134	134	119	0,89
1989	0	0	158	158	139	0,88
1990	0	0	178	178	160	0,90
1991	0	0	195	195	157	0,81
1992	0	0	200	200	154	0,77
1993	0	0	209	209	153	0,73
1994	0	0	221	221	170	0,77
1995	0	0	238	238	173	0,73
1996	2	8	248	258	182	0,71
1997	7	25	249	281	192	0,68
1998	24	56	246	326	214	0,66
1999	62	98	240	400	240	0,60
2000	96	129	223	448	225	0,50
2001	104	168	201	473	215	0,45
2002	88	188	186	462	192	0,42
2003	73	233	182	488	205	0,42
2004	19	428	58	505	227	0,45
2005	7	470	31	508	246	0,48
2006	9	420	38	467	246	0,53
	491	2.223	3.539	6.253	3.700	0,59

Analysen kann die Anzahl der Beobachtungen darunter liegen, beispielsweise aufgrund einer Ausreißer-Korrektur auf dem 1%-Level der abhängigen Variable oder durch das Verwenden von Veränderungsvariablen, die eine Variable aus dem Vorjahr benötigen und damit ebenfalls eine Observation weniger zur Verfügung steht.

Die Stichprobe enthält Observationen aus allen verfügbaren Branchen. In manchen Untersuchungen, vor allem in den Untersuchungen zum deutschen Kapitalmarkt, sind Finanzinstitute von vornherein ausgeschlossen, „as these firms have different accounting policies."[430] Ein Ausschluss erscheint jedoch nicht angebracht, weil diese Unternehmen ebenso einen verteilungsfähigen Gewinn ermitteln und ebenso zusätzlich zu den Kon-

[430] *Andres* et al. (2009), S. 176.

zernabschlüssen rechtlich relevante Einzelabschlüsse erstellt werden müssen. Gerade bei Finanzinstituten können hier noch deutlichere Auswirkungen existieren als in Industrie- oder Handelsunternehmen. Das Management muss für diese Unternehmen genauso eine Dividendenentscheidung treffen. Abschnitt 4.3.1 gibt einen Überblick deskriptiven Überblick über die Stichprobe und die Dividendenpolitik und betrachtet dabei auch die Verteilung nach Branchenzugehörigkeit der untersuchten Unternehmen.

4.3 Empirische Ergebnisse

4.3.1 Deskriptive Analyse

Wie bereits in Abschnitt 4.2 im Rahmen der Herleitung des Stichprobenumfangs zu erkennen ist, ist die Stichprobe verteilt in 3.700 Beobachtungen, bei denen eine Dividendenzahlung für das jeweilige Berichtsjahr erfolgt und 2.553 Observationen, für die es keine Dividendenzahlung gibt. Die Unternehmen wurden unterteilt nach der ersten Ziffer des *Standard Industry Classification*-Codes (SIC-Code), welche den Hauptwirtschaftszweig kategorisiert. Tabelle 14 zeigt eine Übersicht der Hauptwirtschaftszweige.

Tabelle 14: Erste Ziffer der *Standard Industry Classification*-Codes (SIC-Codes)

SIC	Hauptwirtschaftszweig
0	Landwirtschaft, Forstwirtschaft, Fischerei
1	Bergbau, Rohstoffe, Hoch- und Tiefbau
2	Herstellung kurzlebiger Verbrauchsgüter
3	Herstellung langlebiger Gebrauchsgüter
4	Transport, Nachrichtentechnik, Versorgungsbetriebe
5	Großhandel, Einzelhandel
6	Finanzdienstleistungen
7	Andere Dienstleistungen
8	Gesundheit und Bildung
9	Staat, Regierung

Quelle: http://www.ehso.com/siccodes.php.

Diese Einteilung erlaubt einen groben Überblick über die Branchenverteilung der Stichprobe. Tabelle 15 weist die gesamten Beobachtungen und in Klammern die Beobachtungen mit zugehöriger Dividendenzahlung aus. Den Großteil der Beobachtungen machen die Herstellungsbetriebe aus. Am häufigsten kommen Branchen mit der Anfangsziffer 3 des SIC-Codes vor. Diese Hersteller langfristiger Gebrauchsgüter, wie beispielsweise die Automobilindustrie, zahlen in den letzten 10 Jahren der Zeitreihe deutlich seltener Dividenden. Die zweitgrößte Gruppe an Unternehmen (Anfangsziffer 2) stellen die Hersteller kurzfristiger Verbrauchsgüter dar, darunter fallen beispielsweise Textilhersteller, aber auch Pharmaunternehmen. Dienstleistungsbetriebe (Ziffern 6 und 7) zahlen ebenfalls seltener Dividenden, wobei dies am stärksten im Bereich der Anfangsziffer 7 ausgeprägt ist. In diesen Bereich fallen beispielsweise Dienstleistungsunternehmen aus dem Medien- oder IT-Bereich.

Die Beobachtungen aus Tabelle 15 stehen im Einklang mit internationalen Untersuchungen.[431] Die Anzahl der Dividenden zahlenden Unternehmen ist stark branchenabhängig. Gerade im Dienstleistungssektor der Informationstechnologie (Anfangsziffer 7) hat sich die Anzahl der Beobachtungen in der zweiten Hälfte des Untersuchungszeitraumes fast verzehnfacht. Demgegenüber ist die Anzahl der Beobachtungen von Dividendenzahlungen nur minimal gestiegen. Diese Beobachtung steht durchaus im Einklang mit der Theorie. Die Unternehmen im Informationstechnologie- und Medienbereich mit „large growth opportunities should avoid paying dividends. The significant costs associated with raising equity capital for these firms makes payments of dividends even more costly. Stated differently, in periods when a firm faces many good investment opportunities, a dividend reduction might not be such a bad idea.“[432]

Die stabilsten Branchen bei den Ausschüttungen sind über die Jahre der Agrar- und Landwirtschaftsbereich (Anfangsziffer 0) und die Bau- und Rohstoffunternehmen. 80-100% der Beobachtungen weisen Dividendenzahlungen auf. Diese sind jedoch auch von der Anzahl der Beobachtungen die kleinsten Branchen.

Insgesamt umfasst die Stichprobe (6.253 Beobachtungen) 770 Gesellschaften. Diese Zahl ist nicht konstant über die gesamte Laufzeit. Ebenso finden die Dividendenzahlungen nicht regelmäßig über die gesamte Laufzeit statt. So weisen beispielsweise 10 in der Datenbank enthaltene Unternehmen nur eine Zeitreihe von 11 zusammenhängenden

[431] Vgl. z.B. *Fama/French* (2001).
[432] *Allen/Michaely* (2003), S. 422.

Tabelle 15: Beobachtungen nach SIC-Klassifikation und Jahren

	SIC-Codes									
Jahr	0	1	2	3	4	5	6	7	8	9
1987	1 (1)	8 (7)	25 (24)	35 (31)	6 (5)	7 (6)	16 (11)	2 (2)	3 (3)	1 (1)
1988	3 (3)	8 (7)	34 (33)	46 (39)	8 (7)	10 (9)	19 (15)	2 (2)	3 (3)	1 (1)
1989	3 (3)	8 (8)	43 (41)	52 (44)	8 (7)	11 (10)	25 (19)	2 (2)	5 (5)	1 (0)
1990	2 (2)	8 (8)	45 (43)	62 (55)	9 (9)	14 (13)	27 (21)	4 (3)	6 (5)	1 (1)
1991	2 (2)	11 (10)	45 (42)	67 (54)	9 (7)	16 (12)	30 (20)	7 (4)	7 (5)	1 (1)
1992	2 (2)	11 (10)	43 (39)	74 (52)	8 (7)	16 (14)	34 (21)	6 (4)	5 (4)	1 (1)
1993	2 (2)	11 (10)	42 (36)	76 (48)	9 (6)	16 (14)	37 (22)	7 (6)	8 (8)	1 (1)
1994	2 (2)	11 (10)	44 (38)	79 (59)	10 (7)	19 (15)	40 (24)	6 (6)	8 (7)	2 (2)
1995	2 (2)	9 (7)	53 (46)	89 (63)	11 (9)	18 (13)	38 (19)	7 (6)	9 (6)	2 (2)
1996	3 (3)	8 (7)	54 (44)	92 (65)	11 (8)	23 (17)	41 (20)	10 (8)	14 (8)	2 (2)
1997	3 (3)	11 (7)	52 (40)	100 (74)	12 (9)	26 (21)	41 (19)	19 (10)	15 (7)	2 (2)
1998	3 (3)	11 (9)	58 (49)	100 (72)	15 (10)	29 (23)	38 (22)	44 (17)	26 (8)	2 (1)
1999	2 (2)	10 (9)	59 (47)	129 (95)	20 (13)	28 (22)	42 (24)	72 (16)	36 (12)	2 (0)
2000	3 (3)	9 (8)	59 (43)	137 (88)	21 (15)	36 (24)	46 (22)	102 (15)	33 (7)	2 (0)
2001	3 (3)	12 (7)	64 (42)	143 (85)	28 (16)	32 (21)	47 (21)	108 (11)	33 (9)	3 (0)
2002	3 (3)	9 (6)	60 (39)	144 (75)	27 (15)	32 (17)	48 (20)	103 (8)	34 (9)	2 (0)
2003	3 (2)	10 (7)	62 (40)	150 (73)	29 (15)	33 (18)	57 (28)	107 (14)	36 (8)	1 (0)
2004	3 (3)	10 (8)	66 (39)	156 (85)	35 (17)	30 (16)	62 (32)	109 (18)	33 (9)	1 (0)
2005	3 (3)	10 (9)	61 (39)	149 (91)	34 (19)	34 (21)	68 (36)	111 (19)	37 (9)	1 (0)
2006	3 (3)	10 (8)	65 (39)	135 (84)	35 (19)	32 (23)	57 (33)	91 (25)	38 (12)	1 (0)
	51 (50)	195 (162)	1.034 (803)	2.015 (1332)	345 (220)	462 (329)	813 (449)	919 (196)	389 (144)	30 (15)

Abbildung 5 : Gewinn- und Dividendenentwicklung von 1987 bis 2006

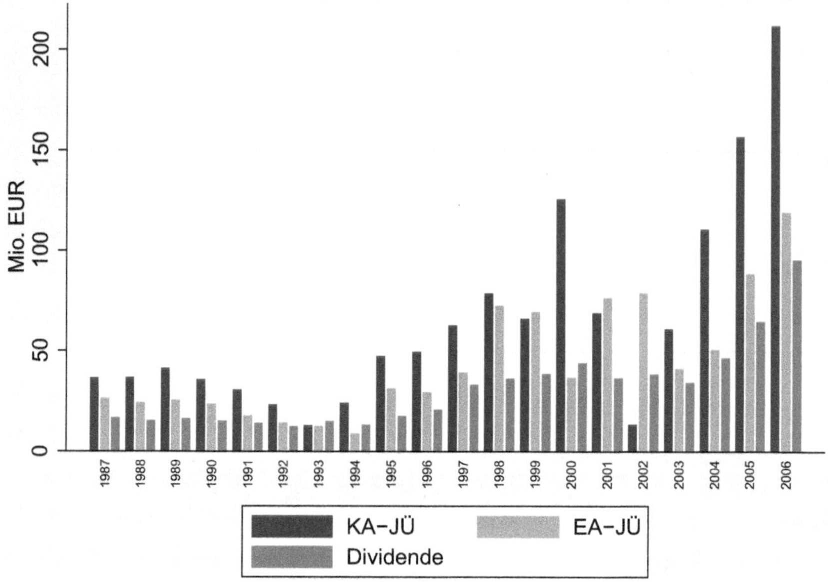

Quelle: Eigene Berechnung.
KA-JÜ (EA-JÜ) bezeichnet den Konzernjahresüberschuss (Jahresüberschuss der Muttergesellschaft).
Werte in Millionen EUR.

Beobachtungen von Dividendenzahlungen auf. So können in der Stichprobe aufgrund von Brüchen in der Zeitreihe rechnerisch bis zu sechs Startpunkte für eine neue Zeitreihe von zusammenhängenden Dividendenzahlungen entstehen. Die maximale Länge einer Dividendenzeitreihe beträgt in diesem Fall drei Perioden. 298 der insgesamt 770 Unternehmen zahlen keine Dividenden in allen verfügbaren Geschäftsjahren. Demgegenüber stehen 19 Gesellschaften, die über den gesamten Zeitraum von 1987 bis 2006 Dividenden ausschütten. Dies wird durch Tabelle 36 im Anhang verdeutlicht. Diese stellt die längste verfügbare Zeitreihe eines Unternehmens der Anzahl der ununterbrochenen Zeitreihen des jeweiligen Unternehmens gegenüber. Ebenso sind die Jahresüberschüsse und Dividenden über die Jahre unterschiedlich verteilt. Eine solche Datenbasis wird als *unbalanced panel* bezeichnet.

Abbildung 5 veranschaulicht die Konzernjahresüberschüsse, die Jahresüberschüsse aus den Einzelabschlüssen und die Dividendenzahlungen im Jahresdurchschnitt für den Beobachtungszeitraum bei Unternehmen, die mindestens eine Dividendenzahlung aufweisen. Die Verhältnisse sind in den Jahren relativ konstant. Ausnahmen bilden das Aufschwungjahr 2000 und die Abschwungjahre 2001 und 2002, in welchen die Konzernergebnisse im Durchschnitt unter den Ergebnissen der Muttergesellschaft liegen. Absolut steigen die alle beobachteten Größen im Zeitablauf an. Diese Entwicklung ist vergleichbar mit der in der Fallstudie von Daimler aus Abschnitt 4.1.2.2.

Abbildung 6 : Gewinn- und Dividendenentwicklung nach Branchen

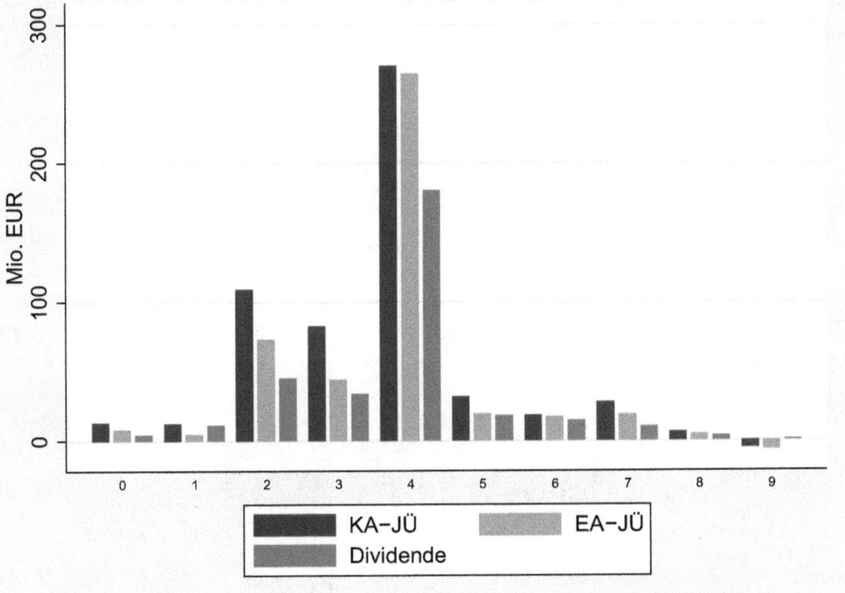

Quelle: Eigene Berechnung.
KA-JÜ (EA-JÜ) bezeichnet den Konzernjahresüberschuss (Jahresüberschuss der Muttergesellschaft).
Werte in Millionen EUR.

Die Verteilung über die einzelnen Industrien veranschaulicht Abbildung 6 . Die im Schnitt höchsten Gewinne und auch Ausschüttungen werden von der Hauptindustrie der Infrastruktur- und Versorgerunternehmen dargestellt. Dabei handelt es sich um einen Industriezweig mit relativ wenigen großen Unternehmen. Die hohen arithmetischen Mittel sind auch bedingt durch die starke Streuung der Stichprobe. Bei Betrachtung des Medians (Abbildung 10 im Anhang) ergibt sich ein ausgeglicheneres Bild in der Branchenbetrachtung. Vor allem das Verhältnis von Gewinngrößen zur Dividendenzahlung ist nicht mehr so hoch bei SIC-Gruppe 4. Die SIC-Gruppen 1, 2, 3, 5, 6 zeigen ein recht homogenes Bild. Analog zu der Fallstudie Daimler aus Abschnitt 4.1.2.2 können auch die Ausschüttungsquoten in Bezug auf den Jahresüberschuss von Konzern- und Einzelabschluss ermittelt werden.[433]

Die Ausschüttungsquoten sind in Tabelle 16 dargestellt. Dabei werden alle Unternehmen (n) einbezogen, die nicht zu den 298 Unternehmen gehören, die im gesamten Zeitraum keine Dividenden zahlen. Die Ausschüttungsquoten werden für jedes Berichtsjahr t wie folgt berechnet:

$$KA-Quote = \frac{1}{n}\sum_{i=1}^{n}\frac{Div_i}{KA\text{-}J\ddot{U}_i}, \tag{4.11}$$

$$EA-Quote = \frac{1}{n}\sum_{i=1}^{n}\frac{Div_i}{EA\text{-}J\ddot{U}_i}. \tag{4.12}$$

Die Ausschüttungsquote für alle Berichtsjahre (T) ergibt sich aus dem arithmetischen Mittel der Jahresquoten:

$$KA-Quote = \frac{1}{nT}\sum_{t=1}^{T}\sum_{i=1}^{n}\frac{Div_{it}}{KA\text{-}J\ddot{U}_{it}}, \tag{4.13}$$

$$EA-Quote = \frac{1}{nT}\sum_{t=1}^{T}\sum_{i=1}^{n}\frac{Div_{it}}{EA\text{-}J\ddot{U}_{it}}. \tag{4.14}$$

[433] Vgl. zu diesem Vorgehen *Linnhoff/Pellens* (1987), *Pellens* (1994), *Kühnberger/Schmidt* (1999).

Tabelle 16: Ausschüttungsquoten

Jahr	KA	EA	Diff. p(|T|>|t|)	KA[a]	EA[a]	Diff. p(|T|>|t|)[a]
1987	0,51	0,59	0,0098	0,49	0,59	0,0000
1988	0,68	0,61	0,6029	0,48	0,59	0,0000
1989	0,52	0,79	0,1111	0,52	0,62	0,0000
1990	0,62	0,62	0,9705	0,50	0,62	0,0000
1991	0,49	0,58	0,0065	0,45	0,57	0,0000
1992	0,62	1,22	0,3419	0,43	0,51	0,0000
1993	0,53	0,68	0,0130	0,44	0,54	0,0000
1994	0,51	0,57	0,2723	0,42	0,52	0,0000
1995	0,50	0,55	0,2377	0,42	0,53	0,0000
1996	0,56	0,53	0,6742	0,41	0,49	0,0001
1997	0,49	0,50	0,9601	0,42	0,47	0,0028
1998	3,26	0,50	0,3212	0,42	0,47	0,0025
1999	0,77	0,54	0,3921	0,41	0,50	0,0000
2000	0,58	0,76	0,2844	0,33	0,42	0,0000
2001	0,39	2,84	0,3137	0,33	0,40	0,0002
2002	0,55	0,93	0,4297	0,28	0,31	0,0530
2003	0,37	0,53	0,0775	0,28	0,33	0,0024
2004	0,32	0,46	0,0000	0,29	0,41	0,0000
2005	0,82	0,73	0,7143	0,30	0,43	0,0000
2006	0,36	0,53	0,0000	0,31	0,44	0,0000
	0,68	0,78	0,6465	0,38	0,47	0,0000

[a] Bereinigte Werte.

Bei negativen oder unzulässigen Ausschüttungsquoten, die sich bei einem negativem Jahresüberschuss oder einem Jahresüberschuss von null ergeben, wird die Ausschüttungsquote auf den Wert null gesetzt. Die Werte sind separat auch bereinigt dargestellt, in diesem Fall werden Ausschüttungsquoten größer als zwei aus der Stichprobe genommen. Die Quoten auf unbereinigter Basis zeigen, dass die Ausschüttungsquote auf den Konzernjahresüberschuss bezogen in vielen Jahren über 50% liegt. Ein t-Test auf Ungleichheit der beiden Quoten ist für viele Jahre (14) abzulehnen. Auch insgesamt über die gesamte Stichprobe kann auf einem statistisch akzeptablen Niveau nicht abgelehnt werden, dass die Quoten sich gleichen. Ein einseitiger t-Test, ob die Konzernausschüttungsquote größer als 50% liegt, ergibt einen p-Wert von 0,1257, während die Quote basierend auf dem Jahresüberschuss der Muttergesellschaft beim einseitigen Test einen p-Wert von 0,0430 erzielt.[434] Diese verhältnismäßig schwächeren Teststatistiken können auf die große Spannweite der Werte im Querschnitt zurückzuführen sein. Daher ist eine Bereinigung, wie sie bereits *Linnhoff/Pellens* (1987) vornehmen, in diesem Fall sinnvoll, um eine Aussage über die Beobachtungen im Querschnitt und keine unternehmensindividuelle Aussage zu treffen.

Die bereinigten Werte zeigen, dass insgesamt die Ausschüttungsquote auf Konzernbasis statistisch signifikant unter der Quote auf Basis des Jahresabschlusses der Muttergesellschaft liegt und auch unter 50%. Damit wird das von *Linnhoff/Pellens* (1987) festgestellte Ergebnis bestätigt, dass im Schnitt ein beachtlicher Teil der im Konzern erwirtschafteten Gewinne der Verfügungskompetenz der Anteilseigner der Obergesellschaft entzogen wird. Auch bei Analyse der Hauptindustriezweige (siehe Tabelle 37 im Anhang) zeigt sich, dass es keine Branche gibt, in der signifikant höher auf Basis der Konzernerfolge ausgeschüttet wird. Diese Ergebnisse basieren auf den jeweiligen Querschnittsdaten. Ermittelt man jedoch die unternehmensindividuellen Ausschüttungsquoten, so ergibt sich ein anderes Bild. Von den 472 Dividendenzahlern in der Stichprobe liegt die Ausschüttungsquote auf Konzernbasis bei 170 (bereinigt 118) Gesellschaften über 50%. Unternehmensindividuell ist zu beachten, dass nicht für jedes Unternehmen die gesamte Zeitreihe zur Verfügung (Tabelle 36) steht. Die Ausschüttungsquote auf Konzernbasis liegt unbereinigt bei rund 78%, bereinigt man Quoten, die größer als zwei sind, so ergibt sich eine Quote von rund 37% (Tabelle 17).

Tabelle 17 zeigt die unternehmensindividuellen Ausschüttungsquoten auf Konzernbasis und deren Verteilung über die Unternehmen der Stichprobe. Gerade Gesellschaften mit längeren Zeitreihen zeigen auch eine Quote, die näher an den 50% liegt. Von den Gesellschaften, die bereinigt eine individuelle Quote von über 50% aufweisen, liegt die Ausschüttung im Durchschnitt bei circa 66% gegenüber rund 27% der Gruppe derjenigen Gesellschaften, die mit ihrer Quote die 50%-Marke nicht erreichen. Dies veranschaulicht die sehr große Variation in der Ausschüttungspolitik und auch in der Orientierung an den Konzernjahresüberschüssen. Die beiden Gruppen unterscheiden sich jedoch statistisch nicht in ihrer durchschnittlichen Bilanzsumme, dem Eigenkapital oder dem Jahresüberschuss, sowohl auf Konzernabschluss- als auch auf Einzelabschlussbasis.

Die gesamte Stichprobe ist jedoch hinsichtlich der Größe der Unternehmen sehr unterschiedlich. Des Weiteren werden die einzelnen Untersuchungsvariablen für die zu

[434] Nicht separat tabelliert.

Tabelle 17: Ausschüttungsquoten nach Zeitreihenlänge

Längste Zeitreihe	Anzahl	KA-Quote	KA-Quote[a]
1	76	0,60	0,20
2	46	2,79	0,30
3	50	0,47	0,36
4	55	0,57	0,36
5	38	0,42	0,37
6	30	0,50	0,43
7	33	0,88	0,35
8	15	0,45	0,38
9	19	0,59	0,45
10	14	0,51	0,43
11	17	0,54	0,44
12	12	1,19	0,58
13	5	0,49	0,49
14	8	0,56	0,46
15	9	0,63	0,53
16	6	0,47	0,46
17	4	0,64	0,55
18	8	0,42	0,42
19	8	0,45	0,45
20	19	0,51	0,47
Gesamt	472	0,79	0,37

[a] Bereinigte Werte.

testenden Modelle in Abschnitt 4.3.2.2 vorgestellt und statistisch untersucht. Vor allem die Unterscheidung in Firmen-Jahres-Beobachtungen, die keine Dividendenzahlung enthalten, weil das zugehörige Unternehmen in allen Beobachtungen keine Dividendenzahlung aufweist (Kategorie 0) oder es zu mindestens einem anderen Zeitpunkt schon einmal gezahlt (Kategorie 1) hat und Beobachtungen mit Dividendenzahlungen (Kategorie 2), die aber nicht zu allen Zeitpunkten erfolgen sowie Beobachtungen mit Dividendenzahlungen, die zu jedem Zeitpunkt in der Stichprobe Dividenden ausschütten (Kategorie 3). Mit dieser Kategorisierung wird den einzelnen Beobachtungen pro Untersuchungsjahr eine Kategorie für die Ausschüttungspolitik des Unternehmens zugeordnet, die durch die Betrachtung aller für das jeweilige Unternehmen zur Verfügung stehenden Beobachtungen festgelegt wird. Die Stichprobe lässt sich entsprechend unterteilen (Tabelle 18).

Tabelle 18: Beobachtungen nach Kategorien

	Kategorie				
Dividendenzahlung (Anzahl)	(0)	(1)	(2)	(3)	Gesamt
Dividende	0	0	856	2.844	3.700
Keine Dividende	1.352	1.201	0	0	2.553
Gesamt	1.352	1.201	856	2.844	6.253

Die vier Kategorien, in welche sich die Beobachtungen klassifizieren lassen, sind in Tabelle 18 als Spalten dargestellt. So gibt es insgesamt von den 3.700 Dividendenbeobachtungen 2.844, die zu Unternehmen gehören, die regelmäßig beziehungsweise in der Stichprobe bei jeder Beobachtung eine Dividendenzahlung aufweisen. Dividendenzahlungen, aber auch teilweise keine Zahlungen kommen bei insgesamt 2.057 Beobachtungen vor, sie ermitteln sich durch Addition der Kategorien 1 und 2 (1.201 + 856). Unternehmen, die in keiner Periode eine Dividendenzahlung vorweisen, machen insgesamt 1.352 Beobachtungen aus.

Die „stylized facts" zur Dividendenpolitik gehen davon aus, dass insbesondere große Unternehmen mit einer guten Gewinnsituation Dividenden ausschütten.[435] Die Größe lässt sich anhand der Bilanzsumme oder auch der durchschnittlichen Bilanzsumme eines Jahres, des Eigenkapitals oder auch anhand der Jahresüberschüsse bemessen. Die verfügbaren Daten liefern für jedes Größenkriterium zwei Angaben: einmal auf Konzern- und einmal auf Einzelabschlussbasis. Ein den wirtschaftlichen Verhältnissen entsprechendes Größenkriterium sollte auf den Konzerndaten beruhen, weil beispielsweise die Bilanzsumme einer Holdinggesellschaft nur einen kleinen Bruchteil der Größe widerspiegeln kann. Demgegenüber sind die Jahresüberschüsse auch auf Basis des Einzelabschlusses von Interesse, weil diese die rechtliche Ausgangsbasis für die Ausschüttungen bilden. Zusammen mit den Gewinnrücklagen betrachtet, ist so zu erkennen, ob selbst bei einem

[435] Vgl. Abschnitt 2.3.

schlechten Jahr Ausschüttungen aus den thesaurierten Gewinnen der Vorjahre überhaupt rechtlich möglich sind. Von Unternehmen mit hohen Rücklagen werden daher eher Dividendenzahlungen erwartet als von solchen mit geringen.

Tabelle 19 zeigt deskriptive Statistiken zu den Größenkriterien je nach Dividendenkategorie. Berechnet sind jeweils die Anzahl (Anz), das arithmetische Mittel (MWert) und die 25-,50- und 75-Perzentilwerte. Vergleicht man die Mittelwerte (MWert), so steigen die Konzernbilanzsummen (KA-Bilanzsumme) von Kategorie 0 bis 3 an. Die Konzernbilanzsummen werden zum Jahresende (Jahr) und als Jahresdurchschnitt betrachtet ($\text{Ø} = (KA - Bilanzsumme_{t-1} + KA - Bilanzsumme_t)/2$). Bei Beobachtungen, die Dividendenzahlungen enthalten, liegen die Konzernbilanzsummen signifikant über denen mit keinen Dividendenzahlungen.

Die durchschnittliche Konzernbilanzsumme liegt bei Beobachtungen, die zu Unternehmen gehören, die in keiner Beobachtung eine Dividendenzahlung aufweisen (Kategorie 0) bei 212,4 Millionen EUR. Bei nicht vorhandenen Dividendenzahlungen, die sporadisch pro Unternehmen auftreten (Kategorie 2), liegt die durchschnittliche Bilanzsumme im Mittelwert bei 583,98 Millionen EUR. Die Differenz ist statistisch signifikant auf dem 1%-Niveau. Bei Beobachtungen mit Dividendenzahlungen (Kategorie 3 und 4) steigt die Summe auf 3.450,91 (3) beziehungsweise 3.875,66 Millionen EUR (4) an. Die Differenz zwischen Kategorie 1 und Kategorie 2 zu den Kategorien 3 oder 4 ist jeweils statistisch ebenfalls auf dem 1%-Niveau signifikant. Lediglich der Unterschied der Mittelwerte der Kategorien 2 und 3 ist statistisch nicht signifikant. Die Perzentilwerte deuten jedoch auf eine Verteilung mit höheren Werten hin.

Die Beobachtungen zum Konzernjahresüberschuss (KA-JÜ) zeigen, dass der Mittelwert bei den Beobachtungen ohne Dividenden jeweils negativ ist. Bei den Beobachtungen mit unregelmäßigen Dividendenausfällen (Kategorie 1) ist der Konzernverlust sogar signifikant (5%-Niveau) höher. Diese Beobachtungen lassen sich auch für den Jahresüberschuss der Muttergesellschaft (EA-JÜ) machen. Die Ergebnisse zeigen, dass im Durchschnitt verlustträchtige Unternehmen keine Dividenden zahlen. Unternehmen, die gelegentlich Dividenden ausschütten, weisen im Beobachtungsjahr einer Nichtzahlung sowohl einen im Mittelwert negativen Konzernjahresüberschuss als auch einen im Mittelwert negativen Jahresüberschuss im Einzelabschluss auf. Treten bei Unternehmen, die Dividenden zahlen, größere Verluste in Konzern- und Einzelabschluss auf, dann wird die Dividendenzahlung eingestellt, obwohl die durchschnittlichen Rücklagen in Höhe von

Tabelle 19: Größenkriterien und Ausschüttungsverhalten

		KA-Bilanzsumme				EA-Bilanzsumme					
Kategorie		**Jahr**	**Ø**	**KA-EK**	**KA-JÜ**	**Jahr**	**Ø**	**Rücklagen**	**EA-EK**	**EA-JÜ**	**Dividende**
Niemals	Anz	1.352	1.094	1.352	1.352	1.352	1.094	293	1.352	1.352	1.352
Dividende	MWert	202,12	212,14	70,38	-4,69	139,41	145,99	31,95	50,51	-6,13	0,00
(0)	p25	15,09	17,47	5,46	-6,82	11,85	14,08	1,23	6,21	-6,40	0,00
	p50	33,32	36,19	15,92	-1,19	26,30	29,15	3,98	16,08	-1,60	0,00
	p75	81,54	88,17	36,30	0,44	60,27	64,59	14,67	35,30	0,00	0,00
Teilweise	Anz	1.201	1.103	1.200	1.201	1.201	1.103	622	1.201	1.201	1.201
Nichtzahler	MWert	620,63	583,98	143,15	-40,05	467,64	419,65	123,31	152,40	-27,87	0,00
(1)	p25	36,64	41,08	6,21	-10,06	24,73	27,83	1,83	7,99	-10,98	0,00
	p50	84,71	92,18	18,35	-1,62	58,09	62,22	7,23	21,69	-1,91	0,00
	p75	212,92	218,44	47,17	0,79	141,89	142,14	26,22	49,31	0,01	0,00
Dividende	Anz	856	840	856	856	856	840	432	856	856	856
(2)	MWert	3.617,10	3.450,91	755,85	88,27	1.879,89	1.860,01	447,31	717,30	76,80	41,59
	p25	64,33	62,22	21,43	1,79	42,05	40,10	3,54	22,19	1,61	0,96
	p50	177,99	169,28	66,36	7,54	111,99	108,48	18,33	64,03	5,57	3,06
	p75	659,50	563,39	221,18	28,22	369,86	340,87	75,47	200,49	20,96	11,75
Nur	Anz	2.844	2.536	2.844	2.844	2.844	2.536	2.070	2.844	2.844	2.844
Dividende	MWert	3.791,58	3.875,66	996,77	117,43	1.825,16	1.862,81	335,16	685,25	75,89	49,03
(3)	p25	96,32	100,46	31,60	2,74	61,34	66,01	12,02	31,31	2,38	1,61
	p50	254,48	273,30	92,41	9,59	154,87	165,23	37,59	86,42	7,55	4,59
	p75	968,07	1.030,06	327,66	36,22	611,29	657,25	133,98	280,33	27,99	16,85
Gesamt	Anz	6.253	5.573	6.252	6.253	6.253	5.573	3.417	6.253	6.253	6.253
	MWert	2.382,56	2.440,99	599,61	56,79	1.207,43	1.239,74	284,78	450,05	38,35	27,99
	p25	42,44	46,06	14,15	-0,74	30,51	33,60	4,85	14,39	-0,88	0,00
	p50	125,56	132,35	40,45	2,40	83,14	89,50	22,33	40,04	1,76	0,80
	p75	466,36	495,78	153,46	14,59	291,67	311,20	85,27	141,30	10,68	5,85

123,31 Millionen EUR immer noch Ausschüttungen ermöglichen würden. Vergleicht man die Jahresüberschüsse (KA-JÜ und EA-JÜ) bei den Beobachtungen mit Dividenden, so erkennt man, dass die durchschnittlichen Konzernjahresüberschüsse (KA-JÜ) für die regelmäßigen (dauerhaften) Dividendenzahler (Kategorie 3) signifikant (5%-Niveau) höher sind als für die sporadischen Dividendenzahlungen (Kategorie 2). Bei Betrachtung der Ergebnisse aus den Jahresüberschüssen der Muttergesellschaften (EA-JÜ) besteht kein statistisch signifikanter Unterschied der Mittelwerte der beiden Untersuchungsgruppen (p-Wert 0,9595).

Dies kann auf einen Unterschied in der Dividendenpolitik der Unternehmen hindeuten und, dass Konzernjahresüberschüsse den Unterschied von regelmäßigen Dividendenzahlern zu nur vereinzelten Zahlern ausmachen.[436] Bei Anwendung eines nichtparametrischen Mann-Whitney U-Tests (Wilcoxon Rangsummentests), der die jeweiligen Gruppen vergleicht, sind die Gruppendifferenzen alle statistisch auf dem 1%-Niveau signifikant. Lediglich beim Vergleich von Kategorie 0 mit Kategorie 1 sind der Konzernjahresüberschuss mit einem p-Wert von 0,1583 und der Jahresüberschuss der Muttergesellschaft mit einem p-Wert von 0,0407 nicht mehr auf dem 1%-Niveau signifikant.

Die Ergebnisse der Analyse aus Tabelle 19 lassen sich entsprechend wie folgt zusammenfassen:

- Die Größenunterschiede sind signifikant für die Zuordnung einer Dividendenpolitik.
- Die regelmäßigen Dividendenzahler haben im Vergleich zu den Beobachtungen mit sporadischen Dividendenzahlungen höhere Konzernwerte bei annähernd gleichen Größen im Einzelabschluss.
- Bei Beobachtungen von Unternehmen, die keine Dividenden zahlen, weisen diese durchschnittlich sowohl im Konzern- als auch im Einzelabschluss Verluste aus.
- Bei Beobachtungen von Unternehmen, die vereinzelt Dividenden zahlen, sind in Jahren ohne Dividendenzahlung die Verluste in Konzern- und Einzelabschluss größer als bei Beobachtungen, die von Unternehmen stammen, die regelmäßig keine Dividenden ausschütten.

[436] Vgl. zu allen t-Test auf signifikante Differenzen Tabelle 39 im Anhang.

Tabelle 20: Dividendenzahlungen bezogen auf den Jahresüberschuss

Panel A: Geschäftsjahre mit Dividendenzahlung

		Einzelabschluss			
Kategorie	Konzernabschluss	Gewinn	Verlust	Gesamt	
	Gewinn	780	23	803	
(2)	Verlust	48	5	53	
	Gesamt	828	28	856	
	Gewinn	2.690	32	2.722	
(3)	Verlust	74	48	122	
	Gesamt	2.764	80	2.844	
	Gewinn	3.470	55	3.525	
(2)+(3)	Verlust	122	53	175	
	Gesamt	3.592	108		3.700

Panel B: Geschäftsjahre ohne Dividendenzahlung

		Einzelabschluss			
Kategorie	Konzernabschluss	Gewinn	Verlust	Gesamt	
	Gewinn	239	216	455	
(0)	Verlust	55	842	897	
	Gesamt	294	1.058	1.352	
	Gewinn	250	172	422	
(1)	Verlust	57	722	779	
	Gesamt	307	894	1.201	
	Gewinn	489	388	877	
(0)+(1)	Verlust	112	1.564	1.676	
	Gesamt	601	1.952		2.553
(0)+(1)+(2)+(3)					**6.253**

Die Beobachtung, dass Unternehmen die Verluste ausweisen, keine Dividenden ausschütten, obwohl sie ihre Rücklagen auflösen können, zeugt von einer höheren Flexibilität in der Ausschüttungspolitik im Vergleich zu der Erkenntnis aus dem US-amerikanischen Markt, dass versucht wird, ein Einstellen der Dividendenzahlung auf alle Fälle zu vermeiden.[437] Tabelle 20 zeigt die Beobachtungen mit Dividendenzahlungen in Abhängigkeit vom jeweiligen Jahresüberschuss. In Panel A sind die Beobachtungen mit Dividendenzahlung aufgeführt. Insgesamt dominieren hier gleichzeitige Gewinne in Konzern- und Einzelabschluss (3.470).

Interessant sind 55 Beobachtungen, bei denen eine Dividendenzahlung vorliegt und ausschließlich der Konzernjahresüberschuss positiv ist. Dies entspricht einem Anteil von rund 1,5% aller Dividendenzahlungen (55/3.700). Bei den regelmäßigen Zahlern (Kategorie 3) ist dieser Anteil noch geringer mit rund 1,1% (32/2.844), während er bei den sporadischen Zahlern (1) mit rund 2,9% (23/780) deutlich höher liegt.

Panel B von Tabelle 20 zeigt die Beobachtungen ohne Dividendenzahlungen. Diese Gruppe wird insgesamt dominiert von Verlusten in beiden Abschlussarten. In 15,2% (388/2.553) der Beobachtungen sind die Konzernjahresüberschüsse positiv, während der Jahresüberschuss der Muttergesellschaft einen Verlust ausweist. Dieses Verhältnis ist zehnmal so hoch wie das bei den Beobachtungen mit Dividendenzahlungen (mit rund 1,5%). Beobachtungen ohne Dividendenzahlung weisen entsprechend häufiger einen Verlust im Einzelabschluss aus als Beobachtungen mit Dividendenzahlung. Dies zeigt eine gewisse Bindungswirkung des Einzelabschlusses bei der Entscheidung, überhaupt Dividenden zu zahlen entsprechend einer unteren Grenze. „Die am Ergebnis des Einzelabschlusses anknüpfenden gesetzlichen Ausschüttungsregeln werden lediglich als Nebenbedingung beachtet.“[438]

Dies wird deutlich, wenn man sich die Einstellungen und Neuinitiierungen von Dividendenzahlungen betrachtet. Tabelle 21 zeigt in Panel A die Einstellungen der Dividendenzahlungen. Diese kommen in der Kategorie 2 vor, das heißt, diese Unternehmen haben im Vorjahr mindestens eine Dividende gezahlt und im Beobachtungsjahr diese auf null reduziert. Insgesamt sind 57 dieser kompletten Zahlungseinstellungen zu beobachten. Dabei ist festzustellen, dass in 56 der 57 Beobachtungen die Muttergesellschaft einen Jahresverlust ausweist. In 12 dieser Fälle ist der Konzernjahresüberschuss trotzdem positiv. Während das umgekehrte Verhältnis nur einmal vorkommt (ein negativer Konzernjahresüberschuss und gleichzeitiger positiver Jahresüberschuss der Muttergesellschaft). Diese Verhältnisse sind statistisch auf dem 10%-Niveau signifikant (p=0,063).

437 Vgl. *Andres* et al. (2009), S. 185.

438 *Pellens/Gassen/Richard* (2003), S. 309.

Tabelle 21: Einstellungen und Wiederaufnahmen von Dividendenzahlungen

Panel A: Einstellung der Dividende (Beobachtungen)

	Einzelabschluss		
Konzernabschluss	Gewinn	Verlust	Gesamt
Gewinn	1	12	13
Verlust	0	44	44
Gesamt	1	56	57

$\chi^2(1) = 3{,}4451$, $p = 0{,}063$.

Panel B: Wiederaufnahmen der Dividende (Beobachtungen)

	Einzelabschluss		
Konzernabschluss	Gewinn	Verlust	Gesamt
Gewinn	125	3	128
Verlust	13	0	13
Gesamt	138	3	141

$\chi^2(1) = 0{,}3113$, $p = 0{,}577$.

In Panel B von Tabelle 21 sind die Wiederaufnahmen von Dividendenzahlungen dargestellt. In den insgesamt 141 Beobachtungen ergibt sich die größte Zahl (125), wenn in beiden Abschlüssen ein Gewinn ausgewiesen wird. Bei einem Verlust in beiden Abschlüssen kommt es zu keiner Initiierung einer Dividendenzahlung. In 13 Fällen kommt es zu einer erneuten Ausschüttung, obwohl der Konzernüberschuss negativ ist, während es nur in drei Fällen zu einer Neuaufnahme der Dividendenzahlungen kommt, wenn die Muttergesellschaft einen Verlust ausweist.

Die deskriptiven Statistiken zeigen also, dass die Einzelabschlüsse eine Grenze nach unten bilden. Bei der vollständigen Einstellung der Dividendenzahlung spielen die Einzelabschlüsse eine deutlich signifikante Rolle, während bei der Wiederaufnahme von Dividendenausschüttungen in der Regel beide Rechenwerke einen Überschuss ausweisen.

Ein signifikanter Einfluss der Konzerngrößen auf die Dividendenbeobachtungen hat sich bereits bei den Größenkriterien gezeigt. Die Größenkriterien können darauf hinweisen, dass bereits sehr große Unternehmen, die nicht mehr ein so großes Portfolio an Investitionsmöglichkeiten finanzieren müssen, entsprechend ihre Überschüsse ausschütten. Die Signifikanz der Konzerngrößen in diesem Bereich zeigt, dass diese Ausschüttungsentscheidungen im Hinblick auf die Gesamtsituation des Unternehmensverbundes getroffen werden. Für kleinere Unternehmen und Unternehmen mit geringen Jahresüberschüssen stellen die Thesaurierungen eine wichtige Finanzierungsform dar. Das gilt ebenso für Gesellschaften aus Wachstumsbranchen.

Bereits die Untersuchung von *Pellens/Gassen/Richard* (2003) hat verdeutlicht, dass Unternehmen, die keine Dividenden zahlen, die Größen aus der Rechnungslegung für nicht relevant erachten. Daher sind die Beobachtungen dieser Unternehmen (Kategorie 0) für die späteren Untersuchungen, was die Festlegung der Höhe der Dividendenzahlungen betrifft, nicht weiter von Interesse. Ebenso hat die deskriptive Analyse der Beobachtungen ohne Dividendenzahlungen gezeigt, dass bei unterlassenen Ausschüttungen die Einzelabschlüsse eine Rolle spielen, sodass letztlich zur Untersuchung der Hauptfragestellung aus Abschnitt 4.1.2.1 die Beobachtungen mit Dividendenzahlungen verbleiben. Gemäß der Fragestellung ist zu untersuchen, welche Gewinngröße die Entscheidung über die Anpassung der Höhe der Dividendenzahlungen stärker beeinflusst.

Die Größenunterschiede in der Stichprobe, auch innerhalb der Dividendenbeobachtungen sind, wie Tabelle 19 gezeigt hat, sehr deutlich. Um einen zu starken Einfluss der verhältnismäßig großen Unternehmen zu verhindern, werden die Untersuchungsvariablen für die weiteren Untersuchungen mit der durchschnittlichen Konzernbilanzsumme skaliert.[439]

Die mit der durchschnittlichen Konzernbilanzsumme skalierten Variablen sind in Tabelle 22 aufgeführt. Diese Variablen werden in den auf *Lintner* basierenden Regressionsmodellen in Abschnitt 4.3.2.2 verwendet. In Panel A werden die Statistiken für die gesamte Stichprobe dargestellt, die sich aufgrund der Verwendung von Variablen, die eine Veränderung zum Vorjahr darstellen, auf 5.052 Beobachtungen reduziert. Das negative arithmetische Mittel bei den Gewinngrößen (KA-JÜ = -0,0052, EA-JÜ = -0,0119) zeigt bereits, dass in dieser Stichprobe auch die Gesellschaften mit Verlusten enthalten sind,

[439] Vgl. zu diesem Vorgehen beispielsweise *Sloan* (1996), S. 301; *Goncharov/Werner/Zimmermann* (2009) skalieren die Variablen zur Dividendenpolitik mit den Marktwerten des Vorjahres.

Tabelle 22: Variablen zum Testen der Lintner-Modelle

	Anzahl	Mittelwert	p25	p50	p75	min	max
Panel A: gesamte Stichprobe							
KA-JÜ	5.052	-0,0052	-0,0120	0,0248	0,0550	-2,1961	1,4834
EA-JÜ	5.052	-0,0119	-0,0126	0,0161	0,0415	-2,4723	1,5910
Div	5.052	0,0158	0,0000	0,0079	0,0200	0,0000	0,9490
ΔDiv	5.052	0,0018	0,0000	0,0000	0,0019	-0,8342	0,9189
Panel B: Beobachtungen mit Dividenden							
KA-JÜ	3.104	0,0502	0,0203	0,0399	0,0661	-0,2402	0,7766
EA-JÜ	3.104	0,0429	0,0148	0,0288	0,0544	-0,1866	0,9765
Div	3.104	0,0258	0,0098	0,0167	0,0296	0,0001	0,9490
ΔDiv	3.104	0,0043	0,0000	0,0011	0,0047	-0,8342	0,9189
Panel C: Beobachtungen mit Dividenden (bereinigt)							
KA-JÜ	3.014	0,0477	0,0199	0,0392	0,0643	-0,1825	0,4239
EA-JÜ	3.014	0,0399	0,0144	0,0282	0,0522	-0,1866	0,7617
Div	3.014	0,0223	0,0097	0,0164	0,0287	0,0001	0,3060
ΔDiv	3.014	0,0031	0,0000	0,0011	0,0044	-0,0468	0,0733

KA-JÜ (EA-JÜ) ist der Konzernjahresüberschuss (Jahresüberschuss des Mutterunternehmens). Div ist die Dividendenzahlung und ΔDiv die Veränderung der Dividenden $(Div_t - Div_{t-1})$. Alle Variablen sind skaliert mit der durchschnittlichen Konzernbilanzsumme $((Konzernbilanzsumme_t + Konzernbilanzsumme_{t-1})/2)$. Aufgrund des für die Skalierung benötigten Vorjahreswertes sinkt die Anzahl der Beobachtungen auf 5.573. Durch die Berechnung von ΔDiv sinkt die Stichprobe auf insgesamt 5.052. Die Statistiken sind nur für Beobachtungen mit allen vorhandenen Werten berechnet. Panel B enthält alle Observationen, die auch eine Dividendenzahlung enthalten und Panel C enthält die bereinigte Stichprobe, bei der eine Ausreißerbereinigung von ΔDiv auf dem 1%-Niveau durchgeführt wurde.

die den Großteil der nicht Dividenden zahlenden Beobachtungen ausmachen. Der Median (p50) deutet jedoch für beide Abschlussarten an, dass es extreme Werte am linken Rand der Verteilung gibt. Die große Spannweite aller Werte kann anhand der Mindest- (min) und Höchstwerte (max) abgelesen werden.

Panel B von Tabelle 22 stellt die deskriptiven Statistiken für Beobachtungen mit Dividendenzahlung dar. Die Mittelwerte der Jahresüberschussgrößen sind nun positiv. Die Spannweite der Dividendenzahlungen und der Dividendenänderung (ΔDiv_{it}) sind sehr groß. Diese machen als Extremwerte zwischen minus 83% und plus 92% der durchschnittlichen Bilanzsumme aus. Da die Analysen in Abschnitt 4.3.2.2 modellbedingt Aussagen über Veränderungen im Mittelwert treffen, wird eine Ausreißerkorrektur anhand der abhängigen Variablen auf dem 1%-Niveau durchgeführt.[440]

Panel C zeigt die bereinigte Stichprobe, die entsprechend als Basis für die Untersuchungen in Abschnitt 4.3.2.2 dient. Der Konzernjahresüberschuss ist größer als der Jahresüberschuss der Muttergesellschaft (dies ist grundsätzlich festzustellen). Auf dessen Basis werden rund 55,9% (0,0223/0,0399) ausgeschüttet und auf Basis des Konzernjahresüberschusses rund 46,8% (0,0223/0,0477). Die im Durchschnitt positive Veränderung der Dividende (0,0031) zeigt, dass Dividenden seltener gekürzt (500 Beobachtungen) werden als erhöht (1.905 Beobachtungen).

Abbildung 7 : Verteilung der abhängigen Variablen (ΔDiv_{it})

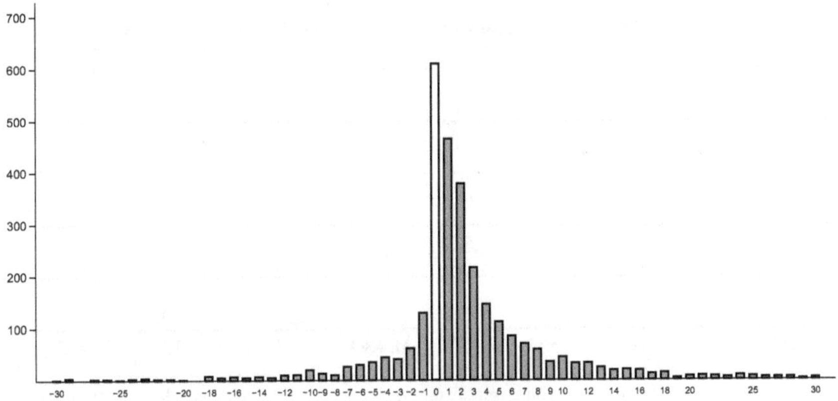

$\Delta Div_{it} = Div_{it} - Divit - 1$. Die Variable ist skaliert mit der durchschnittlichen Konzernbilanzsumme der Periode. Die Verteilung wird in den Intervallen -30 bis 30 in 0,00125 Schritten für die Beobachtungen mit Dividendenzahlungen (3.014) dargestellt. Insgesamt gibt es im Intervall 0 ohne Dividendenänderung 609, mit negativen Dividendenänderungen 500 und 1.905 Beobachtungen mit positiven Dividendenänderungen.

[440] Vgl. u.a. *Goncharov/Werner/Zimmermann* (2009), die analog verfahren.

Dies bestätigt die Vermutungen und „stylized facts" über die Ausschüttungspolitik. Die Verteilung der Dividendenänderung (Abbildung 7) zeigt diese Erkenntnis grafisch.[441] Es zeigt sich eine asymmetrische, rechtslastige Verteilung der Variablen. Besonders deutlich wird dies an den Intervallen links (-1) und rechts (0) von der Null. Ebenso zeigt auch die beachtliche Anzahl der 609 Beobachtungen, in denen keine Änderung erfolgt, dass lieber die Ausschüttung konstant gehalten oder erhöht wird als diese zu reduzieren.[442]

Die Korrelationen der Modellvariablen untereinander sind in Tabelle 23 dargestellt. Beide Gewinnvariablen sind mit den Dividenden hoch korreliert. Das absolute Niveau der Dividenden (Div_{it}) weist eine Korrelation mit dem Konzernjahresüberschuss (Jahresüberschuss der Muttergesellschaft) von 0,620 (0,603) auf und ist geringfügig höher als die Größe des Einzelabschlusses mit .

Tabelle 23: Korrelation der Modellvariablen (Obs.: 3.014)

				Konzernabschluss		Einzelabschluss	
Variables	ΔDiv_{it}	Div_{it}	Div_{it-1}	$JÜ_{it}$	$JÜ_{it-1}$	$JÜ_{t}$	$JÜ_{it-1}$
ΔDiv_{it}	1,000						
Div_{it}	0,481	1,000					
Div_{it-1}	0,041	0,870	1,000				
KA-$JÜ_{it}$	0,359	0,620	0,538	1,000			
KA-$JÜ_{it-1}$	0,087	0,542	0,604	0,605	1,000		
EA-$JÜ_{t}$	0,338	0,603	0,517	0,697	0,454	1,000	
EA-$JÜ_{it-1}$	0,057	0,551	0,624	0,480	0,732	0,439	1,000

KA-JÜ (EA-JÜ) ist der Konzernjahresüberschuss (Jahresüberschuss des Mutterunternehmens). Div ist die Dividendenzahlung und ΔDiv die Veränderung der Dividenden ($Div_t - Div_{t-1}$). Alle Variablen sind skaliert mit der durchschnittlichen Konzernbilanzsumme $((Konzernbilanzsumme_t + Konzernbilanzsumme_{t-1})/2)$.

[441] Vgl. Abschnitt 2.3 und 4.1.1, vgl. auch *Brav* et al. (2005), S. 501.

[442] Vgl. zu einem vergleichbaren Ansatz bei der Untersuchung von Bilanzpolitik (*earnings management*) *Burgstahler/Dichev* (1997) bzw. *Daske/Gebhardt/McLeay* (2006) für europäische Unternehmen.

Der Einfluss auf die Dividendenänderung (ΔDiv_{it}) ist beim Konzernjahresüberschuss ebenfalls geringfügig höher (0,359 zu 0,338). Zu erkennen ist ein starker Zusammenhang zwischen beiden Variablen und der Dividendenentscheidung. Dies kann problematisch sein, wenn diese Variablen auch miteinander hoch korreliert sind. KA-JÜ und EA-JÜ sind mit 0,697 korreliert. Dies kann zu Multikollinearität führen und ist entsprechend in den Untersuchungsmodellen und bei der Interpretation der Koeffizienten zu berücksichtigen. Für die unabhängigen Variablen weist ein Test auf Multikollinearität einen durchschnittlichen *Variance Inflation Factor* (VIF) von 2,37 auf. Der höchste VIF-Wert liegt bei 2,8. Der *Conditional Index* von *Belsley/Kuh/Welsch* (2004) beträgt 6,2368. Danach ist ein Multikollinearitätsproblem auch bei Verwendung aller Variablen innerhalb eines Modelles nicht zu erwarten.[443]

Die deskriptiven Untersuchungen dieses Abschnittes haben gezeigt, dass sie die Ergebnisse der früheren Untersuchungen in Bezug auf die Ausschüttungspolitik von Konzernen bestätigen. Die Ausschüttungsquoten bezogen auf das Konzernergebnis liegen im Durchschnitt unter 50%. Dennoch gibt es große Unterschiede bei den Unternehmen. Die Aufteilung nach Branchen zeigt, dass „jüngere" Branchen im IT- oder Medienbereich am wenigsten ausschütten. Unterteilt man die Unternehmen in Kategorien nach ihrem Ausschüttungsverhalten, so wird deutlich, dass die Unternehmensgröße eine Rolle spielt. Die im Durchschnitt kleinsten Unternehmen zahlen überhaupt keine Dividenden, während die größten regelmäßig über alle verfügbaren Beobachtungen eine Dividende zahlen. Die regelmäßigen Dividendenbeobachtungen weisen auch die höchsten Konzernjahresüberschüsse auf. Auf Basis der Jahresüberschüsse der Muttergesellschaft lässt sich dies statistisch nicht bestätigen. Ebenso zeigt sich, dass in Jahren ohne Ausschüttungen Verluste im Jahresüberschuss von Konzern- und Einzelabschluss auftreten. Der Einfluss der Unternehmensgröße kann theoretisch-konzeptionell auf die Wachstumsmöglichkeiten beziehungsweise auf die Investitionsmöglichkeiten der Unternehmen hindeuten. So benötigen die kleineren Unternehmen eine Innenfinanzierung, um ihr Wachstum finanzieren zu können, während die großen Gesellschaften nicht alle freien finanziellen Mittel beziehungsweise Jahresüberschüsse in kapitalwertpositive Projekte investieren können. Bei Betrachtung des Einflusses der Konzernbilanzsumme bestätigt sich diese Annahme, bei den Summen aus dem Jahresabschluss der Muttergesellschaft dagegen nicht. Dies ist bei wirtschaftlicher Betrachtungsweise überzeugend, weil bei einer korrekten Betrachtung der

[443] Vgl. *Belsley/Kuh/Welsch* (2004).

Investitionsmöglichkeiten aus einer Konzernperspektive auch alle Tochtergesellschaften und deren Projekte miteinbezogen werden müssen.

Dies kann auch erste Hinweise auf die Rolle vom Jahresüberschuss der Muttergesellschaft im Vergleich zum Konzernjahresüberschuss geben. Bei einem Verlust im Einzelabschluss der Muttergesellschaft bei gleichzeitigem Gewinn im Konzernabschluss werden nur in 55 von 3.700 Beobachtungen Dividenden ausgeschüttet (Tabelle 20). Im umgekehrten Fall wird bei einem positiven Jahresüberschuss der Muttergesellschaft und gleichzeitigem Konzernverlust bei mehr als doppelt so vielen Beobachtungen eine Dividende gezahlt (122/3.700). Diese Erkenntnis verfestigt sich, wenn die Unternehmen betrachtet werden, die ihre Dividendenzahlungen eingestellt haben. Ein Verlust im Einzelabschluss scheint in diesem Fall maßgeblich zu sein. Selbst bei positivem Konzernergebnis beträgt die Chance das 12-fache, dass dennoch die Dividende eingestellt wird. Nur eine geringe Anzahl der Unternehmen hält die Dividendenzahlung bei Verlusten in beiden Abschlüssen aufrecht. Dies verdeutlicht im Gegensatz zu vielen internationalen Erkenntnissen, dass deutsche Unternehmen offenbar eine geringere Abneigung gegen eine komplette Einstellung der Dividende haben. Dennoch ist die Anzahl der Einstellungen im Beobachtungszeitraum deutlich geringer als die Anzahl der erneuten Einführungen von Zahlungen. Betrachtet man die Dividendenänderungen von Beobachtungen mit Dividende, dann ist jedoch das erwartete Bild zu erkennen, dass eine Aversion gegen Reduzierungen der Zahlungen besteht. Es ist deutlich festzustellen, dass Erhöhungen wesentlich häufiger vorgenommen werden als Reduzierungen.

Diese Erkenntnisse können noch nicht den zu untersuchenden Einfluss des Konzernjahresüberschusses auf die Dividendenentscheidung erklären, sie beschreiben jedoch bereits eine entscheidende Nebenbedingung, die der Einzelabschluss innehat: nämlich bei der Entscheidung, ob überhaupt eine Dividende gezahlt wird oder nicht. Sind allerdings Beobachtungen mit Dividendenzahlungen existent, dann ist der Einfluss des Konzernjahresüberschusses zu analysieren. Die Korrelationen zeigen, dass bereits hier eine geringfügig höhere Korrelation der Konzernjahresüberschüsse mit den Dividendenzahlungen und -änderungen als bei den Jahresüberschüssen der Muttergesellschaft zu beobachten ist. Im folgenden Abschnitt wird dieser Zusammenhang anhand des einschlägigen Modells von *Lintner* (1956) unter Berücksichtigung ökonometrischer Methoden für Panel-Daten untersucht.

4.3.2 Multivariate Analyse

4.3.2.1 Beobachtungen ohne Dividendenzahlung

Die Analysen der vorherigen Abschnitte haben die Einflussfaktoren bei Beobachtungen beschrieben, für die Dividendenzahlungen vorlagen. Es kann gezeigt werden, dass der Jahresüberschuss des Konzernabschlusses einen größeren Einfluss auf die Festsetzung der Ausschüttungen hat als der des Einzelabschlusses der Muttergesellschaft. Die beschreibenden Statistiken des Abschnittes 4.3.1 haben jedoch auch gezeigt, dass die Dividendenbeobachtungen nur einen Teil der gesamten Stichprobe ausmachen und eine Vielzahl von Unternehmen über die gesamte Beobachtungsdauer keine Dividenden zahlt und ein Teil nicht zu jedem Zeitpunkt.

Zwei wesentliche Faktoren konnten ermittelt werden: Zum einen konnte gezeigt werden, dass Nichtzahler im Durchschnitt negative Ergebnisse im Konzern- und Einzelabschluss ausweisen und ein Verlust im Einzelabschluss bei kompletten Einstellungen der Zahlungen häufiger war als ein Verlust im Konzernabschluss. Zum anderen war die Unternehmensgröße der Nichtzahler signifikant kleiner als bei Beobachtungen mit Dividendenzahlungen. Diese Effekte lassen sich in einem einfachen Modellkontext empirisch überprüfen, indem alle 6.253 Beobachtungen anhand dieser Parameter auf ihre Wahrscheinlichkeit hin untersucht werden, dass überhaupt eine Dividende gezahlt wird. Dazu werden die folgenden Logit-Modelle herangezogen:

$$DIVZ_{it} = \beta_0 \text{POS-EA-JÜ}_{it} + \beta_1 \text{POS-KA-JÜ}_{it} + \varepsilon_{it}, \quad (4.15)$$

$$DIVZ_{it} = \beta_0 \text{POS-EA-JÜ}_{it} + \beta_1 \text{POS-KA-JÜ}_{it} + \beta_2 Größe_{it} + \varepsilon_{it}, \quad (4.16)$$

$$DIVZ_{it} = \beta_0 \text{POS-EA-JÜ}_{it} + \beta_1 \text{POS-KA-JÜ}_{it} + \beta_2 LNGröße_{it} + \varepsilon_{it}, \quad (4.17)$$

$$\begin{aligned} DIVZ_{it} = &\beta_0 \text{POS-EA-JÜ}_{it} + \beta_1 \text{POS-KA-JÜ}_{it} + \beta_2 \text{POS-EA-JÜ}_{it} * \text{POS-KA-JÜ}_{it} \\ &+ \beta_3 LNGröße_{it} + \varepsilon_{it}, \end{aligned} \quad (4.18)$$

mit

$DIVZ_{it}$	=	binäre Variable mit Wert 1 für Dividendenzahlung, sonst 0
POS-EA-JÜ$_{it}$	=	binäre Variable mit Wert 1 für positiven Jahresüberschuss der Muttergesellschaft, sonst 0
POS-KA-JÜ$_{it}$	=	binäre Variable mit Wert 1 für positiven Konzernjahresüberschuss
$Größe_{it}$	=	Konzernbilanzsumme
$LNGröße_{it}$	=	Natürlicher Logarithmus der Konzernbilanzsumme
EA-JÜ$_{it}$*AQ	=	Interaktionsvariable EA-JÜ mit AQ
POS-EA-JÜ$_{it}$ $*$ POS-KA-JÜ$_{it}$	=	Interaktion der Variablen POS-EA-JÜ$_{it}$ und POS-KA-JÜ$_{it}$
ε_{it}	=	Fehlerterm

Die oben angeführten Modelle werden mittels einer logistischen Regression geschätzt, sodass Wahrscheinlichkeiten an den Koeffizienten abgelesen werden, die den Einfluss auf die Dividendenzahlung oder die Nichtzahlung einer Dividende beschreiben. Die binären Variablen POS-EA-JÜ und POS-KA-JÜ machen es somit möglich, direkt so genannte *Odds-Ratios* der Koeffizienten abzulesen, welche die Wahrscheinlichkeit oder die Chancen für eine Dividendenzahlung (DIVZ nimmt den Wert 1 an) bei Ereigniseintritt (Wert der Variable nimmt 1 an) gegenüber dem Nichteintritt zeigen.[444] Die Regressionsansätze der Formeln 4.16 bis 4.18 enthalten zusätzlich die Unternehmensgröße als unabhängige Variable, weil die deskriptiven Statistiken bereits gezeigt haben, dass Unternehmen, die Dividenden zahlen im Durchschnitt größer sind als die übrigen. Dies ist ebenfalls einer der „Fakten" über Dividendenpolitik.[445]

In die Modelle werden ebenfalls *fixed*-Effekte eingebaut, um diese nicht beobachteten Variablen bei der Dividendenentscheidung zu berücksichtigen. Auf Firmenebene sind diese Effekte jedoch nur von Nutzen, wenn eine Varianz in der zu erklärenden Variable vorkommt. Beim Gesamtmodell ist eine große Anzahl der Unternehmen in der Stichprobe, die über die gesamte Beobachtungszeit keine Dividenden zahlt. In diesen Fällen würde die alleinige Erklärungskraft auf der firmenindividuellen Konstanten lasten, ohne andere

[444] Vgl. *Hosmer/Lemeshow* (2000), S. 48-56.
[445] Vgl. Tabelle 1 und Tabelle 2.

Faktoren im Querschnitt der Unternehmen adäquat zu berücksichtigen. Daher werden in diesen Fällen gegebenenfalls Branchen-*fixed*-Effekte inkludiert, um die Koeffizienten der Gewinngrößen frei von diesen Einflüssen interpretieren zu können.

Tabelle 24: Logit-Modell zur Erklärung von Dividendenzahlungen

	(1) DIVZ	(2) DIVZ	(3) DIVZ	(4) DIVZ	(5) DIVZ	(6) DIVZ
POS-EA-JÜ	3,445*** (29,72)	3,444*** (29,02)	3,476*** (27,66)	3,120*** (15,98)	3,338*** (25,25)	6,383*** (11,37)
POS-KA-JÜ	1,906*** (17,44)	1,856*** (16,76)	1,788*** (15,35)	1,374*** (6,45)	1,838*** (14,82)	2,304*** (5,94)
Größe		0,000*** (5,57)				
LNGröße			0,531*** (19,68)	0,532*** (19,74)	0,479*** (16,71)	1,384*** (5,41)
POS-EA-JÜ *POS-KA-JÜ				0,587** (2,31)		
Firma (fixed)	-	-	-	-	-	inkl.
Branche (fixed)	-	-	-	-	inkl.	-
Jahr (fixed)	-	-	-	-	inkl.	inkl.
Obs.	6.253	6.253	6.253	6.253	6.253	1.555
Pseudo R^2	0,481	0,492	0,539	0,539	0,579	0,720
Hosmer-Lemeshow χ^2	3,20*	178,58***	25,7***	26,02***	49,03***	22,54***

t Statistik in Klammern

* $p < 0,1$, ** $p < 0,05$, *** $p < 0,01$

DIVZ ist eine binäre Variable, die bei Dividendenzahlung den Wert eins annimmt, sonst null. POS-KA-JÜ$_{it}$ (POS-EA-JÜ$_{it}$) ist eine binäre Variable, die den Wert 1 annimmt, wenn der Konzernjahresüberschuss (Jahresüberschuss der Muttergesellschaft) positiv ist, sonst null. *Größe*$_{it}$ (*LNGröße*$_{it}$) stellt die (logarithmierte) Konzernbilanzsumme dar. POS-EA-JÜ$_{it}$ * POS-KA-JÜ$_{it}$ ist ein Interaktionsterm der beiden Variablen POS-EA-JÜ$_{it}$ und POS-KA-JÜ$_{it}$.

Die Ergebnisse der Logit-Regressionen sind in Tabelle 24 dargestellt. Modell (1) stellt in einer einfachen Modellspezifikation den Zusammenhang der binären zu erklärenden Variable DIVZ und den binären Variablen POS-EA-JÜ, die einen positiven Jahresüberschuss der Muttergesellschaft bedeutet, und der Variablen POS-KA-JÜ, die einen positiven Konzernjahresüberschuss bedeutet. An den Koeffizienten ist deutlich zu erkennen, dass der Einfluss von POS-EA-JÜ größer auf DIVZ ist als POS-KA-JÜ. Die Koeffizienten stellen die logarithmierten *Odds-Ratios* dar und damit die Wahrscheinlichkeiten eines positiven Wertes der abhängigen Variable. Die *Odds* lassen sich durch $e^{\hat{\beta}_i}$ berechnen. Dies ergibt für den Koeffizienten POS-EA-JÜ eine *Odds-Ratio* von 31,34, die so zu interpretieren ist, dass die Wahrscheinlichkeit, eine Dividende zu zahlen über dreißig Mal so hoch ist, wenn der Jahresüberschuss der Muttergesellschaft positiv ist als wenn es sich um einen Verlust (Jahresfehlbetrag) handelt. Für die Variable POS-KA-JÜ beträgt die *Odds-Ratio* lediglich 6,73. Das Modell weist ein Pseudo-R^2 von 0,481 auf. Dies muss jedoch bei einem Logit-Modell noch nicht heißen, dass es gut spezifiziert ist. Daher wird ein *Hosmer/Lemeshow* (1980) Test durchgeführt, der auf dem 10%-Niveau eine gute Modellerklärungskraft bestätigt. Die Überprüfung mittels eines so genannten link-Tests zeigt jedoch, dass die Spezifikation nicht optimal ist. Bei diesem Test wird DIVZ auf die Prognose von $\hat{DIVZ}$ und $\hat{DIVZ}^2$ regressiert. Bei einer annehmbaren Spezifikation darf $\hat{DIVZ}^2$ keinen Erklärungsgehalt aufweisen.[446] Bei Modell (1) weist $\hat{DIVZ}^2$ einen p-Wert von 0,040 auf, sodass dieses Modell nicht gut spezifiziert ist.

Die Erkenntnisse aus der deskriptiven Statistik haben bereits die Größe als potenziell erklärenden Faktor für das Auftreten von Dividenden offengelegt. In Modell (2) wird die durchschnittliche Konzernbilanzsumme als *Größe* in die Regressionsgleichung aufgenommen. Das Pseudo-R^2 steigt und die *Hosmer/Lemeshow* (1980)-Statistik ist hochsignifikant. Die Größe trägt demnach zur Erklärung von DIVZ bei. Ein link-Test zeigt einen p-Wert von 0,16, sodass auch in dieser Hinsicht von einer besseren Modellspezifikation gesprochen werden kann. Die Koeffizienten des Konzernüberschusses und des Jahresüberschusses aus dem Einzelabschluss bleiben mit denen aus Modell (1) vergleichbar. Die Wahrscheinlichkeit einer Dividendenzahlung steigt bei einem positiven Jahresüberschuss im Einzelabschluss wesentlich stärker als bei Betrachtung des Konzernabschlusses. Die Variable *Größe* ist zwar statistisch signifikant, der Koeffizient ist aber sehr niedrig. Dies kann an der enormen Größe und auch Streuung der Konzernbilanzsummen liegen. Eine Logarithmierung von *Größe* (zu *LNGröße*) in Modell (3) behebt dieses Problem und

446 Vgl. *Pregibon* (1980), S. 20-22.

führt zu einem deutlichen Ergebnis. So zeigt Modell (3) ein höheres Pseudo-R^2 und die *Hosmer/Lemeshow* (1980)-Statistik ist auf dem 1%-Niveau signifikant. Der link-Test führt zu einer nicht signifikanten Prognose (p-Wert 0,402) der quadrierten abhängigen Variable und bestätigt damit die vorliegende Modellspezifikation.

In Logit-Modellen kann oftmals das Hinzufügen eines Interaktionstermes zur Beantwortung der Fragestellung beitragen und das Modell verbessern. In Modell (4) führt das Hinzufügen von $\text{POS-EA-JÜ}_{it} * \text{POS-KA-JÜ}_{it}$ zu keinem zusätzlichen Erklärungsgehalt. Der link-Test zeigt mit einem p-Wert von 0,040 für $\widehat{DIVZ}^2$, dass die Modellspezifikation nicht optimal ist. Dementsprechend wird in den Modellen (5) und (6) auf dem Modell (3) aufgebaut.

In Modell (5) werden Branchen- und Jahres-*fixed*-Effekte in die Regression integriert. Vor allem branchentypisches Verhalten wie es beispielsweise bei den Medien- oder IT-Dienstleistern (SIC-Anfangsziffer 7) vorkommt, wird dadurch aufgefangen und die Koeffizienten spiegeln diese Konstanten nicht wieder. Ebenso verhält es sich bei den Jahres-*fixed*-Effekten, die gegebenenfalls eine Konstante über den Querschnitt eines Jahres auffängt, wie beispielsweise rechtliche Änderungen, die alle Unternehmen betreffen. Weil sehr viele Firmen gar nicht ausschütten, wurde kein individueller Firmen-*fixed*-Effekt in das Modell (5) aufgenommen.

Modell (5) hat eine bessere Erklärungskraft gegenüber den Vormodellen und die Koeffizienten bestätigen die Ergebnisse der Vormodelle. POS-EA-JÜ hat einen Koeffizienten von 3,338 (eine *Odds-Ratio* von 28,15). Der Koeffizient für einen positiven Konzernjahresüberschuss POS-KA-JÜ beträgt 1,838 (dies entspricht einer *Odds-Ratio* von 6,28). Beide Koeffizienten sind statistisch auf dem 1%-Niveau signifikant. *LNGröße* ist mit 0,479 ebenfalls auf dem 1%-Niveau signifikant. Über die gesamten Beobachtungen der Stichprobe (6.253) ist demnach die Wahrscheinlichkeit, dass in einem Jahr eine Dividende gezahlt wird, hauptsächlich vom Jahresüberschuss der Muttergesellschaft abhängig. Die Chance auf eine Dividende ist 28-mal höher, wenn der Jahresüberschuss der Muttergesellschaft positiv ist. Im Vergleich dazu betragen die Chancen bei positivem Konzernjahresüberschuss nur das Sechsfache.[447] Der link-Test bestätigt die Modellspezifikation aufgrund des p-Wertes von 0,780 für $\widehat{DIVZ}^2$. Die Ergebnisse werden noch deutlicher, wenn in Modell (6) nur Beobachtungen von Unternehmen herangezogen werden, die teilweise

[447] Die *Odds-Ratios* für alle geschätzten Modelle sind in Tabelle 41 im Anhang auf Seite 211 zu finden.

Dividenden zahlen und teilweise nicht (Kategorie 1 und 2). In diese Regressionsgleichung können auch *fixed*-Effekte integriert werden, weil diese Unternehmen eine Varianz in der zu erklärenden Variable aufweisen.

Der Erklärungsgehalt von Modell (6) ist mit einem Pseudo R^2 von 0,72 höher als bei den anderen Modellen. Ebenso ist die Modellgüte nach dem Test von *Hosmer/Lemeshow* (1980) auf dem 1%-Niveau zur Erklärung der Ausprägungen von DIVZ geeignet. Die Modellspezifikation ist nicht zu beanstanden. Dies zeigt der link-Test mit einer deutlich nicht signifikanten Variable $\hat{DIVZ}^2$ (0,025). Der Koeffizient von POS-EA-JÜ ist mit 6,383 sehr hoch. Die berechnete Odds-Ratio beträgt 591,86. Die Wahrscheinlichkeit bei den Unternehmen, die in der Stichprobe auch ihre Dividenden auf null reduzieren und auch wieder initiieren, dass sie eine Dividende zahlen, liegt fast 600-mal so hoch, wenn der Jahresüberschuss aus dem Einzelabschluss der Muttergesellschaft positiv ist. Das Ergebnis ist auf dem 1%-Niveau signifikant. Der Konzernjahresüberschuss ist dagegen bereits deutlich niedriger. Ebenso spielt die Größe eine signifikante Rolle, allerdings nicht in dem Maße, wie der Jahresüberschuss des Einzelabschlusses.

Die Untersuchungsergebnisse dieses Abschnittes bescheinigen dem Jahresüberschuss der Muttergesellschaft eine entscheidende Rolle, bei der Entscheidung, ob überhaupt eine Dividende gezahlt wird oder nicht. Die beschreibenden Statistiken in Abschnitt 4.3.1 haben erste Hinweise auf einen solchen Zusammenhang zeigen können. Die Analysen mithilfe der logistischen Regressionen haben diese deskriptiven Ergebnisse statistisch signifikant bestätigt. Dies verdeutlicht, dass den Einzelabschlüssen, die nach den Befragungsergebnissen von *Pellens/Gassen/Richard* (2003) eine Nebenrolle innehaben, dann ihre Nebenrolle verlassen, wenn es um die Einführung oder das Einstellen von Dividenden geht. Entsprechend lässt sich eine Aussage von *Pellens/Gassen/Richard* (2003), dass die Einzelabschlüsse nur noch eine Nebenbedingung sind, dahin gehend konkretisieren, dass die Jahresüberschüsse der Muttergesellschaft die Bedingung zu sein scheinen, dass überhaupt ausgeschüttet wird.[448]

[448] Dabei sind die Ausführungen in Abschnitt 3.2.5.1 zur gezielten Gestaltbarkeit des Jahresüberschusses im Einzelabschluss zu beachten.

4.3.2.2 Beobachtungen mit Dividendenzahlungen

In diesem Abschnitt wird der Einfluss von Konzernjahresüberschuss und dem Jahresüberschuss der Muttergesellschaft auf die Dividendenentscheidung des Managements untersucht. Zum Testen der grundlegenden Modelle wird die in Abschnitt 4.3.1 hergeleitete Stichprobe der Beobachtungen mit vorhandener Dividendenzahlung verwendet. In einem ersten Schritt kann der Erklärungsgehalt von einem so genannten „naiven" Modell überprüft werden[449]:

$$\textbf{Modell 1: } \Delta Div_{it} = \beta_0 + \beta_1 KA\text{-}J\ddot{U}_{it} + \varepsilon_{it}\,, \tag{4.19}$$

$$\textbf{Modell 2: } \Delta Div_{it} = \beta_0 + \beta_1 EA\text{-}J\ddot{U}_{it} + \varepsilon_{it}\,, \tag{4.20}$$

$$\textbf{Modell 3: } \Delta Div_{it} = \beta_0 + \beta_1 KA\text{-}J\ddot{U}_{it} + \beta_2 EA\text{-}J\ddot{U}_{it} + \varepsilon_{it}\,, \tag{4.21}$$

$$\begin{aligned}\textbf{Modell 4: } \Delta Div_{it} =& \beta_0 + \beta_1 KA\text{-}J\ddot{U}_{it} + \beta_2 EA\text{-}J\ddot{U}_{it} + \beta_3 KA\text{-}J\ddot{U}_{it-1} \\ &+ \beta_4 EA\text{-}J\ddot{U}_{it-1} + \varepsilon_{it}\,,\end{aligned} \tag{4.22}$$

$$\begin{aligned}\textbf{Modell 5: } \Delta Div_{it} =& \beta_0 + \beta_1 KA\text{-}J\ddot{U}_{it} + \beta_2 EA\text{-}J\ddot{U}_{it} + \beta_3 KA\text{-}J\ddot{U}_{it-1} \\ &+ \beta_4 EA\text{-}J\ddot{U}_{it-1} + \varepsilon_{it}\,,\end{aligned} \tag{4.23}$$

$$\begin{aligned}\textbf{Modell 6: } \Delta Div_{it} =& \beta_0 + \beta_1 KA\text{-}J\ddot{U}_{it} + \beta_2 EA\text{-}J\ddot{U}_{it} + \beta_3 KA\text{-}J\ddot{U}_{it-1} \\ &+ \beta_4 EA\text{-}J\ddot{U}_{it-1} + \varepsilon_{it}\,.\end{aligned} \tag{4.24}$$

mit

ΔDiv_{it}	=	Veränderung der Dividende ($Div_{it} - Div_{it-1}$)
$KA\text{-}J\ddot{U}_{it}$	=	Konzernjahresüberschuss
$KA\text{-}J\ddot{U}_{it-1}$	=	Konzernjahresüberschuss des Vorjahres
$EA\text{-}J\ddot{U}_{it}$	=	Jahresüberschuss der Muttergesellschaft
$EA\text{-}J\ddot{U}_{it}$	=	Jahresüberschuss der Muttergesellschaft des Vorjahres
ε_{it}	=	Fehlerterm

Alle Variablen sind skaliert mit der durchschnittlichen Konzernbilanzsumme.

Die Formeln 4.19 bis 4.24 beinhalten nur die jeweiligen Gewinngrößen sowie die Gewinngrößen des Vorjahres als erklärende Variablen. Die Ergebnisse einer einfachen über alle

[449] Vgl. zu dieser Vorgehensweise *König* (1990), S. 30.

Dividendenbeobachtungen durchgeführten OLS-Regression sind in Tabelle 25 dargestellt. In Modell (1) von Tabelle 25 ist der einfache Zusammenhang von Konzernjahresüberschuss (KA-JÜ) und der Dividendenänderung modelliert. Der Konzernjahresüberschuss ist signifikant auf dem 1%-Niveau. Im direkten Vergleich mit Modell (2), in dem der Jahresüberschuss der Muttergesellschaft (EA-JÜ) die unabhängige Variable ist, ist zu beobachten, dass der Koeffizient von EA-JÜ geringfügig kleiner ist als KA-JÜ in Modell (1) (ebenso die t-Statistik) und, dass der Erklärungsgehalt des Modells geringfügig kleiner ist. Der Erklärungsgehalt der Modelle nimmt zu, wenn die Vorjahreswerte hinzugenommen werden (Modell (4) und Modell (5)). Vergleicht man die Modelle (3) und (6), die sowohl Konzern- als auch Einzelabschlussgewinne als unabhängige Variablen enthalten, ist festzustellen, dass der Koeffizient des Konzernjahresüberschusses in beiden Fällen größer ist. Er weist demnach eine größere Erklärungskraft der Dividendenänderung auf.

Die Untersuchungshypothese, dass der Konzernjahresüberschuss den Jahresüberschuss bei der Dividendenentscheidung dominiert, lässt sich anhand der statistischen Hypothese treffen, dass in einem Modell, in dem beide Variablen vorkommen, die Konzernvariable einen signifikanten Einfluss hat und, dass dieser Einfluss größer ist, beziehungsweise, dass der Koeffizient größer ist als der Koeffizient des Jahresüberschusses der Muttergesellschaft. Werden zwei voneinander unabhängige Modelle getestet, jeweils mit Konzern- und mit Einzelabschlussdaten, so muss annahmegemäß das Modell, welches die Konzernabschlussdaten enthält eine höhere Erklärungskraft (Bestimmtheitsmaß) aufweisen. Die „naiven" Modelle in Tabelle 25 zeigen eine höhere Erklärungskraft für die Konzerndaten (Modelle (1) und (4) haben ein höheres Bestimmtheitsmaß als die Modelle (2) und (5)). Ebenso sind in den Modellen (3) und (6) die Koeffizienten des Konzernjahresüberschusses größer als die des Jahresüberschusses der Muttergesellschaft.

Die Ergebnisse dieser „naiven" Modelle bestätigen bereits die Hypothese, dass der Konzernjahresüberschuss einen größeren Einfluss auf die Bestimmung der Dividenden(politik) hat als der Jahresüberschuss der Muttergesellschaft. Ein reiner Vergleich der Bestimmtheitsmaße ist jedoch statistisch kein verlässlicher Test, um diese Hypothese zu bestätigen. Daher kann ein so genannter Vuong-Test durchgeführt werden. Dieser „likelihood ratio test for the competing nonnested models" geht auf *Vuong* (1989) zurück. Im Anwendungsbereich der empirischen Rechnungslegungsforschung verwendet *Dechow* (1994) diesen Test um die Überlegenheit eines Modells über das andere zu bestimmen, „without presuming under the null that either model is 'true'. This allows a directional test

Tabelle 25: OLS-Regressionen „naives“ Modell auf ΔDiv_{it}

	(1) ΔDiv_{it}	(2) ΔDiv_{it}	(3) ΔDiv_{it}	(4) ΔDiv_{it}	(5) ΔDiv_{it}	(6) ΔDiv_{it}
$KA\text{-}JÜ_{it}$	0,080***		0,052***	0,104***		0,077***
	(12,15)		(5,73)	(21,86)		(6,32)
$EA\text{-}JÜ_{it}$		0,076***	0,040***		0,082***	0,042***
		(8,09)	(3,70)		(19,46)	(3,51)
$KA\text{-}JÜ_{it-1}$				-0,041***		-0,030***
				(-9,27)		(-3,37)
$EA\text{-}JÜ_{it-1}$					-0,022***	-0,018**
					(-5,71)	(-2,26)
Konstante	-0,001**	0,000	-0,001***	-0,000	0,000**	-0,000
	(-2,46)	(0,22)	(-3,47)	(-0,78)	(2,02)	(-1,29)
Obs.	3.014	3.014	3.014	2.729	2.729	2.729
R^2	0,130	0,119	0,147	0,156	0,125	0,177
Adj. R^2	0,130	0,118	0,146	0,155	0,124	0,175

t Statistik in Klammern

* $p < 0,1$, ** $p < 0,05$, *** $p < 0,01$

$KA\text{-}JÜ_{it}$ ($EA\text{-}JÜ_{it}$) ist der Konzernjahresüberschuss (Jahresüberschuss des Mutterunternehmens). $KA\text{-}JÜ_{it-1}$ ($EA\text{-}JÜ_{it-1}$) ist der Konzernjahresüberschuss (Jahresüberschuss des Mutterunternehmens) der Vorperiode. ΔDiv ist die Veränderung der Dividenden ($Div_t - Div_{t-1}$). Alle Variablen sind skaliert mit der durchschnittlichen Konzernbilanzsumme $((Konzernbilanzsumme_t + Konzernbilanzsumme_{t-1})/2)$.

indicating which of the competing hypotheses, if either, is closer to explaining the data. Intuitively, Vuong's tests allows us to determine which performance measure (earnings or cash flows) has relatively more explanatory power.“[450]

Die *Vuong* (1989) Z-Statistik zum Vergleich der Modelle (1) und (2) liefert einen Z-Wert von 0,6962 (p-Wert 0,4863) sowie bei Vergleich der Modelle (4) und (5) einen Z-Wert von 1,3001 (p-Wert = 0,1936). Von einer statistisch signifikanten Überlegenheit eines der Modelle kann dementsprechend nicht ausgegangen werden. Zum Testen der Koeffizienten innerhalb eines Modells sowie von Hypothesen verbundener Koeffizienten wird ein Wald-

450 *Dechow* (1994), S. 23; vgl. *Dechow* (1994), S. 23-25 zur Anwendung des Tests sowie Appendix 2, S. 37-40, zur Berechnung der Vuong Z-Statistik.

Test verwendet, der eine t-Statistik für einen zweiseitigen Test berechnet.[451] Testet man die Koeffizienten von Modell (3), ob diese voneinander verschieden sind beziehungsweise KA-JÜ größer als EA-JÜ ist, so ergibt sich ein p-Wert von 0,51. Der Koeffizient des Konzernjahresüberschusses ist folglich nicht signifikant größer als EA-JÜ. In Modell (5) ergibt der Wald-Test einen p-Wert von 0,1171. Bei einem einseitigen Test ist demnach der Koeffizient von KA-JÜ signifikant auf dem 5%-Niveau größer als der Koeffizient von EA-JÜ.

Die ersten Ergebnisse von Tabelle 25 weisen jedoch eine Problematik bei der Konsistenz der berechneten Schätzer auf. Die Querschnittsdaten sind nicht unabhängig voneinander, sodass ein sogenanntes „pooling" zu einem nicht konsistenten Schätzer führt. Über die Zeit, aber auch über die Unternehmen hinweg, können in diesem Fall nicht beobachtete Effekte vorhanden sein. Daher werden für die weiteren Untersuchungen *fixed-effects*-Modelle für *Panel*-Daten verwendet.[452] Tabelle 26 zeigt die Ergebnisse für die „naiven" Modelle (Formeln 4.19 bis 4.24, ohne 4.21) unter Einschluss von Firmen *fixed*-Effekten und bei Modell (6) dem Einfluss von Firmen- und Jahres-*fixed*-Effekten.

Beim Vergleich von Modell 1 mit Modell 2 in Tabelle 26 ist der Koeffizient von KA-JÜ größer als der von EA-JÜ in Modell (2). Ebenso sind die t-Werte und das Bestimmtheitsmaß höher beim Modell (1) mit Konzerndaten.[453] Die Vuong's Z-Statistik beträgt 1,0535 (p-Wert 0,2921). So zeigt sich keine statistische Überlegenheit des Modells mit der Konzernvariablen. Beim Vergleich von Modell (3) mit Modell (4) steigt der Erklärungsgehalt beider Modelle gegenüber den Modellen (1) und (2) an – der Erklärungsgehalt des Modells mit den Konzernvariablen (Modell (3)) jedoch deutlicher (das adjustierte R^2 von 0,079 auf 0,113). Die Vuong's Z-Statistik beträgt 1,6216 (p-Wert 0,1049). Auf dem 10%-Niveau ist dem Modell (3) mit dem Konzernjahresüberschuss statistisch eine Überlegenheit in der Erklärungskraft zu attestieren. Die Modelle (5) und (6) beinhalten alle erklärenden Variablen in einem Modell. Modell (6) beinhaltet zusätzlich Jahres-*fixed*-

[451] Vgl. *Baum* (2006), S. 91-99. Wenn im Folgenden keine weiteren Annahmen getroffen werden, wird die Hypothese getestet, dass die Koeffizienten null sind bzw. die Differenzen der Koeffizienten gleich Null sind. Wird der Test einseitig durchgeführt, so ist der p-Wert zu halbieren.

[452] Vgl. *Wooldridge* (2006), S. 448-476.

[453] Die Bestimmtheitsmaße zeigen die *within*-Bestimmtheitsmaße. Diese sind verhältnismäßig niedriger als die regulären Bestimmtheitsmaße über das gesamte Modell. So beträgt beispielsweise das über das gesamte Modell berechnete adjustierte Bestimmtheitsmaß für Modell (6) 0,2532.

Tabelle 26: Fixed Effects-Regressionen „naives“ Modell auf ΔDiv_{it}

	(1) ΔDiv_{it}	(2) ΔDiv_{it}	(3) ΔDiv_{it}	(4) ΔDiv_{it}	(5) ΔDiv_{it}	(6) ΔDiv_{it}
$KA\text{-}J\ddot{U}_{it}$	0,079***		0,093***		0,074***	0,070***
	(7,93)		(7,31)		(5,19)	(4,93)
$EA\text{-}J\ddot{U}_{it}$		0,064***		0,065***	0,034***	0,036***
		(5,29)		(4,67)	(2,90)	(2,98)
$KA\text{-}J\ddot{U}_{it-1}$			-0,044***		-0,032***	-0,032***
			(-5,18)		(-3,12)	(-3,11)
$EA\text{-}J\ddot{U}_{it-1}$				-0,028***	-0,019**	-0,019**
				(-3,17)	(-2,11)	(-2,03)
Firma (fixed)	inkl.	inkl.	inkl.	inkl.	inkl.	inkl.
Jahr (fixed)						inkl.
Obs.	3.014	3.014	2.729	2.729	2.729	2.729
R^2	0,080	0,064	0,114	0,080	0,133	0,143
Adj. R^2	0,079	0,064	0,113	0,079	0,131	0,137

t Statistik in Klammern

* $p < 0,1$, ** $p < 0,05$, *** $p < 0,01$

$KA\text{-}J\ddot{U}_{it}$ ($EA\text{-}J\ddot{U}_{it}$) ist der Konzernjahresüberschuss (Jahresüberschuss des Mutterunternehmens). $KA\text{-}J\ddot{U}_{it-1}$ ($EA\text{-}J\ddot{U}_{it-1}$) ist der Konzernjahresüberschuss (Jahresüberschuss des Mutterunternehmens) der Vorperiode. ΔDiv ist die Veränderung der Dividenden ($Div_t - Div_{t-1}$). Alle Variablen sind skaliert mit der durchschnittlichen Konzernbilanzsumme ($(Konzernbilanzsumme_t + Konzernbilanzsumme_{t-1})/2$). Die Standardfehler sind heteroskedastizitätskonsistent (*White* (1980)) und „clustered“ auf dem Firmenlevel. Die Modelle 1 bis 5 enthalten Firmen-*fixed*-Effekte und Modell 6 Firmen- und Jahres-*fixed*-Effekte.

Effekte. Der Wald-Test auf einen größeren Koeffizienten von KA-JÜ ergibt in Modell (5) (Modell (6)) einen p-Wert 0,0787 (0,1249), der auf dem 5%-Niveau (10%-Niveau) bestätigt, dass der Koeffizient von KA-JÜ höher ist als der Koeffizient von EA-JÜ.

Die Ergebnisse aus Tabelle 26 sind aufgrund der Paneldaten-Methodik wesentlich aussagekräftiger als die aus Tabelle 25. So werden nicht beobachtbare Einflüsse, die unternehmensspezifisch konstant sind (beispielsweise die Historie oder die Eigentümerstruktur) sowie nicht beobachtbare Einflüsse, die im Querschnitt periodenspezifisch alle Unternehmen betreffen (beispielsweise Änderungen im Steuersystem oder ein konjunktureller Aufschwung), berücksichtigt.[454]

Wenn gleich bereits die „naiven" Modelle eine Vorteilhaftigkeit des Konzernjahresüberschusses im Hinblick auf die Dividendenänderung belegen, so fehlt es ihnen doch an einer fundierten Herleitung. Die bereits in Abschnitt 4.1.2 dargestellten Referenzuntersuchungen haben und auch die internationalen Studien zeigen, dass das in Abschnitt 4.1.1 vorgestellte *Lintner* (1956)-Modell die Ausschüttungspolitik am besten erklärt. Daher wird die ökonometrisch angepasste und zu bevorzugende Version von *Fama/Babiak* (1968) auf die Untersuchungsfrage angewendet.[455] Das Grundmodell wird entsprechend der Fragestellung ergänzt, sodass folgende empirisch zu testende Modelle entstehen:[456]

$$\textbf{Modell 1: } \Delta Div_{it} = \beta_0 + \beta_1 Div_{it-1} + \beta_2 KA\text{-}J\ddot{U}_{it} + Firma_i(+Jahr_t) + \varepsilon_{it}, \tag{4.25}$$

$$\begin{aligned}\textbf{Modell 2: } \Delta Div_{it} =& \beta_0 + \beta_1 Div_{it-1} + \beta_2 KA\text{-}J\ddot{U}_{it} + \beta_3 KA\text{-}J\ddot{U}_{it-1}\\ &+ Firma_i(+Jahr_t) + \varepsilon_{it},\end{aligned} \tag{4.26}$$

$$\textbf{Modell 3: } \Delta Div_{it} = \beta_0 + \beta_1 Div_{it-1} + \beta_2 EA\text{-}J\ddot{U}_{it} + Firma_i(+Jahr_t) + \varepsilon_{it}, \tag{4.27}$$

$$\begin{aligned}\textbf{Modell 4: } \Delta Div_{it} =& \beta_0 + \beta_1 Div_{it-1} + \beta_2 EA\text{-}J\ddot{U}_{it} + \beta_3 EA\text{-}J\ddot{U}_{it-1}\\ &+ Firma_i(+Jahr_t) + \varepsilon_{it},\end{aligned} \tag{4.28}$$

$$\begin{aligned}\textbf{Modell 5: } \Delta Div_{it} =& \beta_0 + \beta_1 Div_{it-1} + \beta_2 KA\text{-}J\ddot{U}_{it} + \beta_3 EA\text{-}J\ddot{U}_{it}\\ &+ Firma_i(+Jahr_t) + \varepsilon_{it},\end{aligned} \tag{4.29}$$

$$\begin{aligned}\textbf{Modell 6: } \Delta Div_{it} =& \beta_0 + \beta_1 Div_{it-1} + \beta_2 KA\text{-}J\ddot{U}_{it} + \beta_3 EA\text{-}J\ddot{U}_{it}\\ &+ \beta_4 KA\text{-}J\ddot{U}_{it-1} + \beta_5 EA\text{-}J\ddot{U}_{it-1} + Firma_i(+Jahr_t) + \varepsilon_{it}.\end{aligned} \tag{4.30}$$

454 Vgl. grundlegend zur Analyse von Paneldaten *Hsiao* (2003).
455 Vgl. auch *Behm/Zimmermann* (1993), S. 228-230.
456 Vgl. zu dieser Vorgehensweise beispielsweise *Bank/Cheffins/Goergen* (2009), S. 215.

mit

ΔDiv_{it}	=	Veränderung der Dividende ($\Delta Div_{it} - \Delta Div_{it-1}$)
Div_{it-1}	=	Dividende des Vorjahres
$KA\text{-}J\ddot{U}_{it}$	=	Konzernjahresüberschuss
$KA\text{-}J\ddot{U}_{it-1}$	=	Konzernjahresüberschuss des Vorjahres
$EA\text{-}J\ddot{U}_{it}$	=	Jahresüberschuss der Muttergesellschaft
$EA\text{-}J\ddot{U}_{it}$	=	Jahresüberschuss der Muttergesellschaft des Vorjahres
$Firma_i$	=	Firmen-*fixed*-Effekt
$Jahr_t$	=	Jahres-*fixed*-Effekt
ε_{it}	=	Fehlerterm

Alle Variablen sind skaliert mit der durchschnittlichen Konzernbilanzsumme.

Die Ergebnisse der Paneldaten-Regressionen der Modelle gemäß der Formeln 4.25 bis 4.28 sind in Tabelle 27 dargestellt. Die Tabelle veranschaulicht die Ergebnisse mit Berücksichtigung von Firmen-*fixed*-Effekten. Die Vorjahresdividende ist über alle Modelle weitestgehend gleichbleibend (zwischen -0,252 und -0,302) und hoch signifikant. Der Erklärungsgehalt der Modelle (1) und (2) ist größer als der Erklärungsgehalt der Modelle (3) und (4), welche die Jahresüberschüsse der Muttergesellschaft ($EA\text{-}J\ddot{U}_{it}$, $EA\text{-}J\ddot{U}_{it-1}$) als erklärende Variablen verwenden. Der Koeffizient von KA-JÜ ist in Modell (1) und (2) nahezu konstant bei 0,111 und statistisch auf dem 1%-Niveau signifikant. Er liegt damit auch höher als der Koeffizient von EA-JÜ (0,08) in den Modellen (3) und (4). Die zusätzliche Verwendung der Vorjahreswerte zeigt im Gegensatz zu *Fama/Babiak* (1968) keine zusätzliche Erklärungskraft und ist in beiden Modellen insignifikant.

Die Modelle (5) und (6) enthalten beide Gewinngrößen in einem Modell. Beide Variablen sind signifikant; entsprechend kann festgestellt werden, dass auch beide zusätzlichen Erklärungsgehalt aufweisen, weil das Bestimmtheitsmaß entsprechend ansteigt. Beim Vergleich der Koeffizienten ist der Konzernjahresüberschuss (KA-JÜ) mehr als doppelt so groß (0,089) wie der Koeffizient des Jahresüberschusses aus dem Einzelabschluss (0,041). Beide sind auf dem 1%-Niveau signifikant, wobei KA-JÜ einen fast doppelt so hohen t-Wert ausweist.

Die Ergebnisse der Schätzer in Tabelle 28 sind noch konservativer als die in Tabelle 27. Zusätzlich werden in alle Modellen noch Jahres-*fixed*-Effekte berücksichtigt. Damit werden nicht beobachtete Effekte, die alle Unternehmen im gleichen Beobachtungsjahr erfahren, in den Jahres-*fixed*-Effekt aufgenommen, sodass die Ergebnisse der Tabelle 28 frei von nicht berücksichtigten Konstanten auf Firmenebene und in zeitlicher Hinsicht sind.

Tabelle 27: Fixed Effects-Regressionen (Firmen) der Lintner-Modelle

	(1) ΔDiv_{it}	(2) ΔDiv_{it}	(3) ΔDiv_{it}	(4) ΔDiv_{it}	(5) ΔDiv_{it}	(6) ΔDiv_{it}
Div_{it-1}	-0,294***	-0,286***	-0,252***	-0,261***	-0,302***	-0,295***
	(-8,36)	(-7,18)	(-7,44)	(-6,56)	(-8,54)	(-7,06)
$KA\text{-}J\ddot{U}_{it}$	0,111***	0,113***			0,088***	0,089***
	(8,60)	(8,26)			(6,24)	(6,06)
$KA\text{-}J\ddot{U}_{it-1}$		-0,006				-0,008
		(-0,69)				(-0,90)
$EA\text{-}J\ddot{U}_{it}$			0,080***	0,080***	0,041***	0,041***
			(5,28)	(5,31)	(3,43)	(3,46)
$EA\text{-}J\ddot{U}_{it-1}$				0,006		0,003
				(0,70)		(0,43)
Firma (fixed)	inkl.	inkl.	inkl.	inkl.	inkl.	inkl.
Obs.	2.729	2.729	2.729	2.729	2.729	2.729
R^2	0,218	0,219	0,169	0,169	0,238	0,238
Adj. R^2	0,218	0,218	0,168	0,168	0,237	0,237

t Statistik in Klammern

* $p < 0,1$, ** $p < 0,05$, *** $p < 0,01$

$KA\text{-}J\ddot{U}_{it}$ ($EA\text{-}J\ddot{U}_{it}$) ist der Konzernjahresüberschuss (Jahresüberschuss des Mutterunternehmens). $KA\text{-}J\ddot{U}_{it-1}$ ($EA\text{-}J\ddot{U}_{it-1}$) ist der Konzernjahresüberschuss (Jahresüberschuss des Mutterunternehmens) der Vorperiode. ΔDiv ist die Veränderung der Dividenden ($Div_t - Div_{t-1}$). Div_{it-1} ist die Dividende des Vorjahres. Alle Variablen sind skaliert mit der durchschnittlichen Konzernbilanzsumme $((Konzernbilanzsumme_t + Konzernbilanzsumme_{t-1})/2)$. Die Standardfehler sind heteroskedastizitätskonsistent (*White* (1980)) und „clustered“ auf dem Firmenlevel. Die Modelle 1 bis 6 enthalten Firmen-*fixed*-Effekte.

Die Vorjahresdividende (Div_{it-1}) ist in allen Modellen hoch signifikant und ebenfalls in einer Bandbreite zwischen -0,261 und -0,303. Die Erklärungskraft ($Adj. R^2$) der Modelle nimmt durch Verwendung von Konzernjahresüberschüssen zu. Die Modelle (1) und (2) weisen unter Verwendung der Konzernvariablen eine höhere Erklärungskraft als die Modelle (3) und (4) auf. Ebenso ist der Koeffizient von KA-JÜ in Modell (5) und Modell (6) fast doppelt so hoch wie der des Einzelabschlusses. Diese Differenz hat sich im Vergleich zu Tabelle 27 leicht reduziert. Das Bestimmtheitsmaß ist jedoch von 0,237 auf 0,246 gestiegen.[457]

Tabelle 42 im Anhang zeigt sehr deutlich, dass diese Ergebnisse durchaus branchenabhängig unterschiedlich sind. Generell werden die Ergebnisse der Gesamtbetrachtung bestätigt. Bei der branchenweisen Betrachtung sind vor allem statistisch signifikante Unterschiede bei den Versorgerunternehmen (SIC Anfangsziffer 4) und bei Gesellschaften des Gesundheitswesens zu erkennen (SIC Anfangsziffer 8). Bei den übrigen Branchen ist ein statistisch stärkerer Einfluss des Konzernjahresüberschusses zu beobachten oder es ist kein statistisch signifikanter Unterschied zu erkennen (SIC Anfangsziffer 3). Es ist ein Vorteil der in diesem Abschnitt verwendeten *fixed*-Effekte Regressionen, dass der konstante Einfluss einer Branche in den Modellen berücksichtigt wird und sich dieser Effekt nicht mehr in den Koeffizienten niederschlägt.

Die Ergebnisse der Tabelle 28 zeigen sehr deutlich, dass unter Berücksichtigung der Paneldatenstruktur unter Verwendung des *Lintner* (1956)-Modells Konzernjahresüberschüsse die höheren Koeffizienten aufweisen und die Modelle mit Konzerndaten einen höheren Erklärungsgehalt auf die Dividendenänderung haben. Tabelle 29 zeigt, dass die Unterschiede zwischen Konzern- und Einzelabschlüssen signifikant sind. Panel A zeigt die Teststatistiken für Tabelle 27. Die *Vuong* (1989) Z-Statistik zeigt, dass die Modelle mit Konzernjahresüberschüssen auf dem 5%-Niveau gegenüber den Modellen (3) und (4) zu bevorzugen sind. Sie erklären die abhängige Variable (ΔDiv_{it-1}) besser. Bei den gemeinsamen Modellen sind die Koeffizienten ebenfalls signifikant auf dem 5%-Niveau größer als die des Jahresüberschusses der Muttergesellschaft. Die konservativeren Schätzer von Tabelle 28 bestätigen diese Ergebnisse. Die Z-Statistik bestätigt, dass die Modelle, die Konzernvariablen verwenden, eine höhere Erklärungskraft für die Dividendenänderung innehaben. Die Z-Werte sind auf dem 10%-Niveau signifikant. Die Wald-Tests für die kombinierten Modelle (5) und (6) bestätigen auf dem 5%-Niveau, dass die Koeffizienten

[457] Dabei handelt es sich um das *within*-Bestimmtheitsmaß. Das adjustierte Bestimmtheitsmaß des Gesamtmodells liegt bei 0,35.

Tabelle 28: Fixed Effects-Regressionen (Firmen/Jahr) der Lintner-Modelle

	(1) ΔDiv_{it}	(2) ΔDiv_{it}	(3) ΔDiv_{it}	(4) ΔDiv_{it}	(5) ΔDiv_{it}	(6) ΔDiv_{it}
Div_{it-1}	-0,300***	-0,292***	-0,261***	-0,273***	-0,307***	-0,303***
	(-8,35)	(-7,24)	(-7,67)	(-6,78)	(-8,56)	(-7,15)
$KA\text{-}JÜ_{it}$	0,110***	0,111***			0,084***	0,085***
	(8,48)	(8,16)			(5,96)	(5,81)
$KA\text{-}JÜ_{it-1}$		-0,005				-0,008
		(-0,64)				(-0,92)
$EA\text{-}JÜ_{it}$			0,081***	0,081***	0,042***	0,043***
			(5,34)	(5,38)	(3,53)	(3,57)
$EA\text{-}JÜ_{it-1}$				0,007		0,004
				(0,87)		(0,59)
Firma (fixed)	inkl.	inkl.	inkl.	inkl.	inkl.	inkl.
Jahr (fixed)	inkl.	inkl.	inkl.	inkl.	inkl.	inkl.
Obs.	2.729	2.729	2.729	2.729	2.729	2.729
R^2	0,231	0,231	0,190	0,191	0,251	0,252
Adj. R^2	0,225	0,226	0,184	0,185	0,246	0,246

t Statistik in Klammern

* $p < 0,1$, ** $p < 0,05$, *** $p < 0,01$

$KA\text{-}JÜ_{it}$ ($EA\text{-}JÜ_{it}$) ist der Konzernjahresüberschuss (Jahresüberschuss des Mutterunternehmens). $KA\text{-}JÜ_{it-1}$ ($EA\text{-}JÜ_{it-1}$) ist der Konzernjahresüberschuss (Jahresüberschuss des Mutterunternehmens) der Vorperiode. ΔDiv ist die Veränderung der Dividenden ($Div_t - Div_{t-1}$). Div_{it-1} ist die Dividende des Vorjahres. Alle Variablen sind skaliert mit der durchschnittlichen Konzernbilanzsumme $((Konzernbilanzsumme_t + Konzernbilanzsumme_{t-1})/2)$. Die Standardfehler sind heteroskedastizitätskonsistent (*White* (1980)) und „clustered“ auf dem Firmenlevel. Die Modelle 1 bis 6 enthalten Firmen- und Jahres-*fixed*-Effekte.

des Konzernjahresüberschusses größer sind als die Koeffizienten des Jahresüberschusses aus dem Einzelabschluss.

Die Hypothese aus Abschnitt 4.1.2.1 ist damit bestätigt. Die Konzernergebnisse weisen einen statistisch signifikant höheren Einfluss auf die Dividendenentscheidung des Managements auf. In den einzelnen Modellen sind diese vom Erklärungsgehalt besser

Tabelle 29: Teststatistik zum Modellvergleich

Panel A: Tabelle 27

	Wald-Test	Vuong's Z-Statistik	
Modell	p-Wert	Z-Wert	p-Wert
(1) vs. (3)		2,232	0,026
(2) vs. (4)		2,204	0,028
(5)	0,033		
(6)	0,033		

Panel B: Tabelle 28

	Wald-Test	Vuong's Z-Statistik	
Modell	p-Wert	Z-Wert	p-Wert
(1) vs. (3)		1,920	0,055
(2) vs. (4)		1,884	0,060
(5)	0,059		
(6)	0,059		

* $p < 0,1$, ** $p < 0,05$, *** $p < 0,01$

und bei Modellen mit kombinierten erklärenden Variablen sind die Koeffizienten der Konzernjahresüberschüsse signifikant größer. Die Ergebnisse lassen sich auch mit den bereits durchgeführten Untersuchungen mittels *Lintner* (1956)-Modellen vergleichen. Die Koeffizienten der Formeln 4.25 und 4.27 sowie der Varianten mit Vorjahresgewinnen (Formeln 4.26 und 4.28) lassen sich dann wie folgt interpretieren: Die Anpassungsgeschwindigkeit (*speed of adjustment*-Faktor) ist $-\beta_1$ und die Zielausschüttungsquote (*target payout ratio*) beträgt $-\beta_2/\beta_1$.[458]

Dies ergibt Anpassungsgeschwindigkeiten zwischen 0,252 und 0,307. Dabei sind die Faktoren in den Modellen mit Konzernvariablen höher. Zielausschüttungsquoten errechnen sich für den Konzernjahresüberschuss in Höhe von circa 37% bis 40%.[459] Die Zielausschüttungsquoten auf Basis des Jahresabschlusses der Muttergesellschaft liegen im Bereich zwischen 30% und 32%. Die Zielquoten auf Basis des Einzelabschlusses liegen unter den Quoten für den Konzernjahresüberschuss. Die berechneten Zielausschüttungs-

458 Vgl. *Fama/Babiak* (1968), S. 1143.

459 Diese Ergebnisse sind konsistent mit anderen Untersuchungen, siehe Anhang Abbildung 12 .

quoten für den Konzernjahresüberschuss liegen zudem im Bereich des arithmetischen Mittels, der tatsächlichen Ausschüttungen. Die Konzernausschüttungsquote beträgt rund 38% (Tabelle 16). Bei den Jahresüberschüssen des Einzelabschlusses sind die Unterschiede erheblich. Wenn *Andres* et al. (2009) aus einer solchen Abweichung schließen: „[F]or German firms the dividend decisions are not based on long-term target dividend payout ratios[.]“[460] Dann liegt hier der Schluss nahe, dass die Dividendenentscheidung nicht auf Basis der Jahresüberschüsse des Mutterunternehmens, sondern anhand des Konzernjahresüberschusses getroffen wird.

4.3.2.3 Robustheit der Ergebnisse mit Dividendenzahlungen

Die Ergebnisse in 4.3.2.2 haben die Hypothese, dass bei Beobachtungen mit Dividendenzahlungen der Einfluss des Konzernjahresüberschusses größer ist als der Einfluss des Jahresüberschusses der Muttergesellschaft, bereits bestätigt. In diesem Abschnitt werden diese Erkenntnisse hinsichtlich ihrer Robustheit in Bezug auf die Auswahl der Stichprobe und die Auswahl der Branchen untersucht. Ebenso ist denkbar, dass die Ergebnisse von der zugrunde liegenden Konzernstruktur abhängig sind. Untersuchungen in Japan haben dazu gezeigt, dass das Verhältnis von Konzernkennzahlen zu Einzelabschlusszahlen relevant ist für den Informationsgehalt, der von Konzernabschlüssen ausgeht.[461]

Ebenso spielen modellspezifische Besonderheiten eine Rolle, weil teilweise in der Literatur auch Versionen des *Lintner* (1956)-Modells zu finden sind, welche nicht eine Dividendenänderung (ΔDiv_{it}), sondern das Niveau der Dividende (Div_{it}) als abhängige Variable verwenden.[462] Tabelle 30 zeigt die Ergebnisse für Div_{it} als zu erklärende Variable. Die Dividende des Vorjahres ist hoch signifikant. Ebenso steigt das Bestimmtheitsmaß für Modelle mit Konzernjahresüberschüssen an. Dieser Anstieg ist jedoch nicht so deutlich wie in Tabelle 28.

Die *Vuong* Z-Statistik weist einen p-Wert von 0,1272 auf, sodass auf einem 10%-Niveau die Vorteilhaftigkeit eines der Modelle nicht mehr bestimmt werden kann. Die Modelle

460 *Andres* et al. (2009), S. 183.

461 Vgl. Abschnitt 4.1.2.1, vgl. *Ishikawa* (2000) zitiert nach *Shuto* (2009), S. 202.

462 Diese „levels“-Versionen des Modells liefern in der Regel eine höhere Anpassungsstatistik, sind aber ökonometrisch dennoch nicht zu empfehlen, siehe hierzu *Behm/Zimmermann* (1993) S. 229.

(5) und (6) zeigen jedoch deutlich, dass die Koeffizienten für KA-JÜ wesentlich größer sind als die für EA-JÜ. Die statistische Signifikanz auf dem einseitigem 10%-Niveau bestätigt ein Wald-Test für Modell (5) mit einem p-Wert von 0,1329 sowie für Modell (6) mit einem p-Wert von 0,1210. Demnach bestätigen sich die Ergebnisse aus Abschnitt 4.3.2.2 auch bei Verwendung der Dividendenhöhe als abhängige Variable.

Tabelle 30: Fixed Effects-Regressionen der „levels"-Versionen aus Tabelle 28

	(1) Div_{it}	(2) Div_{it}	(3) Div_{it}	(4) Div_{it}	(5) Div_{it}	(6) Div_{it}
Div_{it-1}	0,511*** (12,43)	0,529*** (11,22)	0,545*** (13,83)	0,538*** (11,98)	0,503*** (12,32)	0,516*** (10,80)
$KA\text{-}JÜ_{it}$	0,102*** (8,63)	0,105*** (8,32)			0,076*** (5,73)	0,078*** (5,61)
$KA\text{-}JÜ_{it-1}$		-0,013 (-1,35)				-0,017* (-1,68)
$EA\text{-}JÜ_{it}$			0,078*** (5,67)	0,078*** (5,70)	0,044*** (3,83)	0,044*** (3,86)
$EA\text{-}JÜ_{it-1}$				0,004 (0,49)		0,006 (0,85)
Firma (fixed)	inkl.	inkl.	inkl.	inkl.	inkl.	inkl.
Jahr (fixed)	inkl.	inkl.	inkl.	inkl.	inkl.	inkl.
Observations	2.729	2.729	2.729	2.729	2.729	2.729
R^2	0,498	0,500	0,481	0,481	0,512	0,514
Adjusted R^2	0,495	0,496	0,477	0,477	0,509	0,510

t Statistik in Klammern

* $p < 0,1$, ** $p < 0,05$, *** $p < 0,01$

KA-JÜ (EA-JÜ) ist der Konzernjahresüberschuss (Jahresüberschuss des Mutterunternehmens). Div ist die Dividendenzahlung und ΔDiv die Veränderung der Dividenden ($Div_t - Div_{t-1}$). Alle Variablen sind skaliert mit der durchschnittlichen Konzernbilanzsumme ($(Konzernbilanzsumme_t + Konzernbilanzsumme_{t-1})/2$). Die Standardfehler sind heteroskedastizitätskonsistent (*White* (1980)) und „clustered" auf dem Firmenlevel.

Zur weiteren Analyse wird die Formel 4.29 verwendet in einem Modell mit Firmen und Jahres-*fixed*-Effekten. Die Ergebnisse in Tabelle 28 haben gezeigt, dass die Vorjahresüberschüsse nicht signifikant sind, daher wird im Folgenden auf die Darstellung aller Modellvarianten verzichtet. Tabelle 31 zeigt als Modell (1) noch einmal zum Vergleich die Ergebnisse von Formel 4.29 aus Tabelle 28. In Modell (2) beinhaltet die untersuchte Stichprobe ausschließlich Unternehmen, die eine Dividendenveränderung aufweisen ($\Delta Div_{it} \neq 0$). Bei diesen Unternehmen hat eine Anpassung der Dividendenpolitik stattgefunden und dementsprechend sind diese für die Fragestellung sehr relevant. Die Koeffizienten zeigen in dieser Untergruppe deutlich, dass die Konzernjahresüberschüsse (KA-JÜ) einen größeren Einfluss auf die Dividendenänderung ausüben (0,096) als die Jahresüberschüsse der Muttergesellschaft (0,042). Knapp auf dem 1%-Niveau lässt sich statistisch bestätigen, dass dieser Größenunterschied besteht. Im Vergleich zum Ausgangsmodell Modell (1) zeigt sich, dass der EA-JÜ nahezu unverändert bleibt und die Erklärungskraft des Modells zunimmt. Die Ergebnisse von Modell (2) legen daher den Schluss nahe, dass wenn Unternehmen ihre Dividenden ändern, die Konzernabschlüsse eine größere Rolle spielen als die Einzelabschlüsse.

Andere Untersuchungen schließen in ihren Stichproben Unternehmen der Finanzbranche aus, weil diese teilweise eine andere Rechnungslegung haben beziehungsweise deren Bilanzen nicht analog zu denen von Industrieunternehmen zu interpretieren sind. Die Untersuchungen in dieser Arbeit haben explizit die Finanzdienstleister, die über die SIC Anfangsziffer 6 identifiziert werden, eingeschlossen, weil auch Finanzdienstleister zum einen Dividenden zahlen und zum anderen auch für diese Unternehmensgruppe die gleichen rechtlichen Rahmenbedingungen für Ausschüttungen gelten. Im Hinblick auf die Fragestellung gemäß Abschnitt 4.1.2.1 kann gerade für die Anteilseigner der Muttergesellschaft der Konzernabschluss aufgrund einer anderen Rechnungslegung wesentlich relevantere Informationen liefern und auch eine wichtigere Basis für die Ausschüttungsentscheidung darstellen. Um den Einfluss der Finanzdienstleister feststellen zu können, werden in Modell (3) die Finanzdienstleister aus der Untersuchungsstichprobe genommen.

Modell (3) zeigt bei einem Erklärungsgehalt ähnlich dem des Grundmodells, dass der Koeffizient des Konzernjahresüberschusses bei 0,085 liegt und statistisch auf dem 1%-Niveau signifikant ist. Der Koeffizient von EA-JÜ liegt ebenfalls hoch signifikant auf 0,040. Diesen Unterschied bestätigt ein Wald-Test auf dem 5%-Niveau. Auch in diesem Fall nimmt der Erklärungsgehalt des Modells leicht zu und der Unterschied zwischen

Tabelle 31: Sensitivität der Ergebnisse aus Tabelle 28

	(1) ΔDiv_{it}	(2) ΔDiv_{it}	(3) ΔDiv_{it}	(4) ΔDiv_{it}	(5) ΔDiv_{it}	(6) ΔDiv_{it}
Div_{it-1}	-0,307***	-0,325***	-0,317***	-0,231**	-0,285***	-0,419***
	(-8,56)	(-8,29)	(-8,42)	(-2,22)	(-6,12)	(-9,99)
$KA\text{-}JÜ_{it}$	0,084***	0,096***	0,085***	0,082**	0,106***	0,100***
	(5,96)	(5,94)	(5,58)	(2,43)	(8,13)	(7,60)
$EA\text{-}JÜ_{it}$	0,042***	0,042***	0,040***	0,050	0,021**	0,019*
	(3,53)	(3,30)	(3,36)	(1,13)	(2,42)	(1,75)
$KA\text{-}JÜ_{it}$*AQ						0,208***
						(7,25)
$EA\text{-}JÜ_{it}$*AQ						-0,007
						(-0,41)
AQ						-0,003***
						(-3,42)
Firma (fixed)	inkl.	inkl.	inkl.	inkl.	inkl.	inkl.
Jahr (fixed)	inkl.	inkl.	inkl.	inkl.	inkl.	inkl.
Obs.	2.729	2.193	2.421	308	2.057	2.057
R^2	0,251	0,270	0,256	0,286	0,236	0,389
Adj. R^2	0,246	0,264	0,250	0,236	0,229	0,382

t Statistik in Klammern

* $p < 0,1$, ** $p < 0,05$, *** $p < 0,01$

KA-JÜ (EA-JÜ) ist der Konzernjahresüberschuss (Jahresüberschuss des Mutterunternehmens). Div ist die Dividendenzahlung und ΔDiv die Veränderung der Dividenden ($Div_t - Div_{t-1}$). Alle Variablen sind skaliert mit der durchschnittlichen Konzernbilanzsumme (($Konzernbilanzsumme_t$ + $Konzernbilanzsumme_{t-1}$)/2). AQ ist eine binäre Variable, die den Wert eins annimmt, wenn die Konzernausschüttungsquote größer als 50% ist. $KA\text{-}JÜ_{it}$*AQ ($EA\text{-}JÜ_{it}$*AQ) ist ein Interaktionsterm der Variablen. Die Standardfehler sind heteroskedastizitätskonsistent (*White* (1980)) und „clustered" auf dem Firmenlevel.

den Koeffizienten wird größer. In Modell (4) werden nur Unternehmen aus der Finanzdienstleistungsbranche betrachtet. Die Anzahl der Beobachtungen geht dementsprechend zurück. Dennoch zeigt sich, dass der Erklärungsgehalt des Modells nur leicht abnimmt und der Koeffizient des Konzernjahresüberschusses (KA-JÜ) mit 0,082 auf dem 5%-Niveau signifikant ist. Der Jahresüberschuss der Muttergesellschaft hat zwar mit 0,50 einen höheren Koeffizienten als in den anderen Modellen, ist aber statistisch nicht signifikant. Daher kann nicht ausgeschlossen werden, dass dieser nicht null beträgt und somit keinen Einfluss auf die Ausschüttungsentscheidung hat. Dadurch zeigt sich gerade bei Finanzdienstleitern, dass der Konzernabschluss für die Ausschüttungsbestimmung hoch relevant ist, während der Einzelabschluss statistisch keine signifikante Rolle spielt.

Eine weitere interessante Untergruppe stellen die Unternehmen dar, die in jeder der vorhandenen Beobachtungen eine Dividendenzahlung ausweisen.[463] Gleichzeitig handelt es sich dabei auch um sehr große Unternehmen.[464] Die Koeffizienten zeigt Modell (5). Der Konzernjahresüberschuss (KA-JÜ) hat einen Koeffizienten 0,106, der statistisch auf dem 1%-Niveau signifikant ist. Der Jahresüberschuss der Muttergesellschaft (EA-JÜ) hat nur einen Koeffizienten von 0,02. Die Differenz ist auf dem 1%-Niveau signifikant. Dies zeigt, dass bei dieser Gruppe von Unternehmen, die regelmäßig Dividenden zahlen, der Konzernabschluss noch deutlicher die Dividendenentscheidung bestimmt als in den anderen Untergruppen der Stichprobe.

Eine weitere Untergruppe stellen die aus Abschnitt 4.3.1 bereits bekannten Unternehmen dar, die sehr hohe Anteile des Konzernjahresüberschusses an die Anteilseigner ausschütten. Bei Ausschüttungsquoten auf dieser Basis von über 50% werden auch Anteilseigner der Muttergesellschaft nicht um ihre rechtliche Position bei der Gewinnverwendung gebracht. Dennoch ist nicht klar, ob diese höhere Ausschüttung nur durch die Jahresüberschüsse der Muttergesellschaft determiniert ist, weil in dieser Untergruppe die Ausschüttungsquoten auf Einzelabschlussbasis noch höher sind als die auf Konzernbasis oder, ob eine hohe Konzernausschüttungsquote zeigt, dass diese Unternehmen sich grundsätzlich stärker an den Konzernergebnissen orientieren. Modell (6) betrachtet den inkrementellen Einfluss der hohen Ausschüttungsquoten auf Konzernbasis für Unternehmen, die zur Gruppe von Modell (5) gehören. Dazu wird das *Lintner* (1956)-Modell wie folgt erweitert:

[463] Vgl. Abschnitt 4.3.1, dort werden diese Unternehmen der Kategorie 3 zugeordnet.

[464] Zu beachten ist, dass konstante Größen über die Beobachtungsperiode in den unternehmensindividuellen *fixed*-Effekten erfasst werden und dadurch die Koeffizienten frei von diesen Einflüssen sind.

$$\begin{aligned}\textbf{Modell 6: } \Delta Div_{it} =& \beta_0 + \beta_1 Div_{it-1} + \beta_2 KA\text{-}J\ddot{U}_{it} + \beta_3 EA\text{-}J\ddot{U}_{it} \\ & \beta_4 KA\text{-}J\ddot{U}_{it}*\text{AQ} + \beta_5 EA\text{-}J\ddot{U}_{it}*\text{AQ} + \beta_6 AQ \\ & + Firma_i(+Jahr_t) + \varepsilon_{it}\,,\end{aligned} \tag{4.31}$$

mit

ΔDiv_{it}	=	Veränderung der Dividende ($\Delta Div_{it} - \Delta Div_{it-1}$)
Div_{it-1}	=	Dividende des Vorjahres
$KA\text{-}J\ddot{U}_{it}$	=	Konzernjahresüberschuss
$EA\text{-}J\ddot{U}_{it}$	=	Jahresüberschuss der Muttergesellschaft
AQ	=	Binäre Variable = 1, wenn Konzernausschüttungsquote > 50%
$KA\text{-}J\ddot{U}_{it}*\text{AQ}$	=	Interaktionsvariable KA-JÜ mit AQ
$EA\text{-}J\ddot{U}_{it}*\text{AQ}$	=	Interaktionsvariable EA-JÜ mit AQ
$Firma_i$	=	Firmen-*fixed*-Effekt
$Jahr_t$	=	Jahres-*fixed*-Effekt
ε_{it}	=	Fehlerterm

Alle Variablen sind skaliert mit der durchschnittlichen Konzernbilanzsumme.

Die Koeffizienten von Modell (6) lassen sich wie folgt interpretieren. Für die Beobachtungen, die eine Konzernausschüttungsquote haben, die kleiner oder gleich 50% ist, beträgt der Koeffizient des Konzernjahresüberschusses 0,100, während der des Jahresüberschusses der Muttergesellschaft bei 0,019 liegt und statistisch noch auf dem 10%-Niveau signifikant ist. Bei Beobachtungen mit einer Konzernausschüttungsquote von größer als 50% nimmt die binäre Variable AQ den Wert 1 an. Dadurch steigt der Koeffizient von KA-JÜ signifikant um 0,208 und beträgt für diese Beobachtungen 0,308. Für den Jahresüberschuss der Muttergesellschaft gibt es keine signifikante Änderung.[465] Bei Beobachtungen, die einen entsprechend hohen Anteil ihres Konzernjahresüberschusses als Dividende zahlen, wird diese Entscheidung signifikant durch das Konzernergebnis bestimmt. Dies ist ein deutliches Ergebnis zur Bestätigung der Untersuchungshypothese. Der Koeffizient des Interaktionsterms wäre nicht so hoch und signifikant, wenn nur das

[465] Verwendet man die Grundgesamtheit von Modell (1), so ergeben sich bei 2.729 Beobachtungen folgende Koeffizienten (t-Werte: Div_{it-1} = -0,437 (-13,11), $KA\text{-}J\ddot{U}_{it}$ = 0,086 (6,17), $EA\text{-}J\ddot{U}_{it}$ = 0,034 (2,99), $KA\text{-}J\ddot{U}_{it}$*AQ = 0,232 (8,19), $EA\text{-}J\ddot{U}_{it}$*AQ = -0,001 (-0,01), AQ = -0,003 (-4,04). Die Ergebnisse von Modell (6) aus Tabelle 31 werden dadurch bestätigt.

Einzelabschlussergebnis die Dividendenentscheidung bestimmt und sich dadurch eine rechnerisch höhere Konzernausschüttungsquote ergibt, weil beispielsweise der Konzernjahresüberschuss konstant bleibt wie bei dem Beispiel des Daimler Konzerns (Tabelle 7, S. 118).

4.3.2.4 Einfluss der Konzernstruktur auf Beobachtungen mit Dividendenzahlungen

Neben diesen Aspekten ist es dennoch denkbar, dass es Mutterunternehmen gibt, die ihre Ausschüttungsentscheidung primär an dem Einzelabschluss ausrichten, weil dieser die wirtschaftliche Lage des Konzerns zeigt, beziehungsweise die Informationen des Konzernabschlusses wenig inkrementellen zusätzlichen Nutzen aufweisen. Untersuchungen in Japan verwenden hierfür Kennzahlen, welche Abschlussdaten der Muttergesellschaft zu den Abschlussdaten des Konzernabschlusses ins Verhältnis setzen. Zu diesem Zweck wird auch bei der Untersuchungsstichprobe eine Variable *P/C-Umsatz* gebildet, die das Verhältnis vom Umsatz der Muttergesellschaft zum Konzernumsatz ausweist. Je niedriger diese Verhältniszahl ist, desto mehr Umsatz wird außerhalb der Muttergesellschaft erwirtschaftet und es ist von einer Holding-Struktur auszugehen. Je höher die Variable *P/C-Umsatz* ist, desto mehr Umsatz und geschäftliche Aktivitäten werden durch die Muttergesellschaft ausgeführt. Solche Konzerne, in denen die Muttergesellschaft stark operativ tätig ist, werden auch als Stammhaus-Konzerne bezeichnet.

Tabelle 32: Verteilung von *P/C-Umsatz*

Obs.	MWert	Min	P1	P10	P25	P50	P75	P90	P99	Max
2.951	0,546	0,000	0,001	0,017	0,251	0,559	0,826	0,951	1,013	33,119

Die Verteilung der Variablen *P/C-Umsatz* ist in Tabelle 32 dargestellt. Die Variable liegt theoretisch zwischen null und eins. Als Extremwerte tauchen am rechten Rand der Verteilung auch Werte oberhalb von Eins auf, die sich durch konzerninterne Umsätze erklären lassen. Diese internen Leistungsbeziehungen sind dann im Konzernabschluss im Rahmen der Aufwands- und Ertragskonsolidierung zu eliminieren. Dies ist bei 44 der 3.700 Beobachtungen mit Dividenden der Fall. Zu erwarten ist entsprechend, dass die Entscheidungsnützlichkeit des Konzernjahresüberschusses abnimmt, je stärker sich die Konzernstruktur der eines Stammhauskonzerns nähert. Bei den Ausreißern, also den Gesellschaften, die im Mutterunternehmen einen höheren Umsatz ausweisen als im Konzernabschluss, ist jedoch zu erwarten, dass das konsolidierte Ergebnis eine höhere Rolle spielt, weil die Innenumsätze aus Konzernperspektive noch keine realisierten Erträge darstellen.

Tabelle 33 zeigt die Ergebnisse auf Grundlage des Modells aus Formel 4.29 (Modell (1)) in Tabelle 31. Dieses Modell ist in Tabelle 33 als Modell (1) dargestellt. Modell (2) zeigt die Schätzung auf Basis von Formel 4.29 für die Beobachtungen, bei denen *P/C-Umsatz* kleiner als der Median (beziehungsweise das 50. Perzentil ist (P50 in Tabelle 32). Der Konzernjahresüberschuss ist deutlich signifikant auf dem 1%-Niveau mit 0,092 gegenüber dem Jahresüberschuss der Muttergesellschaft mit 0,040, der weniger als die Hälfte beträgt. Dieser Unterschied ist ebenfalls auf dem 5%-Niveau signifikant. Auch weist das Modell (2) gegenüber dem Modell (1) einen höheren Erklärungsgehalt auf, der mit einer Vuong Z-Statistik von 4,3156 auf dem 1%-Niveau statistisch bestätigt werden kann. Bei Beobachtungen, die zu Unternehmen mit einer breiteren Konzernstruktur gehören, bei denen mehr Umsätze außerhalb der Muttergesellschaft generiert werden, zeigt sich also erwartungsgemäß auch eine Zunahme des Einflusses von Konzernabschlussgrößen auf die Dividendenbemessung, obwohl rechtlich der Einzelabschluss unabhängig von der Konzernstruktur die Ausschüttungsbasis bildet.

Modell (3) betrachtet die Gruppe der Unternehmen, für die *P/C-Umsatz* über dem Median (P50) liegt. Die Ergebnisse sind mit denen des Grundmodells zu vergleichen. Betrachtet man diese Unterstichprobe als Gesamtheit, wird die Dividendenentscheidung immer noch mehr vom Konzernjahresüberschuss (KA-JÜ mit 0,075) als vom Jahresüberschuss des Einzelabschlusses (EA-JÜ mit 0,047) beeinflusst. Die Differenz der Koeffizienten beziehungsweise deren Unterschied wird jedoch geringer. Modell (4) zeigt deutlich die Auswirkungen, bei Beobachtungen, deren Muttergesellschaftsumsatz im Verhältnis zum Konzernumsatz im vierten Quartil (*P/C-Umsatz* ist größer als P75) der Verteilung liegt. Dabei handelt es sich bereits um Beobachtungen, bei denen über 80% des Umsatzes von der Muttergesellschaft generiert werden. Der Koeffizient des Konzernabschlusses ist statistisch nicht mehr signifikant (-0,011). Dagegen ist der Koeffizient von EA-JÜ mit 0,151 höher als in den zuvor betrachteten Untersuchungsgruppen und statistisch auf dem

1%-Niveau signifikant. Mit einem Bestimmtheitsmaß von 0,315 weist dieser Teilbereich einen deutlich gestiegenen Erklärungsgehalt auf.

Tabelle 33: Einfluss der Konzernstruktur auf die Koeffizienten

	(1) ΔDiv_{it}	(2) ΔDiv_{it}	(3) ΔDiv_{it}	(4) ΔDiv_{it}	(5) ΔDiv_{it}	(6) ΔDiv_{it}
Div_{it-1}	-0,307*** (-8,56)	-0,356*** (-6,49)	-0,295*** (-5,68)	-0,323*** (-4,57)	-0,002 (-0,03)	0,002 (0,02)
KA-JÜ$_{it}$	0,084*** (5,96)	0,092*** (5,77)	0,075** (2,44)	-0,011 (-0,26)	-0,010 (-0,23)	-0,016 (-0,35)
EA-JÜ$_{it}$	0,042*** (3,53)	0,040*** (2,90)	0,047* (1,92)	0,151*** (3,57)	0,161*** (4,89)	0,164*** (4,68)
P/C-U **KA-JÜ*$_{it}$						0,145 (1,48)
P/C-U **EA-JÜ*$_{it}$						-0,060 (-0,80)
P/C-U						-0,007 (-1,18)
Firma (fixed)	inkl.	inkl.	inkl.	inkl.	inkl.	inkl.
Jahr (fixed)	inkl.	inkl.	inkl.	inkl.	inkl.	inkl.
Observations	2.729	1.713	1.016	452	152	152
R^2	0,251	0,276	0,256	0,346	0,565	0,572
Adj. R^2	0,246	0,267	0,241	0,315	0,498	0,495

t Statistik in Klammern

* $p < 0,1$, ** $p < 0,05$, *** $p < 0,01$

KA-JÜ (EA-JÜ) ist der Konzernjahresüberschuss (Jahresüberschuss des Mutterunternehmens). Div ist die Dividendenzahlung und ΔDiv die Veränderung der Dividenden ($Div_t - Div_{t-1}$). Alle Variablen sind skaliert mit der durchschnittlichen Konzernbilanzsumme ($(Konzernbilanzsumme_t + Konzernbilanzsumme_{t-1})/2$). Die Standardfehler sind heteroskedastizitätskonsistent (*White* (1980)) und „clustered" auf dem Firmenlevel.

Die Beobachtungen, deren Muttergesellschaften über 95% der Umsätze (P90) generieren, werden in Modell (5) dargestellt. Die Teilgruppe ist mit 152 Beobachtungen sehr klein.

Bei Unternehmen mit einem solchen Verhältnis von Umsatz der Muttergesellschaft zum Konzernumsatz spielen faktisch die Tochterunternehmen keine entscheidende Rolle mehr. Sie sind auch im Hinblick auf die Ausschüttungsentscheidung nicht relevant. Der Koeffizient von KA-JÜ verbleibt insignifikant und der Koeffizient von EA-JÜ legt im Vergleich zu Modell (4) zu auf 0,161. Er ist auf dem 1%-Niveau signifikant.

Die bereits zuvor erwähnte Untergruppe von Beobachtungen mit einem *P/C-Umsatz*, der größer als 1 ist, werden in Modell (6) separat auf Basis von Modell (5) untersucht. Dazu wird eine binäre Variable (*P/C-U*) gebildet, die den Wert 1 annimmt, wenn *P/C-Umsatz* größer als 1 ist, ansonsten null. Diese wird mit dem Konzernjahresüberschuss (KA-JÜ) und dem Jahresüberschuss der Muttergesellschaft (EA-JÜ) interagiert zu den beiden Interaktionstermen KA-JÜ**P/C-U* und EA-JÜ**P/C-U*. Die nicht interagierten Koeffizienten spiegeln den Einfluss der Variablen von allen Beobachtungen, deren *P/C-Umsatz* über dem P90-Perzentil liegt, wider. Steigt *P/C-Umsatz* über 1, so nimmt die Variable *P/C-U* den Wert 1 an und gibt den inkrementellen Einfluss dieser Beobachtungen wieder. Der Koeffizient des Jahresüberschusses der Muttergesellschaft bleibt signifikant und ist mit 0,164 der höchste in allen Modellen der Tabelle 33. Der interagierte Koeffizient des Konzernjahresüberschusses beträgt 0,145 und ist auf dem 10%-Niveau größer als null. Das bedeutet, dass bei den Beobachtungen dieser Teilgruppe mit einer *P/C-Umsatz* Variablen, die größer als 1 ist, die Konzernjahresüberschüsse wieder an Bedeutung gewinnen. Der Einfluss des Konzernjahresüberschusses beträgt dann insgesamt 0,129. Die addierten Koeffizienten sind auf einem 10%-igen Signifikanzniveau größer als null.

Bei Unternehmen mit sehr dominanten Muttergesellschaften, beziehungsweise so genannten Stammhauskonzernen, beeinflussen die Jahresüberschüsse der Muttergesellschaften die Dividendenentscheidung stärker als die Konzernjahresüberschüsse. Wenn die Einzelabschlüsse jedoch die ökonomische Situation des Konzernverbundes nicht mehr adäquat widerspiegeln, was bei *P/C-Umsatz*-Variable, die größer als eins ist, der Fall ist, dann steigt der Einfluss des Konzernergebnisses auf die Dividendenentscheidung wieder signifikant an.

Insgesamt zeigt dieser Abschnitt, dass die Ergebnisse aus 4.3.2.2 Bestand haben, wenn das Modell variiert wird, aber auch wenn man Teilbereiche der untersuchten Stichprobe detaillierter betrachtet. So bringt dieser Abschnitt weitere Erkenntnisse im Hinblick auf den Einfluss bestimmter Unternehmenscharakteristika. Die Betrachtung in separaten Untersuchungsstichproben hat dabei den Vorteil, dass der Einfluss dieser möglicherweise über die Jahre konstanten Variablen nicht in die *fixed*-Effekte einfließt und somit gleichzeitige für weitere unbeobachtbare (oder unbeobachtete) konstante Einflüsse auf Unternehmensebene kontrolliert wird. So zeigt sich, dass bei Finanzdienstleistern die Konzernjahresüberschüsse einen ähnlich hohen Einfluss wie in den anderen Branchen haben, die Jahresüberschüsse der Muttergesellschaft statistisch jedoch nicht signifikant sind. Ebenso dominieren bei den Unternehmen mit regelmäßigen Dividendenzahlungen und durchgehenden Beobachtungen die Konzernabschlüsse die Dividendenentscheidung. Dieser Effekt wird verstärkt, wenn diese Unternehmen zur Gruppe derer gehören, die grundsätzlich die Kompetenzregelung des § 58 AktG im Hinblick auf das Konzernergebnis erfüllen. Wann der Einfluss der Konzernabschlüsse stärker und schwächer ist, wird durch die Konzernstruktur bestimmt. So ist bei Gesellschaften, die viel operatives Geschäft in ihren Tochtergesellschaften vereinen und dementsprechend niedriger die Aussagekraft des Einzelabschlusses über die wirtschaftliche Lage des Konzerns aber auch über die potenziellen Gewinnanteile der Anteilseigner der Muttergesellschaft ist, der Konzernabschluss der größte Bestimmungsfaktor der Dividendenanpassung. Bei Stammhauskonzernen ist dieses Verhältnis dann konsequenterweise umgekehrt und die Erklärungskraft des Konzernjahresüberschusses nimmt erst wieder dann zu, wenn das Ergebnis des Einzelabschlusses offensichtlich die wirtschaftliche Lage nicht mehr adäquat widerspiegelt.

Dies bestätigt die oft geäußerte Vermutung, dass sich das Management an dem wirtschaftlich sinnvolleren Konzernjahresüberschuss bei der Bestimmung der Dividende orientiert. Wenn nun bereits der Jahresüberschuss aus dem Einzelabschluss ökonomisch sinnvolle Werte liefert, weil fast über 82% (Perzentil 75) des Umsatzes der Unternehmensgruppe in diesem Jahresüberschuss enthalten sind, dann besitzt auch der Einzelabschluss der Muttergesellschaft einen hohen Einfluss. Allerdings geschieht dies auch nur solange bis offensichtlich wird, dass die Umsätze der Muttergesellschaft die konsolidierten Umsätze übersteigen. Eine P/C-Ratio über 1 bedeutet demnach, dass die Innenumsätze im Konzern das Ergebnis der Muttergesellschaft prägen. Dann ist es ökonomisch nur konsequent, sich an dem konsolidierten Jahresüberschuss zu orientieren. Bei allen Modellen ist jedoch auch festzuhalten, dass dem Jahresüberschuss der Muttergesellschaft in fast allen Modellvarianten immer eine signifikante Rolle zukommt, daher ist dieser nicht zu vernachlässigen.

4.3.2.5 Robustheit der Ergebnisse bei Anwendung eines Differenzen-Modells

In Abschnitt 4.1.1 wird das Modell nach *Lintner* (1956) hergeleitet und in Abschnitt 4.3.2.2 in seiner von *Fama/Babiak* (1968) ökonometrisch zu bevorzugenden Form getestet. Das Modell kann entsprechend abgewandelt werden, ohne dabei noch der analytischen Herleitung von *Lintner* (1956) gerecht zu werden, sodass die abhängige und die unabhängigen Variablen als Veränderungen zum Vorjahr ausgedrückt werden. Die Koeffizienten drücken dann den Einfluss der Veränderungen der jeweiligen Variablen auf die Änderung der Ausschüttung aus.[466]

Dazu werden folgende Modelle getestet:

$$\begin{aligned}\Delta Div_{it} =& \beta_0 + \beta_1 \Delta Div_{it-1} + \beta_2 \Delta KA\text{-}J\ddot{U}_{it} + \beta_3 \Delta EA\text{-}J\ddot{U}_{it} \\ &+ Firma_i (+Jahr_t) + \varepsilon_{it}\,,\end{aligned} \tag{4.32}$$

$$\begin{aligned}\Delta Div_{it} =& \beta_0 + \beta_1 \Delta Div_{it-1} + \beta_2 \Delta KA\text{-}J\ddot{U}_{it} + \beta_3 \Delta EA\text{-}J\ddot{U}_{it} \\ &+ \beta_4 divpos + \beta_5 divpos * \Delta KA\text{-}J\ddot{U}_{it} + \beta_6 divpos * \Delta EA\text{-}J\ddot{U}_{it} \\ &+ Firma_i (+Jahr_t) + \varepsilon_{it}\,,\end{aligned} \tag{4.33}$$

$$\begin{aligned}\Delta Div_{it} =& \beta_0 + \beta_1 \Delta Div_{it-1} + \beta_2 \Delta KA\text{-}J\ddot{U}_{it} + \beta_3 \Delta EA\text{-}J\ddot{U}_{it} \\ &+ \beta_4 KA\text{-}J\ddot{U}pos + \beta_5 KA\text{-}J\ddot{U}pos * \Delta KA\text{-}J\ddot{U}_{it} \\ &+ \beta_6 EA\text{-}J\ddot{U}pos + \beta_7 EA\text{-}J\ddot{U}pos * \Delta EA\text{-}J\ddot{U}_{it} \\ &+ Firma_i (+Jahr_t) + \varepsilon_{it}\,.\end{aligned} \tag{4.34}$$

466 Vgl. *Easton* (2004), S. 334 in Bezug auf den Einfluss von Gewinnänderungen auf den Unternehmenswert im Modell von *Feltham/Ohlson* (1995).

mit

ΔDiv_{it}	=	Veränderung der Dividende ($Div_{it} - Div_{it-1}$)
ΔDiv_{it-1}	=	Veränderung der Dividende des Vorjahres ($Div_{it-1} - Div_{it-2}$)
$\Delta KA\text{-}J\ddot{U}_{it}$	=	Veränderung des Konzernjahresüberschusses von t_{-1} zu t_0
$\Delta EA\text{-}J\ddot{U}_{it}$	=	Veränderung des Jahresüberschusses der Muttergesellschaft von t_{-1} zu t_0
$divpos$	=	Binäre Variable mit Wert 1, wenn $\Delta Div_{it} > 0$
$divpos * KA\text{-}J\ddot{U}_{it}$	=	Interaktionsterm der Variablen
$divpos * EA\text{-}J\ddot{U}_{it}$	=	Interaktionsterm der Variablen
$KA\text{-}J\ddot{U}pos$	=	Binäre Variable mit Wert 1, wenn $\Delta KA\text{-}J\ddot{U}_{it} > 0$
$EA\text{-}J\ddot{U}pos$	=	Binäre Variable mit Wert 1, wenn $\Delta EA\text{-}J\ddot{U}_{it} > 0$
$KA\text{-}J\ddot{U}pos * \Delta KA\text{-}J\ddot{U}_{it}$	=	Interaktionsterm der Variablen
$EA\text{-}J\ddot{U}pos * \Delta EA\text{-}J\ddot{U}_{it}$	=	Interaktionsterm der Variablen
$Firma_i$	=	Firmen-*fixed*-Effekt
$Jahr_t$	=	Jahres-*fixed*-Effekt
ε_{it}	=	Fehlerterm

Alle Variablen sind skaliert mit der durchschnittlichen Konzernbilanzsumme.

Formel 4.32 enthält neben der Änderung der Vorjahresdividende als Koeffizienten die Veränderungen des Konzernjahresüberschusses ($\Delta KA\text{-}J\ddot{U}_{it}$) und des Jahresüberschusses der Muttergesellschaft ($\Delta EA\text{-}J\ddot{U}_{it}$). Die entsprechenden Koeffizienten lassen sich nicht wie in den Modellen der vorherigen Abschnitte auf Basis des Modells von *Lintner* (1956) interpretieren. Sie lassen aber eine intuitive Interpretation aufgrund der Hypothese von einem dominierenden Einfluss der Konzernzahlen zu.[467] Gemäß dieser Hypothese ist für den Konzernjahresüberschuss ein größerer Koeffizient zu erwarten als für den Jahresüberschuss des Mutterunternehmens. Beide Koeffizienten sollten positiv sein, weil zu erwarten ist, dass sich eine Erhöhung des Überschusses in einer Anpassung der Dividendenzahlung gleichgerichtet niederschlägt.[468]

Das Modell wird durch Formel 4.33 erweitert und berücksichtigt zusätzlich die Richtung der Dividendenänderung. Die binäre Variable *divpos* nimmt den Wert eins an, wenn die Dividende im Vergleich zum Vorjahr erhöht wird. Abschnitt 4.3.1 hat bereits darge-

467 Vgl. Abschnitt 4.1.2.1, S. 114.

468 Vgl. z.B. *Brav* et al. (2005).

stellt, dass bei den Beobachtungen mehr Erhöhungen als Reduzierungen vorkommen und bei vollständigen Einstellungen der Dividendenzahlungen der Jahresüberschuss der Muttergesellschaft einen stärkeren Einfluss hat als der Konzernjahresüberschuss.

Die unterschiedlichen Änderungen vom Konzernjahresüberschuss und vom Jahresüberschuss der Muttergesellschaft werden in Formel 4.34 erfasst. Die binäre Variable *KA-JÜpos* (*EA-JÜpos*) nimmt den Wert eins (null) an, wenn die Veränderung zum Vorjahr positiv (negativ) ist. Diese Haupteffekte werden ergänzt um Interaktionseffekte mit den Variablen $\Delta KA\text{-}J\ddot{U}_{it}$ und $\Delta EA\text{-}J\ddot{U}_{it}$. Aufgrund der Hypothese der Untersuchung lassen sich keine Aussagen über die Koeffizienten der Interaktionsterme treffen. Die Dominanz des Konzernabschlusses sollte in beiden Fällen bestehen bleiben. Bei der Interpretation der Ergebnisse muss beachtet werden, dass nur die Veränderungen von Beobachtungen mit Dividendenzahlungen betrachtet werden. Die vollständigen Einstellungen der Ausschüttungen sind in der Stichprobe nicht enthalten.

Tabelle 34 zeigt in Modell (1) die Ergebnisse der *fixed*-Effekte Regression basierend auf Formel 4.32. Die Grundgesamtheit umfasst alle Beobachtungen mit Dividendenzahlungen. Die Anzahl der Beobachtungen sinkt im Vergleich zu den vorherigen Untersuchungen, weil zwingend zwei Vorperioden benötigt werden, um die Veränderungen zu berechnen. Die Veränderung des Konzernjahresüberschusses hat einen positiven Koeffizienten von 0,048, der statistisch auf dem 1%-Niveau signifikant ist. Dieser ist mehr als doppelt so hoch wie der Koeffizient des Jahresüberschusses der Muttergesellschaft, der 0,019 beträgt und ebenfalls auf dem 1%-Niveau signifikant ist. Ein Wald-Test mit einem p-Wert von 0,0907 kann zudem statistisch signifikant bestätigen, dass sich die Koeffizienten nicht gleichen. Die Erwartungen bezüglich der Hypothese werden also auch bei einem Modell, das Veränderungen der unabhängigen Variablen enthält, bestätigt. Die Änderung der Dividendenzahlung wird von der Änderung des Konzernjahresüberschusses stärker beeinflusst als von der Änderung des Jahresüberschusses der Muttergesellschaft, die aber auch signifikant ist. Der negative Koeffizient von ΔDiv_{it-1} ist negativ. Es ist Folge der Verteilung der Stichprobe, in der Erhöhungen der Dividende häufiger vorkommen als Reduzierungen. Eine mögliche Interpretation dafür kann sein, dass eine Aversion gegen Reduzierungen der Dividende besteht und Reduzierungen der Vorperiode möglichst wieder ausgeglichen werden.

Die Beobachtungen, bei denen ausschließlich Änderungen von ΔDiv_{it} vorkommen, zeigen in Modell (2) ein mit Modell (1) vergleichbares Bild. Der Koeffizient von $\Delta KA\text{-}J\ddot{U}_{it}$ ist mit

Tabelle 34: Einfluss der (Konzern-)Jahresüberschussänderung auf die Dividendenänderung (ΔDiv_{it})

	(1) ΔDiv_{it}	(2) ΔDiv_{it}	(3) ΔDiv_{it}	(4) ΔDiv_{it}	(5) ΔDiv_{it}	(6) ΔDiv_{it}
ΔDiv_{it-1}	-0,049***	-0,063**	-0,041**	-0,038**	-0,044**	-0,053***
	(-2,78)	(-2,47)	(-2,39)	(-2,33)	(-2,03)	(-2,82)
$\Delta KA\text{-}J\ddot{U}_{it}$	0,048***	0,050***	0,078***	0,027**	0,028*	0,043**
	(4,32)	(3,86)	(6,36)	(2,14)	(1,77)	(2,19)
$\Delta EA\text{-}J\ddot{U}_{it}$	0,019**	0,021**	0,009	0,031***	0,040***	0,006
	(2,38)	(2,29)	(1,37)	(2,95)	(2,81)	(0,53)
divpos				0,007***	0,008***	
				(12,46)	(11,81)	
divpos *$\Delta KA\text{-}J\ddot{U}_{it}$				0,006	0,002	
				(0,40)	(0,11)	
divpos *$\Delta EA\text{-}J\ddot{U}_{it}$				-0,020*	-0,030*	
				(-1,65)	(-1,88)	
KA-JÜpos						0,002***
						(4,16)
KA-JÜpos *$\Delta KA\text{-}J\ddot{U}_{it}$						-0,019
						(-0,93)
EA-JÜpos						0,003***
						(6,80)
EA-JÜpos *$\Delta EA\text{-}J\ddot{U}_{it}$						0,013
						(1,08)
Firma (fixed)	inkl.	inkl.	inkl.	inkl.	inkl.	inkl.
Jahr (fixed)	inkl.	inkl.	inkl.	inkl.	inkl.	inkl.
Obs.	2.279	1.828	1.716	2.279	1.828	2.279
R^2	0,129	0,143	0,145	0,266	0,290	0,171
Adj. R^2	0,122	0,134	0,136	0,259	0,281	0,163

t Statistik in Klammern

* $p < 0,1$, ** $p < 0,05$, *** $p < 0,01$

KA-JÜ (EA-JÜ) ist der Konzernjahresüberschuss (Jahresüberschuss des Mutterunternehmens). Div ist die Dividendenzahlung und ΔDiv_{it} die Veränderung der Dividenden ($Div_{it} - Div_{it-1}$). Alle Variablen sind skaliert mit der durchschnittlichen Konzernbilanzsumme $((Konzernbilanzsumme_t + Konzernbilanzsumme_{t-1})/2)$. *divpos* ist eine binäre Variable, die den Wert eins annimmt, wenn ΔDiv_{it} größer als null ist. *divpos**$\Delta KA\text{-}J\ddot{U}_{it}$ (*divpos**$\Delta EA\text{-}J\ddot{U}_{it}$) ist ein Interaktionsterm der Variablen. *KA-JÜpos* (*EA-JÜpos*) ist eine binäre Variable, die den Wert eins annimmt, wenn $KA\text{-}J\ddot{U}_{it}$ ($EA\text{-}J\ddot{U}_{it}$) größer als null ist. $divpos * KA\text{-}J\ddot{U}_{it}$ ($divpos * EA\text{-}J\ddot{U}_{it}$) ist ein Interaktionsterm der Variablen. Die Standardfehler sind heteroskedastizitätskonsistent (*White* (1980)) und „clustered“ auf dem Firmenlevel.

0,050 größer als der von $\Delta EA\text{-}J\ddot{U}_{it}$ mit 0,021. Beide sind statistisch signifikant. Der Wald-Test zur Überprüfung dieses Unterschiedes liefert einen p-Wert von 0,1414, was aufgrund der einseitigen Hypothese, dass der Konzernjahresüberschuss einen höheren Koeffizienten aufweist als der Jahresüberschuss des Mutterunternehmens, zu einer Signifikanz auf dem 10%-Niveau führt. Modell (3) umfasst nur die Unternehmen der Kategorie 3. Diese Unternehmen zahlen über alle Beobachtungen Dividenden und sie sind auch bezogen auf ihre Konzernbilanzsumme die größten Unternehmen.[469] Bei dieser Teilgruppe ist der Koeffizient von $\Delta KA\text{-}J\ddot{U}_{it}$ mit 0,078 (t-Wert: 6,36) deutlich größer als der von $\Delta EA\text{-}J\ddot{U}_{it}$ mit 0,009, der einen niedrigen t-Wert von 1,37 aufweist und damit auf einem Niveau unter 10% nicht mehr statistisch signifikant von null verschieden ist. Bezogen auf diese Teilgruppe bestimmen eindeutig die Veränderungen des Konzernjahresüberschusses die Veränderungen bei den Dividendenausschüttungen.[470]

Die Modelle (4) und (5) enthalten die Erweiterungen gemäß Formel 4.33, um differenzierte Aussagen im Hinblick auf Dividendenerhöhungen oder Reduzierungen treffen zu können. Durch die binäre Variable *divpos* und die Interaktionskoeffizienten, zeigen die Koeffizienten $\Delta KA\text{-}J\ddot{U}_{it}$ und $\Delta EA\text{-}J\ddot{U}_{it}$ die Auswirkungen bei Reduzierungen der Dividende (*divpos* = 0). In Modell (4) ist der Koeffizient des Jahresüberschusses der Muttergesellschaft mit 0,031 beziehungsweise größer als der des Konzernjahresüberschusses (0,028). Der Wald-Test kann die Ungleichheit statistisch nicht bestätigen. Bei positiven Dividendenänderungen sind die Koeffizienten zu addieren. Während $KA\text{-}J\ddot{U}pos * \Delta KA\text{-}J\ddot{U}_{it}$ statistisch nicht signifikant ist (t-Wert = 0,40), ist $EA\text{-}J\ddot{U}pos * \Delta EA\text{-}J\ddot{U}_{it}$ mit -0,020 statistisch auf dem 10%-Niveau signifikant. Damit fällt bei Dividendenerhöhungen der Einfluss des Einzelabschlusses niedriger aus als der des Konzernabschlusses. Dieses Ergebnis wird auch von Modell (5) bestätigt, indem nur die Teilgruppe der Unternehmen betrachtet wird, bei denen Dividendenänderungen vorkommen.

Einen Einfluss kann auch das Vorzeichen der Änderung des Jahresüberschusses haben. Dieser Fragestellung wird Formel 4.34 gerecht, die in Modell (6) als Regressionsgleichung Verwendung findet. Bei Betrachtung der Koeffizienten kann auch in diesem Modell der dominante Einfluss des Konzernjahresüberschusses bestätigt werden. Auch wenn dieser negativ ist, ist der Konzernjahresüberschuss der maßgebliche Bestimmungsfaktor. In diesem Fall ist sogar der Jahresüberschuss der Muttergesellschaft insignifikant. Die

[469] Vgl. Abschnitt 4.3.1.

[470] Vgl. Tabelle 38 im Anhang, die einen Überblick über die Verteilung der Kategorien nach Branchen gibt.

Haupteffekte *KA-JÜpos* und *EA-JÜpos* sind beide positiv. In diesem Fall ist sogar *EA-JÜpos* größer, was konsistent mit den Beobachtungen aus Abschnitt 4.3.2.1 ist. Ebenso steigt der Koeffizient des Jahresüberschusses der Muttergesellschaft bei einem positiven Ergebnis an. Statistisch sind diese Interaktionskoeffizienten nicht mehr signifikant.

Die Verwendung eines „changes in levels“-Untersuchungsaufbaues in diesem Abschnitt zeigt ebenso wie die vorherigen Abschnitte einen deutlich messbaren höheren Einfluss des Konzernjahresüberschusses auf die Dividende. Die Modelle enthalten nicht nur als zu erklärende Variable Veränderungen, sondern auch Veränderungen als erklärende Variablen. Intuitiv und ökonomisch sind die Auswirkungen einer Gewinnänderung auf die Anpassung der Dividende schlüssig zu erklären. Unterschiede bei dem Einfluss der Vorzeichen der Änderungen zeigen dennoch einen dominierenden Konzernjahresüberschuss. Dies bestätigt, dass bei Beobachtungen mit Dividendenzahlungen auch bei Reduktionen konsolidierte Abschlüsse die Hauptrolle bei der Ausschüttungsbemessung spielen. Festzuhalten ist auch, dass bei der Teilgruppe der großen Unternehmensgruppen, die über alle vorhandenen Perioden ausschütten, der Einfluss einer Änderung des Jahresüberschusses der Muttergesellschaft gering und nicht signifikant ist.

4.4 Übersicht und Interpretation der empirischen Ergebnisse

Die empirischen Ergebnisse zur Ausschüttungspolitik zeigen sehr deutlich, dass es weiterhin eine große Gruppe von Unternehmen gibt, die keine Dividenden zahlen, und dass das Ausschüttungsverhalten abhängig von der Größe des Konzernverbundes, gemessen an der Konzernbilanzsumme und den Jahresüberschüssen, ist. Kleinere Unternehmensgruppen zahlen seltener Dividenden, und wenn sie diese zahlen, dann nicht so häufig wie die relativ größeren Unternehmen. Die durchschnittlichen Größenabstufungen fallen bei Betrachtung der Zahlen aus dem Konzernabschluss deutlicher als bei Betrachtung des Einzelabschlusses der Muttergesellschaft aus.

Diese Erkenntnisse zur Bedeutung der Unternehmensgröße stehen im Einklang mit zahlreichen Beobachtungen zur Dividendenpolitik.[471] Die Beobachtung, dass die Größe des Unternehmens oder in diesem Fall der Unternehmensgruppe eine entscheidende Rolle spielt, kann vor allem an den Wachstumsperspektiven des Unternehmens liegen.

[471] Vgl. Abschnitt 2.3.

Aus theoretischer Sicht sollten die freien Mittel ausgeschüttet werden, die nicht in vorteilhafte Projekte investiert werden können. Dies ist möglicherweise bei sehr großen Unternehmen der Fall. Ebenso spielt die Branche eine deutliche Rolle. Eine große Gruppe von Unternehmen, die über alle Beobachtungen hinweg keine Dividenden ausschütten, stammt aus den Wachstumsbranchen Medien und Informationstechnologie. Kleinere und Unternehmen wachstumsstarker Branchen benötigen demnach Thesaurierungen als wichtige Finanzierungsquelle für ihr Wachstum. Dieses Verhalten ist rational und empfehlenswert, solange das Investitionsportfolio kapitalwertpositive Projekte umfasst.[472]

Vor allem Gesellschaften, die Verluste erwirtschaften, zahlen für das betroffene Geschäftsjahr keine Dividenden, auch wenn dies durch die Auflösung von Rücklagen möglich wäre. Am deutlichsten wird dies bei Verlusten, die sowohl als Konzernjahresfehlbetrag als auch als Jahresfehlbetrag der Muttergesellschaft auftreten. Statistisch kann bestätigt werden, dass ein Jahresfehlbetrag bei der Muttergesellschaft bei der Gruppe der Nichtzahler signifikant häufiger vorkommt als bei Beobachtungen mit Dividendenzahlung. Dadurch stellt sich der Prozess der Ausschüttungsbestimmung als zweistufiger Prozess dar. Auf einer ersten Stufe wird entschieden, ob eine Ausschüttung stattfinden soll und auf der zweiten Stufe erfolgt dann die Festlegung oder Anpassung der Ausschüttungshöhe. Die Ergebnisse zeigen, dass auf der ersten Stufe der Jahresüberschuss der Muttergesellschaft die entscheidende Rolle spielt. Wenn dieser positiv ist, steigt die Wahrscheinlichkeit einer Ausschüttung um das Dreißigfache an.[473]

Im Hinblick auf die vollständige Einstellung von Dividendenzahlungen zeigen die deutschen Gesellschaften ein abweichendes Verhalten von den US-amerikanischen Gesellschaften, die ihre Ausschüttungen stärker glätten und nicht nur für eine Periode einstellen.[474] Die Verteilung der Dividendenänderungen zeigt jedoch, dass auch bei den untersuchten Gesellschaften eine deutliche Aversion gegenüber Reduzierungen besteht. Der zweistufige Prozess, bei der Festlegung von Ausschüttungen, der auf *Lintner* (1956) zurückgeht, ist daher wie folgt zu präzisieren: Sofern Unternehmen nicht zur Gruppe von Gesellschaften gehören, die nie ausschütten, wird auf einer ersten Stufe vorwiegend anhand des rechtlich bindenden Jahresabschlusses der Muttergesellschaft entschieden, ob überhaupt ausgeschüttet wird. Dann erfolgen erst die zwei Stufen nach *Lintner* (1956). Demnach wird zweitens überprüft, ob die bestehende Dividende geändert wird und drit-

472 Vgl. *Allen/Michaely* (2003), S. 422.
473 Vgl. Tabelle 41, bei Teilgruppen der Untersuchung ist die *Odds-Ratio* noch wesentlich höher.
474 Vgl. auch *Goergen/Renneboog/Correia da Silva* (2005).

tens wird erst festgelegt, um welchen Betrag sie geändert wird. Bei dieser Festlegung haben Unternehmen eine bestimmte langfristige Ausschüttungsquote ihrer Gewinne zum Ziel. Die zentrale Fragestellung dieses Kapitels befasst sich mit der relevanten Gewinngröße als Hauptdeterminante dieser Anpassung von Ausschüttungen. Dazu kommen sowohl der Jahresüberschuss der Muttergesellschaft als auch der Konzernabschluss in Betracht. Dabei besteht aus wirtschaftlicher Perspektive die Unternehmung aus dem Konzernverbund, während die juristische Betrachtung von der Summe der Einzelgesellschaften ausgeht.[475] Die Veröffentlichungen von Ausschüttungsquoten sind indes bereits am Konzernjahresüberschuss orientiert.[476] Auch in Pressemitteilungen, in denen Unternehmen „Zielausschüttungsquoten"kommunizieren, ist der wirtschaftlich rationale Konzernbezug zu erkennen. „Die meisten Großunternehmen haben sich für die Zukunft ebenfalls feste Ausschüttungsquoten verschrieben. [...] Der Autobauer Daimler reicht künftig 40 Prozent des Gewinns weiter, der Mischkonzern Siemens 30 bis 50 Prozent.“[477]

Ausschüttungsquoten von durchschnittlich 37% lassen sich bezogen auf den Konzernabschluss in der untersuchten Stichprobe beobachten. Aus Sicht der Aktionäre der Muttergesellschaft bedeutet dies gleichwohl, dass ihnen ein Teil der im Konzernverbund erwirtschafteten Jahresüberschüsse vorenthalten wird. Gemäß § 58 AktG steht den Aktionären die Verfügungskompetenz über 50% des Jahresüberschusses zu. Das Gesamtbild ist indes sehr heterogen, bestätigt aber dadurch die früheren Untersuchungen, dass bei einem Teil der Konzerne den Anteilseignern der Muttergesellschaft der direkte Zugriff auf die im Gesamtunternehmen erwirtschafteten Gewinne nicht gewährt wird.[478] Die rechtliche Ausdehnung von § 58 AktG ist durchaus fraglich.[479] Aus einer wirtschaftlichen Betrachtungsweise ist die Ausdehnung auf den Gesamtkonzern sinnvoll. Sie löst jedoch nicht das Problem der beliebigen Gestaltbarkeit der Jahresüberschüsse in den Einzelabschlüssen. Daher erfolgt im Rahmen weiterer Untersuchungen, ob die Gewinnermittlung auf Basis konsolidierter Abschlüsse, die diese Probleme lösen kann, bereits eine faktische Rolle bei der Determinierung der Ausschüttungspolitik spielt.

Die *Paneldaten*-Regressionen der Abschnitte 4.3.2.2 bis 4.3.2.5 zeigen eine deutliche Dominanz des Konzernjahresüberschusses über den Jahresüberschuss der Muttergesellschaft

[475] Vgl. *Pellens/Amshoff/Schmidt* (2009) m.w.N.
[476] Vgl. dazu beispielsweise im Anhang Abbildung 8 und Abbildung 9 .
[477] *Teyssen* (2010), S. 1.
[478] Vgl. *Linnhoff/Pellens* (1987), *Pellens* (1989), *Kühnberger/Schmidt* (1999).
[479] Vgl. Abschnitt 3.2.6.

Tabelle 35: Übersicht der empirischen Ergebnisse

Nr.	Erkenntnis	Abschnitt/Seite
1.	Ein Teil der Unternehmen zahlt über alle Beobachtungen hinweg keine Dividenden.	4.3.1, S. 142.
2.	Unternehmen, die keine Dividenden zahlen, sind kleiner im Hinblick auf Bilanzsumme und Jahresüberschuss und stammen überwiegend aus Wachstumsbranchen.	4.3.1, S. 144, 135.
3.	Je größer die Unternehmen, desto stabiler ist die Dividendenpolitik.	4.3.1, S. 144.
4.	Bei einem Jahresfehlbetrag wird die Dividendenzahlung oftmals komplett eingestellt.	4.3.1, S. 146.
5.	Dividendenzahlungen werden nur eingeführt bei einem positiven Jahresabschluss der Muttergesellschaft.	4.3.2.1, S. 157.
6.	Dividendenzahler bevorzugen Dividendenerhöhungen gegenüber Reduzierungen.	4.3.1, S. 151, 151.
7.	Die Konzernausschüttungsquoten liegen bei durchschnittlich 37%. Die Gruppe der Unternehmen ist jedoch sehr heterogen. Die Ausschüttungsquote liegt für Unternehmen mit über 50% (unter 50%) bei 66% (26%).	4.3.1, S. 140.
8.	Bei der Anpassungsentscheidung der Dividendenzahlung hat der Konzernjahresüberschuss einen größeren Einfluss als der Jahresüberschuss der Muttergesellschaft.	4.3.2.2, S. 171.
9.	Der Einfluss des Konzernjahresüberschusses ist umso stärker, je größer der Konzern ist und je weniger operatives Geschäft in der Muttergesellschaft betrieben wird.	4.3.2.3; 4.3.2.4.
10.	In vielen Fällen ist der Jahresüberschuss der Muttergesellschaft jedoch nicht irrelevant.	4.3.1 bis 4.3.2.5.
11.	Die Unternehmensleitungen treffen ihre Dividendenentscheidung auf Basis einer wirtschaftlich sinnvollen Grundlage.	4.3.2.4, S. 182.

beim Einfluss auf eine Dividendenänderung. Diese Ergebnisse sind auch nach der Überprüfung verschiedener Varianten der zugrunde liegenden Modelle und Überprüfungen von Teilstichproben statistisch signifikant. Das Ergebnis wird noch deutlicher, wenn man die Unternehmen betrachtet, die über die gesamte Stichprobe Dividenden zahlen. Die Ergebnisse bestätigen die Umfrageergebnisse im Hinblick auf die Ausschüttungspolitik, dass der Konzernjahresüberschuss der wichtigste Bestimmungsfaktor für die Entscheidung einer Dividendenanpassung ist.[480] Die Hypothese dieser Untersuchung wird dadurch bestätigt. Bei der Festlegung von Dividenden orientieren sich die Unternehmen deutlich stärker an einem Jahresüberschuss, der die wirtschaftliche Lage der wirtschaftlichen Einheit Konzern widerspiegelt. Damit werden die Befunde aus verbalen Äußerungen und Umfragen bei Unternehmen bestätigt: „From an economic perspective, the reference to the group situation shows that the legal profit distribution concept which is based on the single legal entity, receives less consideration when discussing the actual level of dividends."[481]

Die Frage nach den Gründen lässt sich auch mithilfe der im Abschnitt 2.2.3.2 vorgestellten Theorien nicht eindeutig beantworten. Eine Begründung wäre die Orientierung an der gesamten Unternehmung, die wirtschaftlich betrachtet alle rechtlich selbstständigen Tochtergesellschaften umfasst, die unter der einheitlichen Leitung der Muttergesellschaft stehen. Damit die Unternehmensleitung ihre Ausschüttungspolitik entsprechend ausrichtet, müssen sich auch die Anteilseigner der Muttergesellschaft als Anteilseigner an einem Einheitsunternehmen betrachten, bei dem für die Investoren die konsolidierten Vermögenswerte, Schulden, Zahlungsströme und Jahresüberschüsse Relevanz haben. Eine solche Begründung erscheint rational vor dem Hintergrund, dass die Investitionspolitik des Konzerns letztendlich die kapitalisierten Ausschüttungen an die Anteilseigner bestimmt und damit den Unternehmenswert. „If the holding company's results were substantially lower than the group's accounts, shareholders could demand either an explanation or a higher dividend."[482] Auch *Brealey/Myers/Allen* (2009) folgern als eine Erkenntnis der Forschung zur Dividendenpolitik, dass sich die Ausschüttungspolitik der Unternehmensleitung an der Forderung der Anteilseigner orientiert.[483] Analog erscheint der Bezug von *covenants* bei Ausschüttungssperren auf Konzernbasis rational.[484]

Die Ausschüttungspolitik knüpft demnach faktisch am Konzernjahresüberschuss an, obwohl dieser rechtlich in Deutschland dafür nicht vorgesehen ist und der Konzern gesell-

---

480 Vgl. *Pellens/Gassen/Richard* (2003); *KPMG* (2008).
481 *KPMG* (2008), S. 3.
482 *Andres* et al. (2009), S. 177.
483 Vgl. *Brealey/Myers/Allen* (2009), S. 436.
484 Vgl. Abschnitt 4.1.2.1, S. 116.

schaftsrechtlich keine eigene Rechtspersönlichkeit hat.[485] Dabei kommt dem Konzernabschluss mittlerweile steuerrechtlich mit § 4 h) EStG und im Rahmen der Bankenaufsicht mit § 10a Abs. 7 KWG eine bedeutende Rolle zu. Dennoch zeigen die Ergebnisse auch, dass der Jahresüberschuss der Muttergesellschaft nicht irrelevant ist, sondern dass er einen Beitrag zum Erklärungsgehalt der getesteten Modelle liefert.

Der Erklärungsgehalt des Jahresüberschusses der Muttergesellschaft steigt dann an, wenn der Einzelabschluss auch die wirtschaftliche Lage des Unternehmensverbundes besser widerspiegelt. Bei Stammhauskonzernen, in denen fast alle Umsatzerlöse bei der operativ tätigen Muttergesellschaft anfallen, steigt der Einfluss. Dagegen bestätigt sich bei Holdingstrukturen die deutliche Dominanz des Konzernjahresüberschusses. Auch diese Ergebnisse zeigen, dass sich die Ausschüttungspolitik am wirtschaftlichen Gehalt ihrer Ausgangsgrößen orientiert und nicht an deren rechtlicher Relevanz. Die zeigt sich sehr deutlich, wenn bei Stammhauskonzernen die Umsatzerlöse der Muttergesellschaft die konsolidierten Umsatzerlöse übersteigen. In dieser Konstellation wird deutlich, dass konzerninterne Transaktionen den Umsatz erhöhen und der Einzelabschluss der Muttergesellschaft die tatsächliche wirtschaftliche Lage offensichtlich nicht adäquat darstellen kann.

Zentrale empirische Ergebnisse dieses Kapitels sind in Tabelle 35 zusammengefasst. Wenn Unternehmen bei einem positiven Jahresüberschuss der Muttergesellschaft entscheiden, Dividenden auszuschütten, dann orientieren sie sich hauptsächlich am Konzernjahresüberschuss. Der Einfluss ist dabei umso größer, je weniger die Muttergesellschaft operativ zum Erfolg beiträgt und je größer der Konzernverbund, gemessen an seiner durchschnittlichen Bilanzsumme, ist.

[485] Vgl. *Kirchner* (1985), S. 214-217.

5 Zusammenfassung

Schon *Theisen* (2000) formuliert: „Der Konzern existiert weder in einer geschlossenen Theorie noch im Gesetz, er ist ein reales Phänomen, er beherrscht die Unternehmenspraxis.“[486] Diese Beobachtung kann auf Grundlage der empirischen Befunde dieser Arbeit auch bezogen auf die Ausschüttungspolitik festgestellt werden: Der Konzernjahresüberschuss beherrscht die Dividendenentscheidung im Konzern, obwohl rechtlich der Jahresüberschuss der Muttergesellschaft maßgeblich ist. Dies ist das zentrale Ergebnis dieser Arbeit, die der Frage nach dem Zusammenhang von Ausschüttungspolitik und Rechnungslegung deutscher börsennotierter Gesellschaften nachgeht.

Die jahrzehntelange Forschung auf dem Gebiet der Dividendenpolitik bestätigt dieser eine hohe Relevanz. Die Kapitalmarktreaktionen auf die Dividendenpolitik sind empirisch belegt und stehen im Widerspruch zum Modell von *Miller/Modigliani* (1961). Von den zahlreichen in diesem Zusammenhang entwickelten Theorien kann sich keine deutlich durchsetzen. Empirisch schwache Evidenz liefern allerdings die Modelle mit Einfluss der Besteuerung und die Signalisierungsmodelle. Deutlichere Ergebnisse liefern die Modelle der Prinzipal-Agenten-Theorie, wenngleich mit unterschiedlichen Hypothesen und Ergebnisinterpretationen. Daher ist das Interesse an den Bestimmungsfaktoren der Dividendenpolitik nach wie vor groß.

Viele Untersuchungen befassen sich mit den Determinanten der Dividendenpolitik. Darunter sind zahlreiche Befragungen und auch viele empirische Untersuchungen, die Bilanzdaten zur Grundlage haben. *Lintner* (1956) entwickelt bereits in seiner Pionierstudie ein Modell, das eine nachweislich gute Beschreibung der Determinanten von Dividendenentscheidungen liefert. Zahlreiche Untersuchungen bestätigen diese Ergebnisse und so kann auch heute noch konstatiert werden, dass bilanzielle Gewinne und die Vorjahresdividende

[486] *Theisen* (2000), S. 1.

die Hauptbestimmungsfaktoren der Dividendenpolitik sind und dieses Modell „remains the best description of the dividendsetting process available."[487]

Die meisten Untersuchungen stammen aus dem US-amerikanischen Raum. Allerdings existiert dort, bis auf das kalifornische Gesellschaftsrecht, kein unmittelbarer Bezug zur Rechnungslegung. Auch der Bezug im kalifornischen Recht setzt an konsolidierten US-GAAP Abschlüssen an, die jedoch zur Ausschüttungsbemessung bestimmten Modifikationen unterliegen. Die seltenen empirischen Untersuchungen am deutschen Kapitalmarkt missachten zumeist die Regulierung zur Dividendenausschüttung und verwenden Konzernabschlüsse. Dies kann zum einen an der Datenverfügbarkeit liegen, die für Konzernabschlüsse deutlich besser ist, zum anderen aber auch an der Erkenntnis aus Befragungen, dass sich die Dividendenpolitik primär an den Konzernjahresüberschüssen orientiert wird. Im deutschen Gesellschaftsrecht besteht jedoch kein Zusammenhang von Ausschüttungen und dem Konzernjahresüberschuss. Für die Ausschüttungsbemessung sind rechtlich die Jahresabschlüsse der einzelnen Konzerngesellschaften heranzuziehen. Bei einer wirtschaftlichen Betrachtungsweise erscheint dies fragwürdig, weil diese einzelnen Gesellschaften nicht unabhängig sind und die Muttergesellschaft die Ergebnisse erstens beliebig steuern kann und zweitens die Ergebnisse auch ohne eine gezielte Steuerung Gewinnbestandteile enthalten, die auf Transaktionen innerhalb des Konzernverbundes beruhen.[488] Im Hinblick auf die Informationsfunktion des Konzernabschlusses sind diese Einschränkungen bei den Einzelabschlüssen akzeptiert. Empirische Untersuchungen können die Überlegenheit eines konsolidierten Jahresüberschuss gegenüber dem Jahresüberschuss der Muttergesellschaft belegen. Im Hinblick auf die Ausschüttungsfunktion dagegen wird das Festhalten an den Einzelabschlüssen schon auch als „schizophrener Zustand" bezeichnet.[489]

In dieser Arbeit wird daher der Frage nachgegangen, ob der Konzernabschluss – trotz seiner rechtlichen Irrelevanz für die Ausschüttungsbemessung – auf die Dividendenpolitik einen stärkeren Einfluss hat als der Jahresüberschuss der Muttergesellschaft. Dafür werden alle deutschen börsennotierten Konzerne von 1987 bis einschließlich 2006 betrachtet.

---

[487] *Benartzi/Michaely/Thaler* (1997), S. 1032.

[488] Vgl. u.a. *Schildbach* (1993), S. 55, der konstatiert, dass sowohl das Imparitätsprinzip als auch das Realisationsprinzip im Konzernverbund infrage zu stellen sind.

[489] Vgl. *Busse von Colbe* (1987), S. 63.

Die Untersuchung beginnt 1987 und stellt damit sicher, dass auch die Konzernabschlüsse insofern vollständig sind, dass weltweit alle Tochterunternehmen einbezogen werden.[490]

Die empirischen Ergebnisse zeigen, dass die Ausschüttungsentscheidung der untersuchten Konzerne ein zweistufiger Prozess ist. Auf der ersten Stufe wird die Entscheidung getroffen, ob überhaupt eine Dividende gezahlt wird. Entgegen der Untersuchungen am US-amerikanischen Kapitalmarkt zeigt sich allerdings eine höhere Flexibilität beziehungsweise Bereitschaft, Dividendenzahlungen einzustellen, wenn ein Jahresfehlbetrag erwirtschaftet wird.[491] Für diese Entscheidung erweist sich der Einzelabschluss der Muttergesellschaft wesentlich relevanter als der Konzernabschluss.

Bei Beobachtungen mit Dividendenzahlungen zeigt sich dann aber ein signifikant stärkerer Einfluss des Konzernjahresüberschusses auf die Dividendenentscheidung. Diese Ergebnisse bleiben auch bei Variationen des auf *Lintner* (1956) basierenden Grundmodells und bei der separaten Untersuchung von Teilgruppen der Stichprobe robust. Dabei zeigt sich, dass für die Unternehmen, die Dividenden an allen Beobachtungszeitpunkten zahlen, der Einfluss des Konzernjahresüberschusses noch stärker ist als bei der gesamten Stichprobe. Ebenso ist ein signifikanter Einfluss der Konzernstruktur zu erkennen. Bei Holding-Strukturen, in denen die Muttergesellschaft wenig Umsatz im Vergleich zum Konzernverbund erwirtschaftet, ist der Zusammenhang von Dividendenänderung und Konzernjahresüberschuss wesentlich stärker als bei Stammhauskonzernen, bei denen der größte Teil des Umsatzes bei der Muttergesellschaft erwirtschaftet wird. Die Ergebnisse zeigen insgesamt, dass sich die Unternehmensleitung an einer wirtschaftlich sinnvollen Größe bei der Dividendenentscheidung orientiert, obwohl rechtlich kein Zusammenhang beziehungsweise keine Regelung dafür besteht.

Die gewonnenen Ergebnisse untermauern die bereits aus Befragungen und Äußerungen einzelner gewonnenen Erkenntnisse auf einer breiten empirischen Basis. Ziel dieser Arbeit ist es nicht, dem Gesetzgeber Handlungsempfehlungen zur Änderung des Konzernrechts zu geben. Es kann jedoch empirisch nachgewiesen werden, dass faktisch der Konzernabschluss zur Ausschüttungsbemessung herangezogen wird. Bei einer Anpassung des Gesellschaftsrechtes, „würde das Gesellschaftsrecht hier an die Rechtstatsächlichkeit an-

[490] Seit dem BilRiLiG aus dem Jahre 1985 gilt gemäß § 294 HGB das so genannte „Weltabschlussprinzip". Die vermeintliche Vollständigkeit der Abschlüsse führt in diesem Kontext auch zur Diskussion über die Abgrenzung des Konsolidierungskreises, die im Rahmen dieser Arbeit jedoch nicht behandelt wird.

[491] Vgl. auch *Goergen/Renneboog/Correia da Silva* (2005), S. 397.

gepasst."[492] Vor dem Hintergrund der gewonnenen Erkenntnisse erscheint es angebracht, die Diskussion über die Ausschüttungsbemessung, und vor allem deren Orientierung an einer wirtschaftlich sinnvollen Bemessungsgrundlage, erneut anzustoßen.

Diese Arbeit leistet daher folgende wichtige Beiträge: Erstens kann festgestellt werden, dass der Einzelabschluss im derzeit bestehenden System nicht irrelevant ist. In fast allen Modellen trägt er zum Erklärungsgehalt bei. Es sind also vor allem im Hinblick auf die vereinfachte Übertragung der US-amerikanischen Studien auf den deutschen, aber auch den europäischen Kapitalmarkt, die institutionellen Rahmenbedingungen in künftigen Studien besser zu berücksichtigen.

Zweitens bestätigt die Untersuchung, die bereits durch Befragungen und einzelne Erzählungen oder Aussagen belegte Annahme, dass der Konzernjahresüberschuss ein stärkerer Bestimmungsfaktor für die Dividendenpolitik ist als der Jahresüberschuss des Mutterunternehmens. Die große Anzahl an Beobachtungen und die Berücksichtigung möglicher unbeobachteter konstanter Variablen aufgrund der Paneldatenstruktur der Stichprobe führt zu einem statistisch signifikanten Ergebnis. Die Dividendenentscheidung wird aufgrund eines Jahresüberschusses getroffen, der wirtschaftlich die Lage des Unternehmens, im Sinne des Konzernverbundes als Einheitsunternehmen, widerspiegelt.

Daraus folgt, dass diese Ergebnisse Fakten über eine Rechtstatsächlichkeit liefern, die deutlich von der Regulierung abweicht. Die gesellschaftsrechtlichen Normen gehen von einer unabhängigen Einzelunternehmung aus, die schon lange so nicht mehr existent ist. Nach den sehr ausführlichen Diskussionen in den 1980iger und den beginnenden 1990iger Jahren wird die Ausschüttungsbemessung bei Konzernsachverhalten in der aktuellen Diskussion der letzten Jahre kaum thematisiert. Dabei erscheint diese auch bei der Betrachtung möglicher alternativer Ausschüttungsbemessungsgrundlagen auf Basis von Solvenztests angebracht, eine Finanzplanung auf Konzernbasis zu erstellen.[493] Eine solche Berücksichtigung hat demgemäß eine europaweite Auswirkung, weil letztlich die Kapitalerhaltungsregime auf der Kapitalrichtlinie der Europäischen Union basieren. Vor dem Hintergrund der nachweisbaren faktischen Ausrichtung am Konzernabschluss ist durchaus auch die Aufstellung eines separaten Einzelabschlusses nach deutschem Han-

[492] *Pellens/Amshoff/Schmidt* (2009), S. 269 und dazu *Kirchner* (1985), S. 215 „so ist es nunmehr am Juristen zu erkunden, ob er die ökonomischen Fragen und Antworten für seine Problemlösungen fruchtbar machen kann."

[493] Vgl. *Lanfermann/Richard* (2008), S. 1932.

delsrecht infrage zu stellen. Dieser ist zurzeit von jeder Gesellschaft zwingend zur Ausschüttungsbemessung aufzustellen, was zur parallelen Erstellung von drei Abschlüssen führt.[494] Vor dem Hintergrund der faktischen Dominanz des Konzernjahresüberschusses stellt dies eine ineffiziente Regulierung dar, die zu weiteren Untersuchungen und zur weiteren Diskussion über Alternativen anregt.

[494] Vgl. *Pellens/Amshoff/Schmidt* (2009), S. 270.

Anhang

Tabelle 36: Zeitreihen pro Unternehmen

	Anzahl Zeitreihen							
Längste Zeitreihe	0	1	2	3	4	5	6	Total
0	298	0	0	0	0	0	0	298
1	0	67	7	2	0	0	0	76
2	0	29	12	4	1	0	0	46
3	0	29	17	3	0	0	1	50
4	0	21	24	7	3	0	0	55
5	0	21	10	5	2	0	0	38
6	0	9	11	6	3	1	0	30
7	0	18	7	5	3	0	0	33
8	0	8	7	0	0	0	0	15
9	0	5	9	5	0	0	0	19
10	0	6	7	1	0	0	0	14
11	0	10	6	1	0	0	0	17
12	0	3	8	1	0	0	0	12
13	0	2	3	0	0	0	0	5
14	0	4	4	0	0	0	0	8
15	0	3	6	0	0	0	0	9
16	0	4	2	0	0	0	0	6
17	0	4	0	0	0	0	0	4
18	0	8	0	0	0	0	0	8
19	0	8	0	0	0	0	0	8
20	0	19	0	0	0	0	0	19
Total	298	278	140	40	12	1	1	770

In der Tabelle sind alle 770 Unternehmen der Stichprobe dargestellt. In den Zeilen sind die Häufigkeiten für die längste verfügbare Zeitreihe in Abhängigkeit von der Häufigkeit des Auftretens bei einem Unternehmen (Spalten) beinhaltet. Beispielsweise ist aus der zweiten Zeile abzulesen, dass bei 67 Unternehmen nur eine Beobachtung existiert, 7 Unternehmen haben 2 Beobachtungen, die zeitlich nicht aufeinander folgen und 3 Unternehmen haben 3 Beobachtungen, die zeitlich nicht aufeinander folgen.

SdK-Statistik zu den Ausschüttungsquoten im DAX

Abbildung 8 : SDK e.V. – Ausschüttungsquoten im DAX 2004 bis 2007

SdK	2007					2006					2005					2004		
	Quote	Div. Je Aktie in EUR	Div. Je Aktie +/- VJ	EPS[3] in EUR	EPS[3] +/- VJ	Quote	Div. Je Aktie in EUR	Div. Je Aktie +/- VJ	EPS[3] in EUR	EPS[3] +/- VJ	Quote	Div. Je Aktie in EUR	Div. Je Aktie +/- VJ	EPS[3] in EUR	EPS[3] +/- VJ	Quote	Div. Je Aktie	EPS[3]
adidas	18,45%	0,50	19,05%	2,71	14,35%	17,72%	0,42	29,23%	2,37	15,61%	15,85%	0,33	0,00%	2,05	19,19%	18,90%	0,33	1,72
Allianz	30,56%	5,50	44,74%	18,00	5,32%	22,24%	3,80	90,00%	17,09	52,05%	17,79%	2,00	14,29%	11,24	81,58%	28,27%	1,75	6,19
BASF	46,88%	3,90	30,00%	8,32	30,61%	47,10%	3,00	50,00%	6,37	11,17%	34,90%	2,00	17,65%	5,73	56,99%	46,58%	1,70	3,65
Bayer	23,12%	1,35	35,00%	5,84	163,06%	45,05%	1,00	5,26%	2,22	1,37%	43,38%	0,95	72,73%	2,19	132,98%	58,51%	0,55	0,94
BMW [1]	22,18%	1,06	51,43%	4,78	9,13%	15,98%	0,70	9,38%	4,38	31,53%	19,22%	0,64	3,23%	3,33	0,00%	18,62%	0,62	3,33
Commerzbank	34,25%	1,00	33,33%	2,92	20,16%	30,86%	0,75	50,00%	2,43	23,35%	25,38%	0,50	100,00%	1,97	222,95%	40,98%	0,25	0,61
Continental	29,46%	2,00	0,00%	6,79	1,04%	29,76%	2,00	100,00%	6,72	5,33%	15,67%	1,00	25,00%	6,38	22,93%	15,41%	0,80	5,19
Daimler	52,22%	2,00	33,33%	3,83	21,20%	47,47%	1,50	0,00%	3,16	12,86%	53,57%	1,50	0,00%	2,80	15,23%	61,73%	1,50	2,43
Deutsche Bank	29,30%	4,00	0,00%	13,65	2,55%	30,05%	4,00	60,00%	13,31	74,67%	32,81%	2,50	47,06%	7,62	51,79%	33,86%	1,70	5,02
Deutsche Börse	44,68%	2,10	-38,24%	4,70	-30,16%	50,52%	3,40	61,90%	6,73	68,25%	52,50%	2,10	200,00%	4,00	68,07%	29,41%	0,70	2,38
Deutsche Lufthansa	34,63%	1,25	78,57%	3,61	106,29%	40,00%	0,70	40,00%	1,75	76,77%	50,51%	0,50	66,67%	0,99	5,32%	31,91%	0,30	0,94
Deutsche Post	78,26%	0,90	20,00%	1,15	-28,13%	46,88%	0,75	7,14%	1,60	-19,60%	35,18%	0,70	40,00%	1,99	38,19%	34,72%	0,50	1,44
Deutsche Postbank	23,58%	1,25	0,00%	5,30	25,00%	29,48%	1,25	0,00%	4,24	41,33%	41,67%	1,25	-	3,00	13,21%	-	0,00	2,65
Deutsche Telekom	600,00%	0,78	8,33%	0,13	-82,43%	97,30%	0,72	0,00%	0,74	-43,51%	54,96%	0,72	16,13%	1,31	235,90%	158,97%	0,62	0,39
e.on	37,07%	4,10	22,39%	11,06	44,20%	43,68%	3,35	21,82%	7,67	-31,76%	24,47%	2,75	17,02%	11,24	70,05%	35,55%	2,35	6,61
Fresenius Medical Care [1]	32,44%	0,54	14,89%	1,66	20,49%	34,03%	0,47	14,63%	1,38	6,25%	31,54%	0,41	10,81%	1,30	26,56%	36,02%	0,37	1,03
Henkel [2]	24,77%	0,53	6,00%	2,14	7,54%	25,13%	0,50	11,11%	1,99	12,43%	25,42%	0,45	4,65%	1,77	1,14%	24,57%	0,43	1,75
Hypo Real Estate Holding	15,06%	0,50	-66,67%	3,32	3,75%	46,88%	1,50	50,00%	3,20	37,34%	42,92%	1,00	185,71%	2,33	86,40%	28,00%	0,35	1,25
Infineon	-	0,00	-	-0,49	-	-	0,00	-	-0,36	-	-	0,00	-	-0,42	-	0,00%	0,00	0,08
Linde	28,96%	1,70	13,33%	5,87	-55,86%	11,28%	1,50	7,14%	13,30	209,30%	32,56%	1,40	12,00%	4,30	92,83%	56,05%	1,25	2,23
MAN	38,23%	3,15	57,50%	8,24	63,17%	39,60%	2,00	48,15%	5,05	83,64%	49,09%	1,35	28,57%	2,75	32,21%	50,48%	1,05	2,08
Merck	19,74%	3,20	204,76%	16,21	219,72%	20,71%	1,05	23,53%	5,07	49,12%	25,00%	0,85	-15,00%	3,40	-2,02%	28,82%	1,00	3,47
Metro[1]	46,83%	1,18	5,36%	2,52	-21,98%	34,67%	1,12	9,80%	3,23	98,16%	62,58%	1,02	0,00%	1,63	-35,57%	40,32%	1,02	2,53
Münchner Rück	30,73%	5,50	22,22%	17,90	18,39%	29,76%	4,50	45,16%	15,12	28,79%	26,41%	3,10	55,00%	11,74	46,57%	24,97%	2,00	8,01
RWE	66,60%	3,15	-10,00%	4,73	-30,85%	51,17%	3,50	100,00%	6,84	72,29%	44,08%	1,75	16,67%	3,97	4,47%	39,47%	1,50	3,80
SAP	31,45%	0,50	8,70%	1,59	3,92%	30,07%	0,46	27,78%	1,53	26,45%	29,75%	0,36	28,57%	1,21	15,24%	26,67%	0,28	1,05
Siemens	38,74%	1,60	10,34%	4,13	24,77%	43,81%	1,45	7,41%	3,31	0,61%	41,03%	1,35	8,00%	3,29	-11,32%	33,69%	1,25	3,71
Thyssen Krupp	30,23%	1,30	30,00%	4,30	32,72%	30,86%	1,00	42,86%	3,24	55,77%	33,65%	0,70	16,67%	2,08	14,92%	33,15%	0,60	1,81
TUI	40,98%	0,25	-	0,61	-	-	0,00	-100,00%	-3,66	-	33,77%	0,77	0,00%	2,28	-22,97%	26,01%	0,77	2,96
VW [1]	17,26%	1,80	44,00%	10,43	47,52%	17,68%	1,25	8,70%	7,07	143,79%	39,66%	1,15	9,52%	2,90	62,01%	58,66%	1,05	1,79

[1] bezogen auf Stammaktien

[2] bezogen auf Vorzugsaktien

[3] Konzernergebnis pro Aktie

Annahmen:

- ohne Sonderdividenden, inkl. Bonuszahlungen
- Quote bezogen auf das Konzerergebnis
- soweit angegeben wurde das unverwässerte Ergebnis je Aktie für die Berechnung verwendet

Quelle: www.sdk.org.

Abbildung 9 : SDK e.V. – Ausschüttungsquoten im DAX 2006 bis 2009

	2009					2008					2007					2006				
	Quote	Div. Je Aktie in EUR	Div. Je Aktie +/- VJ	EPS[3)] in EUR	EPS[3)] +/- VJ	Quote	Div. Je Aktie in EUR	Div. Je Aktie +/- VJ	EPS[3)] in EUR	EPS[3)] +/- VJ	Quote	Div. Je Aktie in EUR	Div. Je Aktie +/- VJ	EPS[3)] in EUR	EPS[3)] +/- VJ	Quote	Div. Je Aktie in EUR	Div. Je Aktie +/- VJ	EPS[3)] in EUR	EPS[3)] +/- VJ
adidas	28,00%	0,35	-30,00%	1,25	-61,54%	15,38%	0,50	0,00%	3,25	19,93%	18,45%	0,50	19,05%	2,71	14,35%	17,72%	0,42	29,23%	2,37	15,61%
Allianz	43,02%	4,10	17,14%	9,53	-	-	3,50	-36,36%	-5,43	-	30,56%	5,50	44,74%	18,00	5,32%	22,24%	3,80	90,00%	17,09	52,05%
BASF	110,39%	1,70	-12,82%	1,54	-50,80%	62,30%	1,95	0,00%	3,13	-24,76%	46,88%	1,95	30,00%	4,16	30,41%	47,02%	1,50	50,00%	3,19	11,15%
Bayer	82,35%	1,40	0,00%	1,70	-23,42%	63,06%	1,40	3,70%	2,22	-61,99%	23,12%	1,35	35,00%	5,84	163,06%	45,05%	1,00	5,26%	2,22	1,37%
Beiersdorf	42,42%	0,70	-22,22%	1,65	-33,47%	36,29%	0,90	28,57%	2,48	28,50%	36,27%	0,70	16,67%	1,93	-34,13%	20,48%	0,60	5,26%	2,93	102,07%
BMW [1)]	96,77%	0,30	0,00%	0,31	-36,73%	61,22%	0,30	-71,70%	0,49	-89,75%	22,18%	1,06	51,43%	4,78	9,13%	15,98%	0,70	9,38%	4,38	31,53%
Commerzbank	-	0,00	-	-4,40	-	-	0,00	-100,00%	0,00	-100,00%	34,25%	1,00	33,33%	2,92	20,16%	30,86%	0,75	50,00%	2,43	23,35%
Daimler	-	0,00	-100,00%	-2,63	-	42,55%	0,60	-70,00%	1,41	-63,19%	52,22%	2,00	33,33%	3,83	21,20%	47,47%	1,50	0,00%	3,16	12,86%
Deutsche Bank	9,47%	0,75	50,00%	7,92	-	-	0,50	-87,50%	-7,61	-	29,30%	4,00	0,00%	13,65	2,56%	30,05%	4,00	60,00%	13,31	74,67%
Deutsche Börse	78,65%	2,10	0,00%	2,67	-50,74%	38,75%	2,10	0,00%	5,42	15,32%	44,68%	2,10	-38,24%	4,70	-30,16%	50,52%	3,40	61,90%	6,73	68,25%
Deutsche Lufthansa	-	0,00	-100,00%	-0,24	-	53,44%	0,70	-44,00%	1,31	-63,71%	34,63%	1,25	78,57%	3,61	106,29%	40,00%	0,70	40,00%	1,75	76,77%
Deutsche Post	113,21%	0,60	0,00%	0,53	-	-	0,60	-33,33%	-1,40	-	78,26%	0,90	20,00%	1,15	-28,13%	46,88%	0,75	7,14%	1,60	-19,60%
Deutsche Telekom	975,00%	0,78	0,00%	0,08	-76,47%	229,41%	0,78	0,00%	0,34	161,54%	600,00%	0,78	8,33%	0,13	-82,43%	97,30%	0,72	0,00%	0,74	-43,51%
E.ON	34,01%	1,50	0,00%	4,41	548,53%	220,59%	1,50	9,49%	0,68	-81,57%	37,13%	1,37	22,32%	3,69	30,85%	39,72%	1,12	21,74%	2,82	-24,80%
Fresenius Medical Care [1)]	29,33%	0,61	5,17%	2,08	6,12%	29,59%	0,58	7,41%	1,96	17,76%	32,44%	0,54	14,89%	1,66	20,49%	34,03%	0,47	14,63%	1,38	6,25%
Fresenius [2)]	23,82%	0,76	7,04%	3,19	11,54%	24,59%	0,71	5,97%	2,86	7,92%	25,28%	0,67	15,52%	2,65	22,69%	26,85%	0,58	16,00%	2,16	22,03%
Henkel [2)]	37,86%	0,53	0,00%	1,40	-50,53%	18,73%	0,53	0,00%	2,83	32,24%	24,77%	0,53	6,00%	2,14	7,54%	25,13%	0,50	11,11%	1,99	12,43%
Infineon	-	0,00	-	-0,73	-	-	0,00	-	-3,92	-	-	0,00	-	-0,49	-	-	0,00	-	-0,36	-
K+S	35,71%	0,20	-91,67%	0,56	-90,57%	40,40%	2,40	380,00%	5,94	460,38%	47,17%	0,50	0,00%	1,06	-0,93%	46,73%	0,50	11,11%	1,07	12,63%
Linde	39,30%	1,80	0,00%	4,58	-16,12%	32,97%	1,80	5,88%	5,46	-6,98%	28,96%	1,70	13,33%	5,87	-55,86%	11,28%	1,50	7,14%	13,30	209,30%
MAN	-	0,25	-87,50%	-2,69	-	25,77%	2,00	-36,51%	7,76	6,74%	43,33%	3,15	57,50%	7,27	43,96%	39,60%	2,00	48,15%	5,05	83,64%
Merck	59,52%	1,00	-33,33%	1,68	-0,59%	88,76%	1,50	-53,13%	1,69	-89,57%	19,74%	3,20	204,76%	16,21	219,72%	20,71%	1,05	23,53%	5,07	49,12%
Metro [1)]	100,85%	1,18	0,00%	1,17	-4,88%	95,93%	1,18	0,00%	1,23	-51,19%	46,83%	1,18	5,36%	2,52	-21,98%	34,67%	1,12	9,80%	3,23	98,16%
Münchner Rück	44,40%	5,75	4,55%	12,95	73,13%	73,53%	5,50	0,00%	7,48	-58,21%	30,73%	5,50	22,22%	17,90	18,39%	29,76%	4,50	45,16%	15,12	28,79%
RWE	52,24%	3,50	-22,22%	6,70	41,05%	94,74%	4,50	42,86%	4,75	0,42%	66,60%	3,15	-10,00%	4,73	-30,85%	51,17%	3,50	100,00%	6,84	72,29%
Salzgitter	-	0,25	-82,14%	-7,10	-	11,56%	1,40	-53,33%	12,11	-23,50%	18,95%	3,00	50,00%	15,83	-40,26%	7,55%	2,00	100,00%	26,50	88,08%
SAP	34,01%	0,50	0,00%	1,47	-5,16%	32,26%	0,50	0,00%	1,55	-1,90%	31,65%	0,50	8,70%	1,58	5,33%	30,67%	0,46	27,78%	1,50	23,97%
Siemens	61,54%	1,60	0,00%	2,60	36,13%	83,77%	1,60	0,00%	1,91	-53,75%	38,74%	1,60	10,34%	4,13	24,77%	43,81%	1,45	7,41%	3,31	0,61%
Thyssen Krupp	-	0,30	-76,92%	-4,01	-	28,32%	1,30	0,00%	4,59	6,74%	30,23%	1,30	30,00%	4,30	32,72%	30,86%	1,00	42,86%	3,24	55,77%
VW [1)]	67,23%	1,60	-17,10%	2,38	-80,03%	16,19%	1,93	7,22%	11,92	14,29%	17,26%	1,80	44,00%	10,43	47,52%	17,68%	1,25	8,70%	7,07	143,79%

1) bezogen auf Stammaktien
2) bezogen auf Vorzugsaktien
3) Konzernergebnis pro Aktie

Annahmen:
- ohne Sonderdividenden, inkl. Bonuszahlungen
- Quote bezogen auf das Konzernergebnis
- soweit angegeben wurde das unverwässerte Ergebnis je Aktie für die Berechnung verwendet

Quelle: www.sdk.org.

Abbildung 10 : Median der Gewinn- und Dividenentwicklung nach Branchen

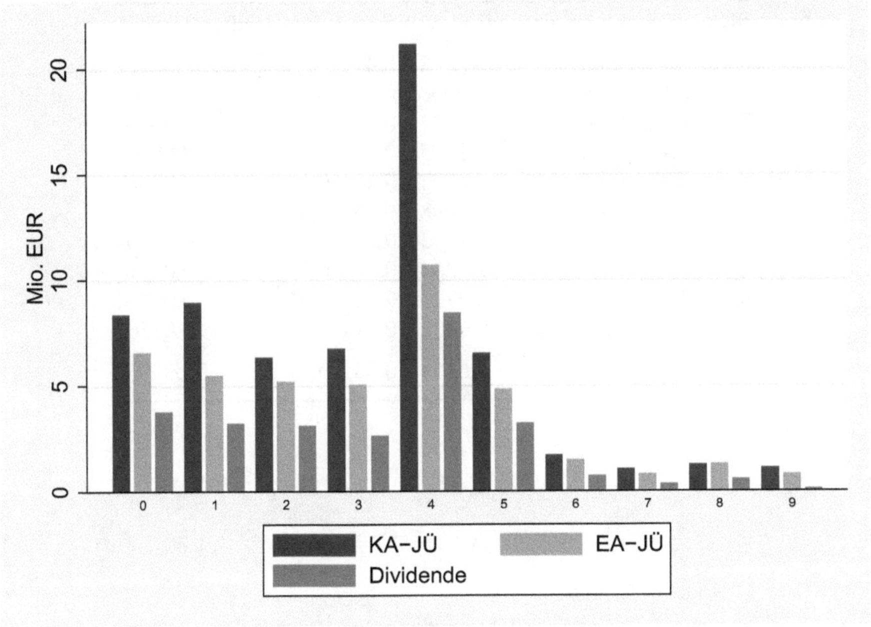

Quelle: Eigene Berechnung.
KA-JÜ (EA-JÜ) bezeichnet den Konzernjahresüberschuss (Jahresüberschuss der Muttergesellschaft).
Werte in Millionen EUR.

Tabelle 37: Ausschüttungsquoten nach Branche

SIC	KA	EA	Diff. p(|T|>|t|)	KA[a]	EA[a]	Diff. p(|T|>|t|)[a]
0	0,79	0,60	0,5578	0,47	0,60	0,0022
1	0,52	0,64	0,0002	0,45	0,59	0,0000
2	0,48	0,60	0,0024	0,41	0,53	0,0000
3	0,47	1,00	0,2305	0,36	0,45	0,0000
4	0,87	0,64	0,4394	0,41	0,55	0,0000
5	0,54	0,89	0,2698	0,45	0,50	0,0001
6	0,53	0,77	0,2243	0,37	0,44	0,0000
7	0,47	0,50	0,3284	0,27	0,31	0,0001
8	4,12	0,43	0,2730	0,31	0,36	0,0141
9	0,55	0,37	0,6082	0,21	0,37	0,0156
	0,68	0,78	0,6465	0,38	0,47	0,0000

[a] Bereinigte Werte.

Tabelle 38: Kategorien nach Branche

	Dividendenkategorie				
SIC1	Niemals Dividende 0	Teilweise Nichtzahler 1	Teilweise Dividende 2	Nur Dividende 3	Gesamt Gesamt
0	0	1	3	47	51
1	5	28	23	139	195
2	56	175	101	702	1.034
3	292	391	388	944	2.015
4	70	55	82	138	345
5	45	88	54	275	462
6	158	206	83	366	813
7	557	166	68	128	919
8	169	76	50	94	389
9	0	15	4	11	30
Gesamt	1.352	1.201	856	2.844	6.253

[a] Bereinigte Werte.

Tabelle 39: Vergleich der Mittelwerte[a] aus Tabelle 19 (p-Werte aus t-Test).

	KA-Bilanzsumme				EA-Bilanzsumme				
Kategorie diff.	**Jahr**	**Ø**	**KA-EK**	**KA-JÜ**	**Jahr**	**Ø**	**Rücklagen**	**EA-EK**	**EA-JÜ**
(0) vs. (1)	0,0025	0,0102	0,0411	0,0867	0,0093	0,2165	0,0215	0,0142	0,0000
(1) vs. (2)	0,0000	0,0000	0,0001	0,0000	0,0003	0,0677	0,0002	0,0002	0,0000
(2) vs. (3)	0,8113	0,5513	0,1377	0,0885	0,8875	0,4933	0,9943	0,8314	0,9595
(0) vs. (2)	0,0000	0,0000	0,0000	0,0000	0,0000	0,0104	0,0000	0,0000	0,0000
(1) vs. (3)	0,0000	0,0000	0,0000	0,0000	0,0000	0,0072	0,0000	0,0000	0,0000
(0) vs. (3)	0,0000	0,0000	0,0000	0,0000	0,0000	0,0000	0,0000	0,0000	0,0000

[a] p-Werte entsprechen einem zweiseitigem t-Test. Bei einem Test auf eindeutige Richtung sind diese zu halbieren.

Abbildung 11 : Einstellung und Initiierung von Dividendenzahlungen

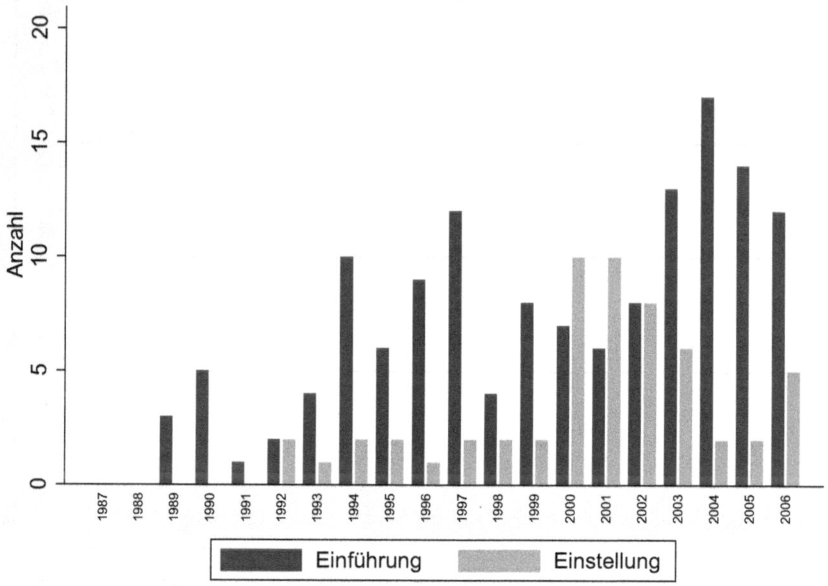

Tabelle 40: Fixed Effects-Regressionen „naives“ Modell auf ΔDiv_{it}

	(1)	(2)	(3)	(4)	(5)	(6)
	ΔDiv_t	ΔDiv_t	ΔDiv_t	ΔDiv_t	ΔDiv_t	ΔDiv_t
$\Delta KA\text{-}J\ddot{U}_{it}$	0,079***		0,093***		0,074***	0,070***
	(7,93)		(7,31)		(5,19)	(4,93)
$\Delta EA\text{-}J\ddot{U}_{it}$		0,064***		0,065***	0,034***	0,036***
		(5,29)		(4,67)	(2,90)	(2,98)
$\Delta KA\text{-}J\ddot{U}_{it-1}$			-0,044***		-0,032***	-0,032***
			(-5,18)		(-3,12)	(-3,11)
$\Delta EA\text{-}J\ddot{U}_{it-1}$				-0,028***	-0,019**	-0,019**
				(-3,17)	(-2,11)	(-2,03)
Firma (fixed)	inkl.	inkl.	inkl.	inkl.	inkl.	inkl.
Jahr (fixed)						inkl.
Observations	3.014	3.014	2.729	2.729	2.729	2.729
R^2	0,080	0,064	0,114	0,080	0,133	0,143
Adj. R^2	0,079	0,064	0,113	0,079	0,131	0,137

t Statistik in Klammern

* $p < 0.1$, ** $p < 0.05$, *** $p < 0.01$

KA-JÜ (EA-JÜ) ist der Konzernjahresüberschuss (Jahresüberschuss des Mutterunternehmens). Div ist die Dividendenzahlung und ΔDiv die Veränderung der Dividenden ($Div_t - Div_{t-1}$). Alle Variablen sind skaliert mit der durchschnittlichen Konzernbilanzsumme (($Konzernbilanzsumme_t$ + $Konzernbilanzsumme_{t-1}$)/2). Die Standardfehler sind heteroskedastizitätskonsistent (*White* (1980)) und „clustered“ auf dem Firmenlevel.

Abbildung 12 : Ergebnisse früherer Studien zum Lintner-Modell

Estimated speed of adjustment and payout ratios

Study	Sample	Period	Speed of adjustment	Target payout ratio	
				Estimated	Arithmetic average
Behm and Zimmermann (1993)	32 major quoted German firms	1962–88	0.26; 0.13[a]	0.48	0.58
Lintner (1956)	All American corporations	1918–41[b]	0.30	0.50	
Mueller (1967)	67 US firms	1957–60[c]	0.16; 0.27	0.26; 0.39	
Fama and Babiak (1968)	392 major industrial US firms	1946–64	0.32–0.37	0.40[a]–0.82	
McDonald et al. (1975)	75 French firms randomly selected from 400 largest firms in 9 industries	1962–68	0.12–0.33	0.41–1.01	
Aivazian et al. (2006)	All US firms in Compustat database	1981–99	0.24	0.50	0.26
Short et al. (2002)	211 UK firms	1988–92	0.38	0.16[d]; 0.19[e,g] 0.17[f]	0.26
Khan (2006)	350 large UK firms	1985–97	0.20–0.45	0.33–0.83	0.38–0.46
Benzinho (2004)	All 34 firms listed on Euronext Lisbon	1990–2002	0.35	0.22	0.42

[a] Parameter from the model including lagged earnings.
[b] Excludes the years 1936 and 1937.
[c] The coefficient on earnings is not significantly different from zero in 1957 and 1959.
[d] For firms with managerial shareholders owning in excess of 5%.
[e] For firms with institutional shareholders owning in excess of 5%.
[f] For firms with neither managerial nor institutional shareholders.
[g] For firms with both managerial and institutional shareholders.

Quelle: *Andres* et al. (2009), Tabelle 6, S. 183.

Tabelle 41: *Odds-Ratios* der Logit-Analyse in Tabelle 24

	(1) DIVZ	(2) DIVZ	(3) DIVZ	(4) DIVZ	(5) DIVZ	(6) DIVZ
DIVZ						
POS-EA-JÜ	31,34***	31,31***	32,33***	22,64***	28,15***	591,86***
	(29,72)	(29,02)	(27,66)	(15,98)	(25,25)	(11,37)
POS-KA-JÜ	6,73***	6,40***	5,98***	3,95***	6,28***	21,43***
	(17,44)	(16,76)	(15,35)	(6,45)	(14,82)	(5,94)
Größe		1,00***				
		(5,57)				
LNGröße			1,70***	1,70***	1,61***	6,59***
			(19,68)	(19,74)	(16,71)	(5,41)
POS-EA-JÜ				1,80**		
*POS-KA-JÜ				(2,31)		
Firma (fixed)	-	-	-	-	-	inkl.
Branche (fixed)	-	-	-	-	inkl.	-
Jahr (fixed)	-	-	-	-	inkl.	inkl.
Obs.	6.253	6.253	6.253	6.253	6.253	1.555
Pseudo R^2	0,481	0,492	0,539	0,539	0,579	0,720

z statistics in parentheses

* $p < 0.1$, ** $p < 0.05$, *** $p < 0.01$

KA-JÜ (EA-JÜ) ist der Konzernjahresüberschuss (Jahresüberschuss des Mutterunternehmens). Div ist die Dividendenzahlung und ΔDiv die Veränderung der Dividenden $(Div_t - Div_{t-1})$. Alle Variablen sind skaliert mit der durchschnittlichen Konzernbilanzsumme $((Konzernbilanzsumme_t + Konzernbilanzsumme_{t-1})/2)$.

Tabelle 42: Fixed Effects-Regressionen nach Branchen (SIC 0 bis 8)

	(0) ΔDiv_{it}	(1) ΔDiv_{it}	(2) ΔDiv_{it}	(3) ΔDiv_{it}	(4) ΔDiv_{it}	(5) ΔDiv_{it}	(6) ΔDiv_{it}	(7) ΔDiv_{it}	(8) ΔDiv_{it}
Div_{it-1}	-0,351***	-0,256***	-0,417***	-0,296***	-0,328*	-0,265***	-0,231**	-0,334*	-0,275***
	(-14,67)	(-6,27)	(-6,84)	(-5,15)	(-1,84)	(-4,00)	(-2,22)	(-2,05)	(-3,83)
$KA\text{-}JÜ_{it}$	0,029	0,157***	0,086***	0,065***	0,017	0,055*	0,082**	0,276***	0,070*
	(1,41)	(11,51)	(2,92)	(3,03)	(0,33)	(1,94)	(2,43)	(4,73)	(1,85)
$EA\text{-}JÜ_{it}$	0,075	-0,010	0,032*	0,078***	0,109*	0,005	0,050	-0,036	0,137**
	(2,23)	(-1,04)	(1,96)	(3,86)	(1,74)	(0,61)	(1,13)	(-0,86)	(2,34)
Firma (fixed)	inkl.	inkl.	inkl.	inkl.	inkl.	inkl.	inkl.	inkl.	inkl.
Jahr (fixed)	inkl.	inkl.	inkl.	inkl.	inkl.	inkl.	inkl.	inkl.	inkl.
Observations	40	123	615	1.006	170	250	308	116	90
R^2	0,813	0,644	0,324	0,268	0,282	0,329	0,286	0,503	0,433
Adjusted R^2	0,616	0,574	0,302	0,253	0,186	0,271	0,236	0,411	0,269

t Statistik in Klammern

* $p < 0.1$, ** $p < 0.05$, *** $p < 0.01$

KA-JÜ (EA-JÜ) ist der Konzernjahresüberschuss (Jahresüberschuss des Mutterunternehmens). Div ist die Dividendenzahlung und ΔDiv die Veränderung der Dividenden ($Div_t - Div_{t-1}$). Alle Variablen sind skaliert mit der durchschnittlichen Konzernbilanzsumme $((Konzernbilanzsumme_t + Konzernbilanzsumme_{t-1})/2)$. Die Spalten enthalten die Ergebnisse für die jeweiligen SIC-Gruppen. Für die Teilstichtprobe mit der Anfangsziffer 9 lagen zu wenige Datenpunkte für das Modell vor. Die Standardfehler sind heteroskedastizitätskonsistent (*White* (1980)) und „clustered" auf dem Firmenlevel.

Literaturverzeichnis

Abad, C./Laffarga, J./Garcia-Borbolla, A./Larrán, M./Pinero, J.M./Garrod, N. (2000), An evaluation of the value relevance of consolidated versus unconsolidated accounting information: evidence from quoted Spanish firms, in: Journal of International Financial Management and Accounting, 11. Jg. Nr. 3, S. 156–177.

Agrawal, Anup/Narayanan, Jayaraman (1994), The dividend policies of all-equity firms: a direct test of the free cash flow theory, in: Managerial and Decision Economics, 15. Jg. Nr. 2, S. 139–148.

Aharony, Joseph/Swary, Izhak (1980), Quarterly dividend and earnings announcements and stockholders' returns: An empirical analysis, in: Journal of Finance, 35. Jg. Nr. 1, S. 1–12.

Alexander, Sindey S. (1961), Price Movement in Speculative Markets: Trend or Random Walks, in: Industrial Management Review, 2. Jg., S. 7–26.

Alexander, Sindey S. (1964), Price movement in speculative markets: Trend or random walks No. 2, in: *Press, MIT (Hrsg.):* The random character of stock market prices, Cambridge, MA, S. 338–372.

Allen, Franklin/Bernardo, Antonio E./Welch, Ivo (2000), A theory of dividends based on tax clienteles, in: The Journal of Finance, 55. Jg. Nr. 6, S. 2499–2536.

Allen, Franklin/Michaely, Roni (2003), Chapter 7 Payout policy, in: *G.M. Constantinides, M. Harris/Stulz, R.M. (Hrsg.):* Corporate Finance, Band 1A, Amsterdam, S. 339–429.

Amihud, Yakov/Murgia, Maurizio (1997), Dividends, taxes, and signaling: Evidence from Germany, in: Journal of Finance, 52. Jg. Nr. 1, S. 397–408.

Andres, C./Betzer, A./Goergen, M./Renneboog, L. (2009), Dividend policy of German firms: A panel data analysis of partial adjustment models, in: Journal of Empirical Finance, 16. Jg. Nr. 2, S. 175–187.

Arbeitskreis Bilanzrecht der Hochschullehrer der Rechtswissenschaft (2002), Zur Fortentwicklung des deutschen Bilanzrechts, in: Betriebs-Berater, 57. Jg. Nr. 46, S. 2372–2381.

Baetge, Jörg/Kirsch, Hans-Jürgen/Thiele, Stefan (2009a), Bilanzen, 10. Auflage. Düsseldorf.

Baetge, Jörg/Kirsch, Hans-Jürgen/Thiele, Stefan (2009b), Konzernbilanzen, 8. Auflage. Düsseldorf.

Baker, Kent/Farrelly, Gail/Edelman, Richard (1985), A Survey of Management Views on Dividend Policy, in: Financial Management, 14. Jg., S. 78–84.

Baldamus, Ernst-August (2002), Reform der Kapitalrichtlinie, Köln.

Ball, Ray/Brown, Philip (1968), An empirical evaluation of accounting income numbers, in: Journal of accounting research, 6. Jg., S. 159–178.

Ballwieser, Wolfgang (2001), Konzernrechnungslegung und Wettbewerb, in: Die Betriebswirtschaft, 61. Jg. Nr. 6, S. 640–657.

Bank, S./Cheffins, B./Goergen, M. (2009), Dividends and politics, in: European Journal of Political Economy, 25. Jg. Nr. 2, S. 208–224.

Barclay, Michael J./Smith, Clifford W. (1988), Corporate payout policy: Cash Dividends versus Open-Market Repurchases, in: Journal of Financial Economics, 22. Jg. Nr. 1, S. 61–82.

Baum, Christopher F. (2006), An Introduction to Modern Econometrics Using Stata, Texas.

Bayer (2008), § 58 Verwendung des Jahresüberschusses, in: Münchener Kommentar zum Aktiengesetz.

Beatty, A./Weber, J./Yu, J.J. (2008), Conservatism and debt, in: Journal of Accounting and Economics, 45. Jg. Nr. 2-3, S. 154–174.

Beaver, William H. (1968), The information content of annual earnings announcements, in: Journal of Accounting Research, 6. Jg., S. 67–92.

Beaver, William H. (1981), Market efficiency, in: The Accounting Review, 56. Jg. Nr. 1, S. 23–37.

Beaver, William H. (1998), Financial reporting: An accounting revolution, 3. Auflage. Upper Saddle River.

Beaver, William H./Clarke, Roger/Wright, William F. (1979), The Association Between Unsystematic Security Returns and the Magnitude of Earnings Forecast Errors, in: Journal of Accounting Research, 17. Jg. Nr. 2, S. 316–340.

Behm, Ulrich/Zimmermann, Heinz (1993), The Empirical Relationship between Dividends and Earnings in Germany, in: Zeitschrift für Wirtschafts- und Sozialwissenschaften, 113. Jg., S. 225–254.

Beisse, H. (1984), Zum Verhältnis von Bilanzrecht und Betriebswirtschaftslehre, in: Steuer und Wirtschaft, 61. Jg., S. 1–14.

Beisse, H. (1994), Zum neuen Bild des Bilanzrechtssystems, in: *Ballwieser, Wolfgang/Böcking, Hans-Joachim/Druckarczyk, Jochen/H., Schmidt Reinhard (Hrsg.):* Bilanzrecht und Kapitalmarkt, Festschrift für A. Moxter, Düsseldorf, S. 25–44.

Belsley, D.A./Kuh, E./Welsch, R.E. (2004), Regression diagnostics: Identifying influential data and sources of collinearity, New Jersey.

Benartzi, S./Michaely, R./Thaler, R. (1997), Do changes in dividends signal the future or the past? in: The Journal of Finance, 52. Jg. Nr. 3, S. 1007–1034.

Benders, Rolf (2011), US-Bankaktien – Die Wiederauferstehung der Dividende, Online im Internet, Abruf: 21.11.2011 ⟨URL: `http://www.handelsblatt.com/finanzen/anlagestrategie/us-bankaktien-die-wiederauferstehung-der-dividende;2695855`⟩.

Bernard, Victor L./Thomas, Jacob K. (1989), Post-earnings-announcement drift: delayed price response or risk premium? in: Journal of Accounting research, 27. Jg., S. 1–36.

Bernhardt, Dan/Robertson, Fiona J./Farrow, Ray (1994), Testing Dividend Signaling Models, in: Working Paper, Queen's University.

Bernheim, Douglas B./Wantz, Adam (1995), A tax-based test of the dividend signaling hypothesis, in: The American economic review, 85. Jg., S. 532–551.

Bhattacharya, Sudipto (1979), Imperfect information, dividend policy, and "the bird in the hand" fallacy, in: The Bell Journal of Economics, 10. Jg. Nr. 1, S. 259–270.

Bhattacharyya, N. (2007), Dividend policy: a review, in: Managerial Finance, 33. Jg. Nr. 1, S. 4–13.

Bicker, Eike Thomas (2007), Gläubigerschutz in der grenzüberschreitenden Konzerngesellschaft, Eine international-privatrechtliche Untersuchung am Beispiel der abhängigen englischen Kapitalgesellschaft mit Verwaltungssitz in Deutschland, Berlin.

Black, Barbara (2004), Corporate Dividends and Stock Repurchases, Eagan.

Black, Fischer (1976), The dividend puzzle, in: Journal of Portfolio Management, 2. Jg., S. 5–8.

Black, Fischer/Scholes, Myron (1974), The Effect of Dividend Yield and Dividend Policy on Common Stock Prices and Returns, in: Journal of Financial Economics, 1. Jg., S. 1–22.

Blume, Marschall E./Crockett, Jean Crockett/Friend, Irwin (1974), Stockholders in the United States: Characteristics and trends, in: Survey of Current Business, 54. Jg., S. 16–40.

Böcking, Hans-Joachim (1998), Zum Verhältnis von Rechnungslegung und Kapitalmarkt: Vom „financial accounting" zum „business reporting", in: *Ballwieser, Wolfgang (Hrsg.):* Rechnungslegung und Steuern international : Tagung des Ausschusses Unternehmensrechnung im Verein für Socialpolitik am 9. und 10. Mai 1997 in Evelle/Frankreich, Düsseldorf, S. 17–53.

Böcking, Hans-Joachim (2002), IAS für Konzern- und Einzelabschluss! – Replik zum Beitrag von Zabel, IAS zwingend für Konzern- und Einzelabschluss?, zugleich Würdigung der Aussagen der Deutschen Bundesbank zur Umsetzung der Mitgliedstaatenwahlrechte im Rahmen der EU-Verordnung und eine Empfehlung an den Gesetzgeber, in: Die Wirtschaftsprüfung, 55. Jg., S. 925–928.

Böcking, Hans-Joachim/Dutzi, Andreas (2006), Gläubigerschutz durch IFRS-Rechnungslegung im Jahresabschluss und ergänzenden Solvenztest, in: *Krawitz, Norbert (Hrsg.):* Rechnungslegung nach internationalen Grundsätzen, Sonderheft 6, Düsseldorf, S. 1–23.

Böcking, Hans-Joachim/Dutzi, Andreas (2007), Zur Notwendigkeit eines zusätzlichen Solvenztests, in: Der Konzern,, S. 435–441.

Böhm, S. (1979), Der Konzerngewinn als Grundlage für Ausschüttungsbemessung und Steuerbemessung. Ein Vorschlag für eine Neuregelung, Göttingen.

Boschma, H. E./Lennarts, M. L./Schutte-Veenstra, J.N. (2005), Alternative systems for capital protection - Final Report 18.08.2005, Online im Internet, Abruf: 9.11.2010 ⟨URL: `http://www.rijksoverheid.nl/bestanden/documenten-en-publicaties/rapporten/2005/08/18/alternative-systems-for-capital-protection/wodcfinalreportenglish.pdf`⟩.

Brandi, Ernst (1977), Informationswirkungen der Jahresabschlussveröffentlichung auf Entscheidungen am Aktienmarkt, Augsburg.

Brav, Alon/Graham, John R./Harvey, Campbell R./Michaely, Roni (2005), Payout policy in the 21st century, in: Journal of Financial Economics, 77. Jg. Nr. 3, S. 483–527.

Brealey, Richard/Myers, Stuart C./Allen, Franklin (2009), Corporate Finance, 8. Auflage. Boston u.a..

Brennan, Michael (1970), Taxes Market Valuation and Corporate Financial Policy, in: National Tax Journal, 23. Jg., S. 417–427.

Brickley, J.A. (1983), Shareholder wealth, information signaling and the specially designated dividend: An empirical study, in: Journal of Financial Economics, 12. Jg. Nr. 2, S. 187–209.

Brittain, John (1964), The Tax Structure and Corporate Dividend Policy, in: American Economic Review, 54. Jg. Nr. 3, S. 272–287.

Brittain, John (1966), Corporate Dividend Policy, Washington D.C..

Brown, P. (1994), Capital markets-based research in accounting: an introduction, Melbourne.

Burgstahler, D./Dichev, I. (1997), Earnings management to avoid earnings decreases and losses, in: Journal of accounting and economics, 24. Jg. Nr. 1, S. 99–126.

Busse von Colbe, Walther (1987), Der Konzernabschluss als Bemessungsgrundlage für die Gewinnermittlung, in: *Havermann, H. (Hrsg.):* Bilanz und Konzernrecht, Festschrift für Reinhard Goerdeler, Düsseldorf, S. 61–77.

Busse von Colbe, Walther (1988), Aktuelle Fragen der Konzernverfassung aus betriebswirtschaftlicher Sicht, in: *C., Helbling/Boemle, M./Glaus, B. (Hrsg.):* Revision und Rechnungslegung im Wandel, Festschrift für Andre Zünd, Zürich, S. 245–255.

Busse von Colbe, Walther/Ordelheide, Dieter/Gebhardt, Günther/Pellens, Bernd (2010), Konzernabschlüsse–Rechnungslegung nach betriebswirtschaftlichen Grundsätzen sowie nach Vorschriften des HGB und der IAS, 9. Auflage. Wiesbaden.

Cahn, Andreas (2007), Die Auswirkungen der Richtlinie zur Änderung der Kapitalrichtlinie auf den Erwerb eigener Aktien, in: Der Konzern, o. Jg., S. 385–396.

Campbell, John .Y./Lo, Andrew W./MacKinlay, A. Craig/Whitelaw, Robert F. (1997), The Econometrics of Financial Markets, Princeton: University Press of California.

Carlsen, Christina (2007), Leistungsfähigkeit von Unternehmensbewertungsmodellen, Wiesbaden.

Christie, William G. (1994), Are dividend omissions truly the cruelest cut of all? in: Journal of Financial and Quantitative Analysis, 29. Jg. Nr. 03, S. 459–480.

Coenenberg, Adolf/Haller, Axel/Schultze, Wolfgang (2009), Jahresabschluss- und Jahresabschlussanalyse - Betriebswirtschaftliche, handelsrechtliche, steuerrechtliche und internationale Grundsätze - HGB, IFRS, und US-GAAP, 21. Auflage. Stuttgart.

Coenenberg, Adolf G./Henes, Frank (1995), Der Informationsgehalt der Zwischenberichtspublizität nach § 44b Börsengesetz, in: Zeitschrift für betriebswirtschaftliche Forschung, 47. Jg. Nr. 11, S. 969–995.

Coenenberg, Adolf G./Möller, Peter (1979), Entscheidungswirkungen von Jahresabschlußinformationen vor und nach der Aktienrechtsreform von 1965, in: Betriebswirtschaftliche Forschung und Praxis, 31. Jg. Nr. 5, S. 438–454.

Coenenberg, Adolf G./Schmidt, F./Werhand, M. (1983), Bilanzpolitische Entscheidungen und Entscheidungswirkungen in manager- und eigentümerkontrollierten Unternehmen, in: Betriebswirtschaftliche Forschung und Praxis, 35. Jg. Nr. 4, S. 321–343.

Collins, D.W./Li, O.Z./Xie, H. (2009), What drives the increased informativeness of earnings announcements over time? in: Review of Accounting Studies, 14. Jg. Nr. 1, S. 1–30.

Conard, Alfred F. (1976), Corporations in Perspective, Mineola, N.Y..

Daske, H./Hail, L./Leuz, C./Verdi, R.S. (2008), Mandatory IFRS Reporting Around the World: Early Evidence on the Economic Consequences, in: Journal of Accounting Research, 46. Jg. Nr. 5, S. 1085–1142.

Daske, Holger/Gebhardt, Günther (2006), International financial reporting standards and experts' perceptions of disclosure quality, in: Abacus, 42. Jg. Nr. 3-4, S. 461–498.

Daske, Holger/Gebhardt, Günther/McLeay, Stuart (2006), The distribution of earnings relative to targets in the European Union, in: Accounting and business research, 36. Jg. Nr. 3, S. 137–168.

Davies, Paul L. (2003), Gower and Davies' Principles of Modern Company Law, 7. Auflage. London.

DeAngelo, Harry/DeAngelo, Linda (1990), Dividend policy and financial distress: An empirical investigation of troubled NYSE firms, in: Journal of finance, 45. Jg. Nr. 5, S. 1415–1431.

DeAngelo, Harry/DeAngelo, Linda (2007), Payout policy pedagogy: What matters and why, in: European Financial Management, 13. Jg. Nr. 1, S. 11–27.

DeAngelo, Harry/DeAngelo, Linda/Skinner, Douglas (1992), Dividend and Losses, in: The Journal of Finance, 47. Jg., S. 1837–1863.

DeAngelo, Harry/DeAngelo, Linda/Skinner, Douglas (1996), Reversal of fortune. Dividend signalling and the disappearance of sustained earnings growth, in: Journal of Financial Economics, 40. Jg., S. 341–371.

DeAngelo, Harry/DeAngelo, Linda/Skinner, Douglas (2004), Are dividends disappearing? Dividend concentration and the consolidation of earnings, in: Journal of Financial Economics, 72. Jg., S. 425–456.

DeAngelo, Harry/DeAngelo, Linda/Skinner, Douglas (2009), Corporate Payout Policy, in: Foundations and Trends in Finance, 3. Jg. Nr. 2-3, S. 95–287.

DeAngelo, Harry/DeAngelo, Linda/Stulz, Rene M. (2006), Dividend policy and the earned/contributed capital mix: a test of the life-cycle theory, in: Journal of Financial Economics, 81. Jg. Nr. 2, S. 227–254.

DeBondt, Werner F. M./Thaler, Richard H. (1985), Does the market overreact, in: Journal of Finance, 40. Jg. Nr. 3, S. 793–805.

Debus, C. (1990), Haftungsregelungen im Konzernrecht – Eine ökonomische Analyse, Frankfurt am Main.

Dechow, Patricia (1994), Accounting earnings and cash flows as measures of firm performance, The role of accounting accruals, in: Journal of Accounting and Economics, 18. Jg., S. 3–42.

Denis, David J./Osobov, Igor (2008), Why do firms pay dividends? International evidence on the determinants of dividend policy, in: Journal of Financial Economics, 89. Jg. Nr. 1, S. 62–82.

Dhillon, Upinder S./Johnson, Herb (1994), The effect of dividend changes on stock and bond prices, in: Journal of Finance, 49. Jg. Nr. 1, S. 281–289.

Döllerer, Georg (1979), Gedanken zur "Bilanz im Rechtssinne", in: Jahrbuch der Fachanwälte für Steuerrecht 1979/1980, 30. Jg., S. 195–205.

Downes, David H./Heinkel, Robert (1982), Signaling and the valuation of unseasoned new issues, in: Journal of Finance, 37. Jg. Nr. 1, S. 1–10.

Drukarczyk, Jochen (2008), Finanzierung, 10. Auflage. Stuttgart.

Drukarczyk, Jochen/Schüler, Andreas (2009), Unternehmensbewertung, 6. Auflage. München.

Dubois, Michel/Louvet, Pascal (1996), The day-of-the-week effect: The international evidence, in: Journal of Banking and Finance, 20. Jg. Nr. 9, S. 1463–1483.

Eades, Kenneth M. (1982), Empirical Evidence on Dividends as a Signal of Firm Value, in: Journal of Financial and Quantitative Analysis, 17. Jg. Nr. 04, S. 471–500.

Easterbrook, Frank (1984), Two Agency Cost Explanations of Dividend, in: The American Economic Review, 74. Jg., S. 650–659.

Easterbrook, Frank H./Fischel, Daniel R. (1985), Limited Liability and the Corporation, in: Chicago Law Review,, S. 89–117.

Easton, Peter (2004), Discussion of "Forward Versus Trailing Earnings in Equity Valuation", in: Review of Accounting Studies, 9. Jg., S. 331–336.

Easton, Peter D./Zmijewski, Mark E. (1989), Cross-Sectional Variation in the Stock Market Response to Accounting Earnings Announcements, in: Journal of Accounting and Economics, 11. Jg. Nr. 2/3, S. 117–141.

Elton, Edwin/Gruber, Martin (1970), Marginal Stockholder tax rates and the clientele effect, in: Review of Economics and Statistics, 52. Jg., S. 68–74.

EU-Kommission (2008), Results of the external study on the feasibility of an alternative to the Capital Maintenance Regime of the Second Company Law Directive and the impact of the adoption of IFRS on profit distribution, Online im Internet, Abruf: 05.11.2010 ⟨URL: `http://ec.europa.eu/internal_market/company/docs/capital/feasbility/markt-position_en.pdf`⟩.

Ewert, Ralf/Wagenhofer, Alfred (2007), Externe Unternehmensrechnung, 2. Auflage. Heidelberg.

Fama, E./Babiak, H. (1968), Dividend Policy: an Empirical Study, in: Journal of the American Statistical Association, 63. Jg., S. 1132–61.

Fama, Eugene/French, Kenneth (2001), Disappearing dividends: changing firm characteristics or lower propensity to pay? in: Journal of Financial Economics, 60. Jg., S. 3–43.

Fama, Eugene F. (1965), The behavior of stock-market prices, in: Journal of business, 38. Jg. Nr. 1, S. 34–105.

Fama, Eugene F. (1970), Efficient capital markets: A review of theory and empirical work, in: Journal of finance, 25. Jg. Nr. 2, S. 383–417.

Fama, Eugene F. (1976), Efficient Capital Markets: Reply, in: The Journal of Finance, 31. Jg. Nr. 1, S. 143–145.

Fama, Eugene F. (1991), Efficient capital markets: II, in: Journal of finance, 46. Jg. Nr. 5, S. 1575–1617.

Fama, Eugene F./Blume, Marshall E. (1966), Filter rules and stock-market trading, in: Journal of Business, 39. Jg. Nr. 1, S. 226–241.

Feltham, G.A./Ohlson, J.A. (1995), Valuation and Clean Surplus Accounting for Operating and Financial Activities, in: Contemporary Accounting Research, 11. Jg. Nr. 2, S. 689–731.

Fischer, O./Jansen, H./Meyer, W. (1975), Langfristige Finanzplanung deutscher Unternehmen, Hamburg.

Francis, Jennifer/Schipper, Katherine/Vincent, Linda (2002), Expanded disclosures and the increased usefulness of earnings announcements, in: The Accounting Review, 77. Jg. Nr. 3, S. 515–546.

Frantzmann, Hans-Jörg (1989), Saisonalitäten und Bewertung am deutschen Aktien- und Rentenmarkt, Frankfurt.

Freeman, Robert N./Tse, Senyo (1989), The Multiperiod Information Content of Accounting Earnings: Confirmations and Contradictions of Previous Earnings Reports, in: Journal of Accounting Research, 27. Jg., S. 49–79.

French, Derek/Mayson, Stephen W./Ryan, Christopher L. (2007), Company Law, 24. Auflage. Oxford.

French, Kenneth R. (1980), Stock returns and the weekend effect, in: Journal of Financial Economics, 8. Jg. Nr. 1, S. 55–69.

Gaver, Jennifer J./Gaver, Kenneth M. (1993), Additional evidence on the association between the investment opportunity set and corporate financing, dividend, and compensation policies, in: Journal of Accounting and Economics, 16. Jg. Nr. 1-3, S. 125–160.

Gebhardt, Günther (2002), Announcement Effects of Financing Decisions by German Companies: Synthesis of an Empirical Research Program, in: *Franke, Günther/ Gebhardt, Günther/Krahnen, Jan P. (Hrsg.):* German Financial Markets and Institutions: Selected Studies, Düsseldorf, 1, S. 107–134.

Gehrke, Norman (1994), Tobins q – Die Beziehung zwischen Buch- und Marktwerten deutscher Aktiengesellschaften, Wiesbaden.

Gerke, W./Oerke, M./Sentner A. (1997), Der Informationsgehalt von Dividendenänderungen auf dem deutschen Anktienmarkt, in: Die Betriebswirtschaft, 57. Jg., S. 810–822.

Göbel, Elisabeth (2002), Neue Institutionenökonomik, Stuttgart.

Goerdeler, Reinhard (1986), Rücklagenbildung nach § 58 Abs. 2 AktG im Konzern, in: Die Wirtschaftsprüfung, 39. Jg., S. 229–237.

Goergen, M./Renneboog, L./Silva, L. Correia da (2005), When do German firms change their dividends? in: Journal of Corporate Finance, 11. Jg. Nr. 1-2, S. 375–399.

Goncharov, Igor/Werner, Jörg R./Zimmermann, Jochen (2009), Legislative demands and economic realities: Company and group accounts compared, in: The International Journal of Accounting, 44. Jg. Nr. 4, S. 334–362.

Gonedes, Nicholas J. (1978), Corporate signaling, external accounting, and capital market equilibrium: Evidence on dividends, income, and extraordinary items, in: Journal of Accounting Research, 16. Jg., S. 26–79.

Götz, H. (1984), Die Sicherung der Rechte der Aktionäre der Konzernobergesellschaft bei Konzernbildung und Konzernleitung – zugleich auch eine Besprechung der „Holzmüller“ -Entscheidung des Bundesgerichtshofs, in: Die Aktiengesellschaft, 29. Jg., S. 85–94.

Götz, H. (1994), Rücklagenbildung in der Unternehmensgruppe, in: *Ballwieser, Wolfgang (Hrsg.):* Bilanzrecht und Kapitalmarkt, Festschrift für Adolf Moxter, Düsseldorf, S. 573–600.

Grossman, Sanford J. (1976), On the efficiency of competitive stock markets where trades have diverse information, in: Journal of Finance, 31. Jg., S. 573–585.

Grossman, S.J./Hart, O.D. (1986), The costs and benefits of ownership: A theory of vertical and lateral integration, in: The Journal of Political Economy, 94. Jg. Nr. 4, S. 691–719.

Grullon, Gustavo/Michaley, Roni/Swaminathan, Bhaskaran (2002), Are Dividend Changes a Sign o f Firm Maturity? in: Journal of Business, 75. Jg., S. 387–424.

Hadjinicolaou, G./Kalay, A. (1984), Wealth redistributions or changes in firm value: An analysis of returns to bondholders and stockholders at dividend announcements, in: Journal of Financial Economics, 13. Jg., S. 35–63.

Harkins, E. P./Walsh, F. J. (1971), Dividend policies and practices, New York.

Harris, Trevor/Lang, Marc/Möller, Hans-Peter (1994), The value relevance of German Accounting measures: An Empirical Analysis, in: Journal of Accounting Research, 32. Jg., S. 187–209.

Hartmann, Nora (2004), Dividendenpolitik und das Equity Premium Puzzle bei beschränkter Kapitalgeberrationalität, Univ.-Diss., online im Internet: http://www.digibib.tu-bs.de/?docid=00001569, Abruf: 12.11.2010.

Hartmann-Wendels, Thomas (1986), Dividendenpolitik bei asymmetrischer Informationsverteilung, Wiesbaden.

Haugen, Robert A./Jorion, Philippe (1996), The January effect: still there after all these years, in: Financial Analysts Journal, 52. Jg. Nr. 1, S. 27–31.

Hax, Herbert (1964), Der Bilanzgewinn als Erfolgsmaßstab, in: Zeitschrift für Betriebswirtschaft, 34. Jg., S. 642–651.

Healy, Paul M. (1985), The effect of bonus schemes on accounting decisions* 1, in: Journal of accounting and economics, 7. Jg. Nr. 1-3, S. 85–107.

Healy, P.M./Palepu, K.G. (1990), Effectiveness of accounting-based dividend covenants, in: Journal of Accounting and Economics, 12. Jg. Nr. 1-3, S. 97–123, ISSN 0165–4101.

Heiden, Stefan (2002), Kursreaktionen auf Dividendenankündigungen: Ereignisstudie am deutschen Kapitalmarkt, Wiesbaden.

Hennrichs, Joachim (2008), IFRS – Eignung für Ausschüttungszwecke? in: Betriebswirtschaftliche Forschung und Praxis, 60. Jg. Nr. 5, S. 415–432.

High Level Group (2002), Bericht der hochrangigen Gruppe von Experten auf dem Gebiet des Gesellschaftsrechts über moderne gesellschaftsrechtliche Rahmenbedingungen in Europa, Online im Internet, Abruf: 02.11.2010 ⟨URL: `http://ec.europa.eu/internal_market/company/docs/modern/report_de.pdf`⟩.

Hinz, Michael (2002), Der Konzernabschluss als Instrument zur Informationsvermittlung und Ausschüttungsbemessung, Wiesbaden.

Hoberg, Gerard/Prabhala, Nagpurnanand R. (2009), Disappearing Dividends, Catering, and Risk. in: Review of Financial Studies, 22. Jg. Nr. 1, S. 79–116.

Holthausen, R.W./Watts, R.L. (2001), The relevance of the value-relevance literature for financial accounting standard setting, in: Journal of Accounting and Economics, 31. Jg., S. 3–75.

Hort, Helmut (1984), Zur Dividendenpolitik der Aktiengesellschaften des Verarbeitenden Gewerbes der Bundesrepublik Deutschalnd, Saarbrücken.

Hosmer, D. W./Lemeshow, S. (1980), A goodness-of-fit test for the multiple logistic regression model, in: Communications in Statistics, A, 10. Jg., S. 1043–1069.

Hosmer, David W./Lemeshow, Stanley (2000), Applied Logistic Regression, New York.

Hsiao, C. (2003), Analysis of panel data, Cambridge.

Hüffer, Uwe (2010), Aktiengesetz, 9. Auflage. München.

IASB (2010), Conceptual Framework for Financial Reporting 2010, London.

ICAEW (2007), EU Implementation of IFRS and the Fair Value Directive: A Report for the European Commission, London.

ICAS/ICAEW (2009), Tech 01/09 – Guidance on the determination of realised profits and losses in the context of distribution under the companies act 2006, Online im Internet, Abruf: 03.12.2010 ⟨URL: `http://www.icas.org.uk/site/cms/download/aa/TECH_01_09_Distributable_profits.pdf`⟩.

IDW (2006), Vorschläge des IDW zur Neukonzeption der Kapitalerhaltung und zur Ausschüttungsbemessung - Pressemitteilung, in: IDW-Fachnachrichten, o. Jg., S. 677–679.

Ishikawa, H. (2000), Consolidated Accounting Information and Stock Pricing, in: Chikura Shobo in Japanese.

Jain, Ravi (2007), Institutional and individual investor preferences for dividends and share repurchases, in: Journal of Economics and Business, 59. Jg. Nr. 5, S. 406–429.

Jayaraman, Narayanan/Shastri, Kuldeep (1988), The valuation impacts of specially designated dividends, in: Journal of Financial and Quantitative Analysis, 23. Jg. Nr. 03, S. 301–312.

Jegadeesh, Narasimhan (1990), Evidence of predictable behavior of security returns, in: Journal of Finance, 45. Jg. Nr. 3, S. 881–898.

Jegadeesh, Narasimhan/Titman, Sheridan (1993), Returns to buying winners and selling losers: Implications for stock market efficiency, in: Journal of finance, 48. Jg. Nr. 1, S. 65–91.

Jegadeesh, Narasimhan/Titman, Sheridan (2001), Profitability of momentum strategies: An evaluation of alternative explanations, in: The Journal of Finance, 56. Jg. Nr. 2, S. 699–720.

Jensen, Michael C. (1978), Some Anomalous Evidence Regarding Market Efficiency, in: Journal of Financial Economics, 6. Jg. Nr. 2/3, S. 95–101.

Jensen, Michael C. (1986), Agency Costs of Free Cash Flow, Corporate Finance and Takeovers, in: American Economic Review, 76. Jg., S. 323–329.

John, Kose/Kalay, Avner (1982), Costly Contracting and optimal Payout Constraints, in: Journal of Finance, 37. Jg., S. 457–470.

John, Kose/Williams, Joseph (1985), Dividends, dilution, and taxes: A signalling equilibrium, in: Journal of Finance, 40. Jg. Nr. 4, S. 1053–1070.

Kahle, Holger (2000), Zur Frage der Notwendigkeit einer Börseneinführung in den USA, in: Finanzbetrieb, o. Jg., S. 493–499.

Kalay, Avner (1980), Signaling, information content, and the reluctance to cut dividends, in: Journal of Financial and Quantitative Analysis, 15. Jg., S. 855–869.

Kalay, Avner (1982a), Stockholder-Bondholder Conflict and Dividend Constraints, in: Journal of Financial Economics, 17. Jg., S. 211–233.

Kalay, Avner (1982b), The ex-dividend day behavior of stock prices: A re-examination of the clientele effect, in: Journal of Finance, 37. Jg. Nr. 4, S. 1059–1070.

Kalay, Avner/Lemmon, Michael (2008), Payout policy, in: Handbook of Corporate Finance: Empirical Corporate Finance, 2. Jg., Chapter 10.

Kaplan, Steven N./Reishus, David (1990), Outside directorships and corporate performance, in: Journal of Financial Economics, 27. Jg. Nr. 2, S. 389–410.

Keller, E./Möller, H. P. (1992), Einstufung von Bankbilanzen am Kapitalmarkt infolge von § 26a KWG, in: Zeitschrift für Bankrecht und Bankwirtschaft, 4. Jg., S. 169–183.

Kimbrough, Michael D. (2005), The effect of conference calls on analyst and market underreaction to earnings announcements, in: The Accounting Review, 80. Jg. Nr. 1, S. 189–219.

Kirchner, Christian (1985), Ökonomische Überlegungen zum Konzernrecht, in: Zeitschrift für Unternehmens- und Gesellschaftsrecht, 14. Jg. Nr. 2, S. 214–234.

Klein, Stefan (1999), Aktien-Analysemethoden versus Effizienzmarkttheorie – Eine empirische Untersuchung am deutschen Aktienmarkt von 1975 bis 1997 unter Berücksichtigung der Volatilität des Terminmarktes, Lohmar.

Kleindiek, Detlef (2007), Perspektiven des Kapitalschutzes - Themen und Meinungen in der nationalen Diskussion, in: Betriebs-Berater, 62. Jg., S. 2–7.

Kleindiek, Detlef (2010), § 150 Aktiengesetz, in: *Schmidt, Karsten/Lutter, Marcus (Hrsg.):* Aktiengesetz Kommentar, 2. Auflage. Köln, S. 2159–2184.

Knolle, Eike/Tetzlaff, Christian (2005), Zahlungsunfähigkeit und Zahlungsstockung, Zugleich Besprechung von BGH, Urt v. 24.5.2005 - IX ZR 123/04, ZInsO 2005, 807, in: ZInsO,, S. 897–902.

Koch, Adam S./Sun, Amy X. (2004), Dividend changes and the persistence of past earnings changes, in: The Journal of Finance, 59. Jg. Nr. 5, S. 2093–2116.

Kocher, Dirk (2010), Sind Ermächtigungen der Hauptversammlung zur Verwendung eigener Aktien analog § 202 I AktG auf fünf Jahre befristet? in: Neue Zeitschrift für Gesellschaftsrecht, 13. Jg. Nr. 5, S. 172–174.

Kohlbeck, Mark J./Magilke, Matthew J. (2002), The Impact of Concurrent Conference Calls on the Information Content of Earnings Announcements, in: SSRN eLibrary, o. Jg., S. 1–40.

König, Rolf (1990), Ausschüttungsverhalten von Aktiengesellschaften, Besteuerung und Kapitalmarktgleichgewicht, Hamburg.

König, Rolf (1991), Dividende und Jahresüberschuss, in: Zeitschrift für Betriebswirtschaft, 61. Jg., S. 1149–1155.

Kothari, S. P. (2001), Capital markets research in accounting, in: Journal of Accounting and Economics, 31. Jg. Nr. 1-3, S. 105–231.

KPMG (2008), Contract ETD/2006/IM/F2/71, Feasibility study on an alternative to the capital maintenance regime established by the Second Company Law Directive 77/91/EEC of 13 December 1976 and an examination of the impact on profit distribution of the new EU accounting regime, Main Report.

Krämer, Walter/Runde, Ralf (1993), Kalendereffekte auf Kapitalmärkten – Eine empirische Untersuchung für deutsche Aktien und den DAX, in: *Bühler, Wolfgang/Hax, Herbert/Schmidt, Reinhart (Hrsg.):* Empirische Kapitalmarktforschung, Sonderheft 31, Zeitschrift für betriebswirtschaftliche Forschung, Düsseldorf, S. 87–98.

Kreps, David M. (1988), In Honor of Sandy Grossman, Winner of the John Bates Clark Medal, in: Journal of Economic Perspectives, 2. Jg., S. 111–135.

Kropff, Bruno (1965), Aktiengesetz - Textausgabe des Aktiengesetzes vom 6.9.1965, Düsseldorf.

Kübler, Friedrich (1989), Aktie, Unternehmensfinanzierung und Kapitalmarkt, Rechtsvergleichende Untersuchung der Möglichkeiten der Eigenkapitalbeschaffung in der Bundesrepublik und in den USA, unter besonderer Berücksichtigung der mit der nennwertlosen Aktie verbundenen Vor- und Nachteile, Köln.

Kübler, Friedrich (1995), Institutioneller Gläubigerschutz oder Kapitalmarkttransparenz? in: Zeitschrift für das gesamte Handelsrecht und Wirtschaftsrecht, 159. Jg., S. 550–566.

Kübler, Friedrich/Assmann, Heinz-Dieter (2006), Gesellschaftsrecht, Die privatrechtlichen Ordnungsstrukturen und Regelungsprobleme von Verbänden und Unternehmen, 6. Auflage. Heidelberg.

Kühnberger, Manfred/Schmidt, Thorsten (1999), Der Konzernabschluss als Ausschüttungsbemessungsgrundlage. Eine theoretische Analyse und eine empirische Bestandsaufnahme zur Ausschüttungspolitik deutscher Aktienkonzerne, in: Zeitschrift für Betriebswirtschaft, 69. Jg., S. 1263–1291.

Kuhner, Christoph (2005), Zur Zukunft der Kapitalerhaltung durch bilanzielle Ausschüttungssperren im Gesellschaftsrecht der Staaten Europas, in: Zeitschrift für Unternehmens- und Gesellschaftsrecht, 34. Jg., S. 753–787.

Kumar, Praveen (1988), Shareholder-manager conflict and the information content of dividends, in: Review of Financial Studies, 1. Jg. Nr. 2, S. 111–136.

Küting, Karlheinz (2010), Problematik der derivativen Erstellung des Konzernabschlusses und des Eigenkapitalausweises, in: Der Betrieb, 63. Jg. Nr. 4, S. 177–184.

La Porta, Rafael/Lopez-De-Silanes, Florencio/Shleifer, Andrei/Vishny, Robert (2000), Agency Problems and Dividend Policies around the World, in: The Journal of Finance, 55. Jg., S. 1–33.

La Porta, Rafael/Silanes, Florencio Lopez-de/Shleifer, Andrei/Vishny, Robert W. (1997), Legal determinants of external finance, in: Journal of finance, 52. Jg. Nr. 3, S. 1131–1150.

Landsman, Wayne R./Maydew, Edward L. (2002), Has the information content of quarterly earnings announcements declined in the past three decades? in: Journal of Accounting Research, 40. Jg. Nr. 3, S. 797–808.

Lanfermann, Georg/Röhricht, Victoria (2007), Stand der europäischen Diskussion zur Kapitalerhaltung, in: Betriebs-Berater, 62. Jg., S. 8–13.

Lanfermann, Georg/Richard, Marc (2008), Ausschüttungen auf Basis von IFRS: Bleibt die deutsche Bundesregierung zu zögerlich? in: Der Betrieb, 61. Jg. Nr. 36, S. 1925–1932.

Lang, Larry H. P./Litzenberger, Robert H. (1989), Dividend announcements: Cash flow signalling vs. free cash flow hypothesis? in: Journal of Financial Economics, 24. Jg. Nr. 1, S. 181–191.

Latham, Mark (1986), Informational efficiency and information subsets, in: Journal of Finance, 41. Jg. Nr. 1, S. 39–52.

Laub, P. Michael (1972), Some aspects of the aggregation problem in the dividend-earnings relationship, in: Journal of the American Statistical Association, 67. Jg. Nr. 339, S. 552–559.

Lease, R.C./Kalay, A./Sarig, O.H./Loewenstein, U./John, K./Kose, J. (2000), Dividend policy: its impact on firm value, Harvard Business School Press.

Lee, Charles M. C. (1992), Earnings news and small traders: An intraday analysis, in: Journal of Accounting and Economics, 15. Jg. Nr. 2-3, S. 265–302.

Lee, Charles M.C. (1996), Measuring wealth: The Edwards-Bell-Ohlson model offers a simple but powerful way to compute the fundamental values of publicly traded stocks, in: CA Magazine Toronto, 129. Jg., S. 32–38.

Leffson, Ulrich (1987), Die Grundsätze ordnungsmäßiger Buchführung, 7. Auflage. Düsseldorf.

Leftwich, Richard (1983), Accounting Information in Private Markets: Evidence from Private Lending Agreements, in: The Accounting Review, 58. Jg., S. 23–42.

Lehertshuber, B. (1986), Unternehmensvertragsrecht und Konzernhandelsbilanz, Frankfurt am Main.

Leuz, Christian (1996), Rechnungslegung und Kreditfinanzierung, Zum Zusammenhang von Ausschüttungsbemessung, bilanzieller Gewinnermittlung und vorsichtiger Rechnungslegung, Frankfurt am Main.

Leuz, Christian/Deller, Dominic/Stubenrath, Michael (1998), An International Comparison of Accounting-Based Payout Restrictions in the United States, United Kongdom and Germany, in: Accounting and Business Research, 28. Jg., S. 111–129.

Lewellen, W./Stanley, K./Lease, R./Schlarbaum, G. (1978), Some direct evidence on the dividend clientele hypothesis, in: Journal of Finance, 33. Jg. Nr. 5, S. 1385–1399.

Lewellen, Wilbur/Loderer, Claudio/Martin, Kenneth (1987), Executive compensation and executive incentive problems: An empirical analysis, in: Journal of Accounting and Economics, 9. Jg. Nr. 3, S. 287–310.

Lie, Eric (2000), Excess funds and agency problems: An empirical study of incremental cash disbursements, in: Review of Financial Studies, 13. Jg. Nr. 1, S. 219.

Linnhoff, Ulrich/Pellens, Bernhard (1987), Ausschüttungspolitik deutscher Konzerne. Eine empirische Untersuchung zum Ausschüttungsverhalten deutscher Konzernobergesellschaftenn, in: Zeitschrift für betriebswirtschaftliche Forschung, 39. Jg., S. 987–1006.

Lintner, John (1956), Distribution of Incomes of Corporations among Dividends, Retained Earnings, and Taxes, in: American Economic Association, 46. Jg. Nr. 2, S. 97–113.

Long, John B. (1978), The market valuation of cash dividends: A case to consider, in: Journal of Financial Economics, 6. Jg. Nr. 2-3, S. 235–264.

Lutter, Marcus (1964), Kapital, Sicherung der Kapitalaufbringung und Kapitalerhaltung in den Aktien- und GmbH-Rechten der EWG, Mainz.

Lutter, Marcus (1987), Rücklagenbildung im Konzern, in: *Havermann, H. (Hrsg.):* Bilanz- und Konzernrecht, Festschrift für Reinhard Goerdeler, Düsseldorf, S. 327–348.

Lutter, Marcus (1988), § 58 AktG, in: *Zöllner, Wolfgang (Hrsg.):* Kölner Kommentar zum Aktiengesetz, Band 1, Köln, S. 673–714.

Lutter, Marcus (2006), Das Kapital der Aktiengesellschaft in Europa, Zeitschrift für Unternehmens- und Gesellschaftsrecht, Sonderheft 17, Berlin.

MacKinlay, Craig A. (1997), Event Studies in Economics and Finance, in: Journal of Economic Literature, 15. Jg., S. 13–39.

Marsh, T.A./Merton, R.C. (1987), Dividend behavior for the aggregate stock market, in: The Journal of Business, 60. Jg. Nr. 1, S. 1–40.

Marx, Philip (2006), Der Solvenztest als Alternative zur Kapitalerhaltung in der Aktiengesellschaft, Baden-Baden.

Mashruwala, Christina/Rajgopal, Shivaram/Shevlin, Terry (2006), Why is the accrual anomaly not arbitraged away? The role of idiosyncratic risk and transaction costs, in: Journal of Accounting and Economics, 42. Jg. Nr. 1-2, S. 3–33.

Merkt, Hanno (2010), § 268 Vorschriften zu einzelnen Posten der Bilanz, in: *Hopt, Klaus J./Merkt, Hanno/Baumbach, Adolf (Hrsg.):* Handelsgesetzbuch, 34. Auflage. München.

Merkt, Hanno/Göthel, Stephan (2006), US-amerikanisches Gesellschaftsrecht, 2. Auflage. Frankfurt.

Merl, Holger/Neuhaus, Stefan (2008), (Vor-)Feiertagseffekte am deutschen Kapitalmarkt, in: Die Betriebswirtschaft, 68. Jg. Nr. 4, S. 387–401.

Meyer, Bernd (1995), Die langfristige Performance von "Gewinner und "VerliererAktien am deutschen Aktienmarkt, in: Finanzmarkt und Portfolio-Management, 9. Jg. Nr. 1, S. 61–80.

Miller, M. (1986), The information content of dividends, in: Macroeconomics: Essays in Honor of Franco Modigliani,, Cambridge, MA.

Miller, Merton H./Rock, Kevin Rock (1985), Dividend Policy under Asymmetric Information, in: The Journal of Finance, 40. Jg., S. 1031–1051.

Miller, Merton H./Scholes, Myron S. (1978), Dividends and taxes, in: Journal of Financial Economics, 6. Jg. Nr. 4, S. 333–364.

Miller, M.H./Modigliani, F. (1961), Dividend policy, growth, and the valuation of shares, in: Journal of Business, 34. Jg. Nr. 4, S. 411–433.

Moxter, Adolf (1962), Bilanzierung und unsichere Erwartungen, in: Zeitschrift für handelswissenschaftliche Forschung, 14. Jg., S. 607–632.

Moxter, Adolf (1984a), Bilanzlehre, Band I: Einführung in die Bilanztheorie, 3. Auflage. Wiesbaden.

Moxter, Adolf (1984b), Das Realisationsprinzip – 1984 und heute, in: Beriebs-Berater, 39. Jg., S. 1780–1786.

Moxter, Adolf (1986), Einführung in das neue Bilanzrecht, 3. Auflage. Wiesbaden.

Moxter, Adolf (1993), Entwicklung der Theorie der handels- und steuerrechtlichen Gewinnermittlung, in: Zeitschrift für betriebswirtschaftliche Forschung, Sonderheft 32, Ökonomische Analyse des Bilanzrechts, o. Jg., S. 61–84.

Mülbert, Peter (2004), Zukunft der Kapitalaufbringung/Kapitalerhaltung, in: Der Konzern,, S. 151–162.

Naumann, Klaus-Peter (2007), Fortentwicklung der handelsrechtlichen Rechnungslegung und Konsequenzen für die Kapitalerhaltung, in: Der Konzern, o. Jg., S. 422–427.

Niskanen, Jyrki/Kinnunen, Juha/Kasanen, Eero (1998), A note on the information content of parent company versus consolidated earnings in Finland, in: European Accounting Review, 7. Jg. Nr. 1, S. 31–40.

Oechsler, Jürgen (2006), Die Änderung der Kapitalrichtlinie und der Rückerwerb eigener Aktien, in: Zeitschrift für das gesamte Handelsrecht und Wirtschaftsrecht, 170. Jg., S. 72–89.

Oerke, Marc (1999), Ad-Hoc-Mitteilungen und deutscher Aktienmarkt: Marktreaktionen und Informationen, Wiesbaden.

Ofer, Aharon R./Siegel, Daniel R. (1987), Corporate financial policy, information, and market expectations: An empirical investigation of dividends, in: Journal of Finance, 42. Jg. Nr. 4, S. 889–911.

Ordelheide, Dieter (1987), Konzernerfolgskonzeption und Risikokoordination, in: Zeitschrift für betriebswirtschaftliche Forschung, 57. Jg., S. 975–986.

o. V. (1994), in: The Financial Times, 08.07.1994.

Palmiter, Alan R. (2006), Corporations, Examples, Explanations, 5. Auflage. New York.

Patell, James M./Wolfson, Marc A. (1984), The intraday speed of adjustment of stock prices to earnings and dividend announcements, in: Journal of Financial Economics, 13. Jg. Nr. 2, S. 223–252.

Pellens, B./Amshoff, H./Schmidt, A. (2009), Konzernsichtweisen in der Rechnungslegung und im Gesellschaftsrecht: Zur Ubertragbarkeit des betriebswirtschaftlichen Konzernverstandnisses auf Ausschuttungsregulierungen, in: Zeitschrift fur Unternehmens-und Gesellschaftsrecht, 38. Jg. Nr. 2, S. 231–276.

Pellens, B./Gassen, J./Richard, M. (2003), Ausschuttungspolitik borsennotierter Unternehmen in Deutschland, in: Die Betriebswirtschaft, 63. Jg. Nr. 3, S. 309–332.

Pellens, Bernhard (1989), Der Informationswert von Konzernabschlüssen: eine empirische Untersuchung deutscher Börsengesellschaften, Bochum.

Pellens, Bernhard (1994), Aktionärsschutz im Konzern – empirische und theoretische Analyse der Vorschläge der Konzernverfassung, Wiesbaden.

Pellens, Bernhard/Brandt, Eva/Richard, Marc (2006), Kapitalschutz in Kalifornien - Vorbild für die europäische Gesellschaftsrechtsreform? in: Der Betrieb, 61. Jg., S. 2021–2027.

Pellens, Bernhard/Sellhorn, Thorsten (2006), Zukunft des bilanziellen Kapitalschutzes, in: *Lutter, Marcus (Hrsg.):* Das Kapital der Aktiengesellschaft in Europa, Berlin, S. 451–487.

Penman, Stephan (1983), The Predictive Content of Earnings Forecasts and Dividend, in: The Journal of Finance, 38. Jg., S. 1181–1199.

Perridon, Louis/Steiner, Manfred/Rathgeber, Andreas (2009), Finanzwirtschaft der Unternehmung, 15. Auflage. München.

Peterson, Pamela P./Peterson, David R./Ang, James S. (1985), Direct evidence on the marginal rate of taxation on dividend income, in: Journal of Financial Economics, 14. Jg. Nr. 2, S. 267–282.

Pettit, Richardson R. (1972), Dividend announcements, security performance, and capital market efficiency, in: Journal of Finance, 27. Jg. Nr. 5, S. 993–1007.

Pick, J. J. (1985), Ausschüttungsregelung bei Konzernverflechtung – Versuch einer Deduktion von Ausschüttungsregeln für Konzerngesellschaften, Frankfurt am Main.

Pierdzioch, Christian/Stadtmann, Georg (2003), Kurzfristorientierung und Informationseffizienz von Finanzmarkten, in: Wirtschaftswissenschaftliches Studium, 32. Jg. Nr. 7, S. 407–409.

Poterba, James M. (1986), The market valuation of cash dividends:: The citizens utilities case reconsidered, in: Journal of Financial Economics, 15. Jg. Nr. 3, S. 395–405.

Pott, Christoph/Vögtle, Marcus (2009), Aktienrückkauf versus Dividende - Eine performanceorientierte Betrachtung, in: Der Finanzbetrieb, 11. Jg. Nr. 10, S. 558–567.

Prantl, J. (1994), Konzernbildung, Konzernrecht und Minderheitenschutz in Deutschland, Frankfurt am Main.

Pregibon, D. (1980), Goodness of link tests for generalized linear models, in: Applied Statistics, 29. Jg. Nr. 1, S. 14–23.

Prokot, Alexander (2006), Strategische Ausschüttungspolitik deutscher Aktiengesellschaften – Dividendenstrategien im Kapitalmarktkontext, Wiesbaden.

Radebaugh, Lee H./Gebhardt, Günther/Gray, Sidney J. (1995), Foreign stock exchange listings: a case study of Daimler-Benz, in: Journal of International Financial Management & Accounting, 6. Jg. Nr. 2, S. 158–192.

Reinganum, Marc R. (1981), Misspecification of capital asset pricing:: Empirical anomalies based on earnings' yields and market values, in: Journal of Financial Economics, 9. Jg. Nr. 1, S. 19–46.

Richard, Marc (2006), Kapitalgesellschaft der Aktiengesellschaft, Eine rechtsvergleichende und ökonomische Analyse deutscher und US-amerikanischer Kapitalschutzsysteme, Frankfurt.

Richardson, S.A./Sloan, R.G./Soliman, M.T./Tuna, I. (2005), Accrual reliability, earnings persistence and stock prices, in: Journal of Accounting and Economics, 39. Jg. Nr. 3, S. 437–485.

Rickford, Jonathan (2004), Reforming Capital, Report of the Interdisciplinary Group on Capital Maintenance, in: European Business Law Review, 15. Jg., S. 919–1027.

Rieger, Wilhelm (1959), Einführung in die Privatwirtschaftslehre, 2. Auflage. Erlangen.

Röder, Klaus (1999), Kurswirkungen von Meldungen deutscher Aktiengesellschaften, Lohmar/Köln.

Rosar, Maximilian (2000), Asset-Backed-Securities: Chancen und Risiken einer derivativen Finanzinnovation, Aachen.

Ross, Stephen A./Westerfield, Randolph W./Jaffe, Jeffrey F./Jordan, Bradford D. (2007), Core Principles and Applications of Corporate Finance, New York (NY).

Rozeff, Michael S./Kinney, William R. (1976), Capital market seasonality: The case of stock returns, in: Journal of Financial Economics, 3. Jg. Nr. 4, S. 379–402.

Sant, Rajiv/Cowan, Arnold R. (1994), Do dividends signal earnings? The case of omitted dividends, in: Journal of Banking & Finance, 18. Jg. Nr. 6, S. 1113–1133.

Sattler, Ralf R. (1994), Renditeanomalien am deutschen Aktienmarkt, Aachen.

Schenk, Gerald (1997), Konzernbildung, Interessenkonflikte und ökonomische Eiffizienz, Frankfurt am Main.

Schiereck, Dirk/Weber, Martin (1995), Zyklische und antizyklische Handelsstrategien am deutschen Aktienmarkt, in: Zeitschrift für betriebswirtschaftliche Forschung, 47. Jg., S. 3–24.

Schildbach, T. (1993), Der Konzernabschluß als Ausschüttungsbemessungsgrundlage, in: Die Wirtschaftsprüfung, 46. Jg., S. 53–63.

Schildbach, Thomas (1986), Jahresabschluß und Markt, Berlin.

Schmalenbach, Eugen (1962), Dynamische Bilanz, 13. Auflage. Köln.

Schneider, Dieter (1968), Ausschüttungsfähiger Gewinn und das Minimum an Selbstfinanzierung, in: Zeitschrift für betriebswirtschaftliche Forschung, 20. Jg., S. 1–29.

Schneider, Dieter (1971), Aktienrechtlicher Gewinn und ausschüttungsfähiger Betrag, in: Die Wirtschaftsprüfung, 24. Jg., S. 607–617.

Schneider, Dieter (1997), Betriebswirtschaftslehre: 2. Rechungswesen, München.

Scholz, Alexandra (2008), Kapitalerhaltung durch Solvenztests : eine ökonomische und experimentelle Analyse, Wiesbaden.

Seifert, Udo (2006), Aktienrückkäufe in Deutschland : Renditeeffekte und tatsächliche Volumina, Wiesbaden.

Shefrin, Hersh (2009), Behavioralizing Finance, in: Foundations and Trends in Finance, 4. Jg. Nr. 1–2, S. 1–184.

Shefrin, Hersh M./Statman, Meir (1984), Explaining investor preference for cash dividends, in: Journal of Financial Economics, 13. Jg. Nr. 2, S. 253–282.

Shiller, Robert J. (2003), From efficient markets theory to behavioral finance, in: The Journal of Economic Perspectives, 17. Jg. Nr. 1, S. 83–104.

Shleifer, Andrei (2000), Inefficient Markets – An Introduction to Behavioral Finance, New York.

Shleifer, Andrei/Summers, Lawrence H. (1990), The noise trader approach to finance, in: The Journal of Economic Perspectives, 4. Jg., S. 19–33.

Shuto, Akinobu (2009), Earnings Management to Exceed the Threshold: A Comparative Analysis of Consolidated and Parent-only Earnings, in: Journal of International Financial Management & Accounting, 20. Jg. Nr. 3, S. 199–239.

Sloan, R.G. (1996), Do stock prices fully reflect information in accruals and cash flows about future earnings? in: The Accounting Review, 71. Jg., S. 289–315.

Smith, Clifford W./Watts, Ross L. (1992), The investment opportunity set and corporate financing, dividend, and compensation policies, in: Journal of financial Economics, 32. Jg. Nr. 3, S. 263–292.

Spence, Michael (1974), Market signaling: Information transfer in hiring and related screening processes, Cambridge, Mass..

Stehle, Richard (1997), Der Size-Effekt am deutschen Aktienmarkt, in: Zeitschrift für Bankrecht und Bankwirtschaft, 9. Jg., S. 237–260.

Stiglitz, Joseph E. (1975), The Theory of SScreening", Education, and the Distribution of Income, in: The American Economic Review,, S. 283–300.

Stollfuß, Michaela (2009), Rücklagenbildung im Konzern mit einer Aktiengesellschaft als Konzernobergesellschaft, Bonn.

Subramanian, Guhan (2002), The Influence of Antitakeover Statutes on Incorporation Choice: Evidence on the "Race"Debate and Antitakeover Overreaching, in: University of Pennsylvania Law Review, 151. Jg., S. 1795–1873.

Teyssen, Johannes (2010), Dax-Firmen schütten 25 Milliarden aus, in: Handelsblatt, o. Jg. Nr. 230, 26./27.11.2010, S. 1, 22.

Thaler, R.H./Shefrin, H.M. (1981), An economic theory of self-control, in: The Journal of Political Economy, 89. Jg. Nr. 2, S. 392–406.

Theisen, Manuel René (2000), Der Konzern, Stuttgart.

Tobin, J. (1969), A general equilibrium approach to monetary theory, in: Journal of money, credit and banking, 1. Jg. Nr. 1, S. 15–29.

Ulmer, Peter (1984), Der Gläubigerschutz im faktischen GmbH-Konzern beim Fehlen von Minderheitsgesellschaftern, in: Zeitschrift für das gesamte Handelsrecht und Wirtschaftsrecht, 148. Jg., S. 391–427.

Verrecchia, Robert E. (1979), On the theory of market information efficiency, in: Journal of Accounting and Economics, 1. Jg. Nr. 1, S. 77–90.

Vollmer, Robert (2008), Rechnungslegung auf informationseffizienten Kapitalmärkten, Wiesbaden.

von Eije, Henk/Megginson, William (2008), Dividend and Share Repurchases in the European Union, in: Journal of Financial Economics, 89. Jg., S. 347–374.

Vuong, Quang H. (1989), Likelihood ratio tests for model selection and non-nested hypotheses, in: Econometrica, 57. Jg., S. 307–333.

Walb, Ernst (1948), Finanzwirtschaftliche Bilanz, 2. Auflage. Duisburg.

Wallmeier, Martin (2001), Renditeanomalien, in: *Gerke, Wolfgang und Steiner, Manfred (Hrsg.):* Handwörterbuch des Bank- und Finanzwesens, 3. Auflage. Stuttgart, S. 1793–1804.

Watts, R. L./Zimmerman, J. (1987), Agency Theorie Research in Accounting, in: *Griffin, P. A. (Hrsg.):* Usefulness to Investors and Creditors of Information Provided by Financial Reporting, 2. Auflage. Stanford, S. 193–212.

Watts, Ross (1973), The information content of dividends, in: Journal of Business, 46. Jg., S. 191–211.

White, Halbert (1980), A heteroskedasticity-consistent covariance matrix estimator and a direct test for heteroskedasticity, in: Econometrica, 48. Jg. Nr. 4, S. 817–838.

White, Lourdes Ferreira (1996), Executive compensation and dividend policy, in: Journal of Corporate Finance, 2. Jg. Nr. 4, S. 335–358.

Williams, John B. (1938), The Theory of Investment Value, Cambridge (MA).

Wooldridge, Jeffrey M. (2006), Inroductory Econometrics, Mason, OH.

Wüstemann, Jens (1996), US-GAAP: Modell für das deutsche Bilanzrecht? in: Die Wirtschaftsprüfung, 49. Jg., S. 421–431.

Yoon, Pyung Sig/Starks, Laura T. (1995), Signaling, investment opportunities, and dividend announcements, in: Review of Financial Studies, 8. Jg. Nr. 4, S. 995–1018.

Betriebswirtschaftliche Forschung im Rechnungswesen

Herausgegeben von Nils Crasselt, Rolf Uwe Fülbier, Joachim Gassen, Bernhard Pellens und Thorsten Sellhorn

Band 1 Verena Hill: Rechnungslegungspolitik im Rahmen der Kaufpreisallokation. Eine theoretische und empirische Analyse deutscher kapitalmarktorientierter Unternehmen. 2011.

Band 2 Ulrich Küting: Rückstellungsbilanzierung nach HGB und IFRS. Normendeskription und empirische Analysen zur deutschen und internationalen Bilanzierungspraxis. 2011.

Band 3 Felix Fischer: Der Zusammenhang zwischen Rechnungslegung und Ausschüttungsbemessung. Eine empirische Analyse deutscher börsennotierter Aktiengesellschaften. 2011.

www.peterlang.de

FSC
www.fsc.org
MIX
Papier | Fördert gute Waldnutzung
FSC® C083411

Kolibri 360 GmbH
Ferdinand-Jühlke-Straße 7
99095 Erfurt, Deutschland
produktsicherheit@kolibri360.de